本成果为福建省高等教育研究院高等教育改革
与研究项目（FGJY202415）的阶段性成果

战略性新兴产业发展与高等教育人才培养研究

薛海波 著

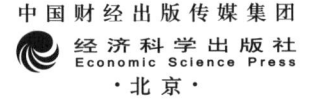

中国财经出版传媒集团
经济科学出版社
Economic Science Press
·北京·

图书在版编目（CIP）数据

战略性新兴产业发展与高等教育人才培养研究 / 薛海波著. --北京：经济科学出版社，2025.5. --ISBN 978-7-5218-7008-4

Ⅰ. F279.244.4

中国国家版本馆 CIP 数据核字第 2025A1F171 号

责任编辑：周国强　黎子民
责任校对：郑淑艳
责任印制：张佳裕

战略性新兴产业发展与高等教育人才培养研究
ZHANLÜEXING XINXING CHANYE FAZHAN YU GAODENG JIAOYU RENCAI PEIYANG YANJIU

薛海波　著

经济科学出版社出版、发行　新华书店经销
社址：北京市海淀区阜成路甲 28 号　邮编：100142
总编部电话：010-88191217　发行部电话：010-88191522
网址：www.esp.com.cn
电子邮箱：esp@esp.com.cn
天猫网店：经济科学出版社旗舰店
网址：http://jjkxcbs.tmall.com
北京季蜂印刷有限公司印装
710×1000　16 开　18.25 印张　260000 字
2025 年 5 月第 1 版　2025 年 5 月第 1 次印刷
ISBN 978-7-5218-7008-4　定价：98.00 元
(图书出现印装问题，本社负责调换。电话：010-88191545)
(版权所有　侵权必究　打击盗版　举报热线：010-88191661
QQ：2242791300　营销中心电话：010-88191537
电子邮箱：dbts@esp.com.cn)

前　言

战略性新兴产业是国家新一轮科技革命和产业发展的突破口，随着新一代信息技术产业、新能源汽车产业、新能源产业等产业的快速发展，对相关人才的需求也在不断变化。进一步提升战略性新兴产业的集聚和内育水平是促进战略性新兴产业发展的关键，也是促进产业技术升级的必然途径。战略性新兴产业是指以重大技术突破和重大发展需求为基础，对经济社会全局和长远发展具有重大引领带动作用，成长潜力巨大的产业。这些产业是新兴科技和新兴产业的深度融合，代表着科技创新的方向和产业发展的方向，具有科技含量高、市场潜力大、带动能力强、综合效益好等特征。

人才是衡量一个国家综合国力的重要指标，国家发展靠人才，民族振兴也要靠人才。战略性新兴产业的发展,相关领域的人才必不可少,需要一大批具备扎实专业基础、较高素质、科技创新能力、"大工程观"的专业人才、领军人才、创新人才和管理人才给予支撑,因此,构建一个全面而有效的人才支撑体系,不仅关系到战略性新兴产业的健康发展,更直接影响到国家经济的整体竞争力。高校肩负着为国家培养应用型、创新型、复合型产业人才的重任,从目前战略性新兴产业发展的特点来看,众多相关企业的人才需求呈现多层次、多方位等特征,同时对专业型、创新型、复合型等各类人才的需求量也在不断增加,而人才市场的供需存在一定失衡现象。在国家大力推进高端装备制造、新能源、新材料、新能源汽车等产业发展的背景下,我国高等院校需要不断优化人才培养模式,为推动战略性新兴产业的发展培养更多优质的人才。

本书基于国内战略性新兴产业发展对相关专业人才的需求分析,以管理学、教育学、社会学、产业经济学等相关领域的理论为基础,以探索适宜的战略性新兴产业人才培养机制与模式为目的,从高校、企业、行业组织等层面探讨战略性新兴产业人才培养中存在的问题及其原因,力图通过优化教育模式来保障高校战略性新兴产业人才培养质量的稳步提高,以更好地服务于战略性新兴产业与社会经济的发展。此外,本书详细探究了战略性新兴产业人才培养的政策与机制、教育与产业协同发展、校企合作办学等内容,并系统阐述了人才培养的模式,旨在为高等教育人才培养改革和战略性新兴产业领域的相关企业做好人力资源工作提供一本具有参考价值的著作,以便更好地应对复杂多变的国内外市场环境。

本书通过对战略性新兴产业人才需求状况进行调研,分析了战略性新兴产业对相关人才的需求与评价标准,并基于国内高校战略性新兴产业相关人才培养模式的现状与存在问题的分析,在借鉴外国高校在产业人才培养方面实践经验的基础上,综合工学、理学、管理学、社会学、经济学、教育学等学科视角,以教育内外部关系规律、通识教育、人的全面发展观、协同学等相关理论为依据,探究战略性新兴产业人才培养模式与优化对策,形成具有前沿性、指导性的研究成果，为教育管理部门、高等院校和业内学者提供参考。因此，本书既可作为高等院校教育学等相关专业的教学参考书，也可供从事高等教育改革、新工科建设、工程教育、产业人才培养等方面研究的相关人员参考使用。

　　本书共划分为七章，第一章为绪论，主要阐述了选题的背景和意义，介绍了本书的研究目标、研究内容、研究方法、研究创新等内容。第二章为战略性新兴产业人才培养相关理论研究，主要梳理了"人才学"、人力资本理论、教育管理学、协同学、共生学、教育内外部关系规律等相关理论与观点，为探索战略性新兴产业人才培养对策与模式提供理论基础和参考依据。第三章为战略性新兴产业发展概况及人才需求分析，主要分析了我国战略性新兴产业发展的特点与存在的主要问题，以及国内战略性新兴产业人才的供需现状和需求特点，为探究战略性新兴产业人才培养提供参考。第四章为我国战略性新兴产业人才培养现状与存在问题。该部分主要是对我国高等工程教育与战略性新兴产业协调发展现状、战略性新兴产业创新型人才和技术技能型人才培养现状进行相关实证研究，分析当前战略性新兴产业人才培养中存在的主要问题和影响因素，为探究战略性新兴产业人才培养路径和对策提供参考。第五章为国外产业人才培养特点及经验启示。美国、英国、德国、日本等国家在高等教育和产业人才培养方面均有其特点，如美国的"产业导向"教育模式、德国"双元制"培养模式、英国"工学交替"培养模式、日本"产学官"合作培养模式等，均引起了各国教育界的关注。第五章通过查阅文献等方式，从人才培养目标、课程设置、教学方法、教学评价、实践教学等方面梳理和分析了美国、英国、德国、澳大利亚等国家在产业人才培养方面的实践经验，为探究战略性新兴产业人才培养提供参考。第六章、第七章为战略性新兴产业人才培养机制、对策与模式研究。基于战略性新兴产业人才需求状况、要求标准及国内高校人才培养问题的分析，在借鉴国外高校产业人才培养实践经验的基础上，以人才培养相关理论为依据，研究了战略性新兴产业人才培养机制与对策，并基于人才"六位一体"培养体系，对高等工程教育革新、战略性新兴产业的研究型人才和技能型人才的培养进行了探索，涵盖人才培养目标、课程体系建设、教学方式、评价标准、产学研管理、校企合作、保障机制建设等内容，旨在为我国高等教育改革、新工科建设和新兴产业人才提供有益的参考。

本书参考了大量的参考文献，大部分都在书中一一列出，由于多方面的原因，难免会有个别参考资料和文献未在参考文献中列出。在此，本书对那些已经引用了其观点和研究资料，而没有在参考文献中列出的作者表示诚挚的敬意与感谢！

此外，本书的出版过程中得到了福建理工大学科研处与互联网经贸学院领导们的支持，也得到了经济科学出版社的大力支持，在此一并致谢！

薛海波

2025 年 2 月

目 录

|第一章| **绪论** / 1
    第一节　研究背景与意义 / 1
    第二节　概念界定与释义 / 6
    第三节　研究目标、内容与方法 / 10
    第四节　主要研究创新 / 15

|第二章| **战略性新兴产业人才培养相关理论研究** / 19
    第一节　人才学理论与产业人才培养 / 19
    第二节　人力资源理论与教育内外部关系规律 / 26
    第三节　教育管理学与资源配置相关理论 / 36
    第四节　多元主体协同与产业人才培养 / 45
    本章小结 / 57

| 第三章 | 战略性新兴产业发展概况及人才需求分析 / 58

第一节 我国战略性新兴产业发展概况 / 58

第二节 我国战略性新兴产业发展中存在的主要问题 / 72

第三节 我国战略性新兴产业人才需求分析 / 75

本章小结 / 91

| 第四章 | 我国战略性新兴产业人才培养现状与存在问题 / 92

第一节 我国战略性新兴产业人才培养模式现状 / 92

第二节 国内高等工程教育与战略性新兴产业协调发展研究 / 97

第三节 我国战略性新兴产业创新型人才培养影响因素与存在的问题 / 108

第四节 我国战略性新兴产业技术技能型人才培养影响因素与存在的问题 / 119

本章小结 / 133

| 第五章 | 国外产业人才培养特点及经验启示 / 134

第一节 国外产业人才的培养理念 / 135

第二节 国外产业人才的培养特点 / 144

第三节 国外产业人才培养经验借鉴与启示 / 161

本章小结 / 166

| 第六章 | 战略性新兴产业人才培养路径与对策 / 167

第一节 战略性新兴产业人才培养机制 / 167

第二节 政府层面：加强战略性新兴产业人才
培养的顶层设计 / 174

第三节 高校层面：革新战略性新兴产业人才
培养模式 / 185

第四节 企业层面：完善战略性新兴产业人才
成长机制与评价 / 203

本章小结 / 208

| 第七章 | **战略性新兴产业人才培养相关探索** / 209

第一节 "知行合一"教育理念下高校工程教育革新研究 / 209

第二节 数智时代战略性新兴产业创新型人才培养探索 / 222

第三节 战略性新兴产业技术技能型人才培养探索 / 236

第四节 多元主体协同视域下新能源产业人才培养探索 / 245

本章小结 / 253

参考文献 / 255

第一章
绪　论

第一节　研究背景与意义

一、研究背景

当今世界正经历百年未有之大变局，新一轮科技革命和产业变革深入发展，国际力量对比深刻调整。作为未来经济发展的重要方向，战略性新兴产业在培育新功能、优化产业结构、促进经济高质量发展以及提高国际竞争力等方面均有重要意义（李玥，2024）。因此，美国、英国、德国等西方国家纷纷加快了布局战略性新兴产业的步伐，世界各国围绕战略性新兴产业的竞争日趋激烈。

战略性新兴产业以创新为主要驱动力，涵盖新一代信息技术、新能源、新材料、新能源汽车等七大类产业（郑江淮，2024），具有全局性、导向性、辐射性、可持续性等特点。加快培育和发展战略性新兴产业，有利于加快经济发展方式转变，有利于提升产业层次、推动传统产业升级、高起点建设现代产业体系。

人才是衡量一个国家综合国力的重要指标，国家发展靠人才，民族振兴也要靠人才。战略性新兴产业的发展，相关领域的人才必不可少，需要一大批具备扎实专业基础、较高素质、科技创新能力、"大工程观"的专业型人才、领军型人才、创新型人才和管理型人才给予支撑，因此，构建一个全面而有效的人才支撑体系，不仅关系到战略性新兴产业的健康发展，更直接影响到国家经济的整体竞争力。

高校肩负着为国家培养应用型、创新型、复合型产业人才的重任。从目前战略性新兴产业发展的特点来看，众多相关企业的人才需求呈现多层次、多方位等特征，同时对专业型、创新型、复合型等各类人才的需求量也在不断增加，而人才市场的供需存在一定失衡现象。在国家大力推进高端装备制造、新能源、新材料、新能源汽车等产业发展的背景下，我国高等院校需要不断优化人才培养模式，为推动战略性新兴产业的发展培养更多优质的人才。

为此，本书试图通过对战略性新兴产业相关企业的人才需求状况进行调研，分析战略性新兴产业发展对相关人才的具体要求与标准，同时基于对国内高校产业化人才培养模式的现状与存在问题的分析，在借鉴西方高校培养产业人才的实践经验与特点的基础上，综合教育学、工学、管理学、社会学、理学等学科专业的视角，以人才培养的相关理论为依据，探究战略性新兴产业发展与高等教育人才培养的问题，形成具有前沿性、指导性的研究成果，为教育管理部门、高等院校和业内学者提供参考。

二、研究意义

（一）满足产业人才需求，缓解人才供需矛盾

随着新一代信息技术、新能源、新材料、新能源汽车等战略性新兴产业的快速发展，对高素质、专业化人才的需求日益迫切。无论是高层次研发类人才，还是专业技术类人才，一直受到相关社会企业的青睐，甚至部分社会企业出现了"招聘难"的现象。例如，受新能源汽车和绿色电力产业快速发展的推动，高层次研发工程师、制造工艺类人才、电池技术创新型人才等比较"抢手"，国内一些动力电池、储能领域新能源企业不得不通过"高薪"的方式面向全球招聘，导致企业的人力成本在不断增加（刘笑，2024）。

新一代信息技术、新能源、新材料、新能源汽车等新兴产业的发展速度超过了人才培养的速度，高层次研发人才、技术创新人才、制造工艺类人才等相对缺乏。这对于我国高校而言，既是机遇，也是挑战。国内高校可针对战略性新兴产业不同领域和层次的人才需求，优化人才培养模式，为战略性新兴产业发展提供充足的人才资源，解决人才匮乏的问题，缓解人才供需矛盾。

（二）优化产业发展结构，提升产业核心竞争力

通过战略性新兴产业人才培养，能够推动传统产业向绿色化、高端化、智能化转型升级，同时培育壮大新兴产业，实现产业结构的优化升级。例如，在科技创新的推动下，相关创新型人才参与到战略性新兴产业的发展中，有助于提高劳动生产率、资本产出率和全要素生产率，进而实现经济高质量发展。

战略性新兴产业人才的培养,有助于培育和壮大新动能,鼓励企业探索行业发展中的新技术、新业态、新模式,形成多元化、可持续的发展动力。在战略性新兴产业中,高素质、专业化的人才能够适应产业快速发展带来的新技术、新业态的要求,从而推动产业结构的不断升级,增强产业在市场中的核心竞争力。

(三)促进创新成果转化应用,推动产业创新发展

产业人才培养过程,涉及培养目标制定、课程设置、教学评价、社会实习实践、社会使用反馈等环节,需要高等院校、社会企业和科研机构之间的多方合作。这既有利于推动产、学、研、用等方面深度融合,也有利于人才培养与科技创新之间的良性互动,对促进创新成果在产业发展中转化和应用起到积极的作用。

新一代信息技术、生物、高端装备制造、新能源、新材料、新能源汽车等战略性新兴产业大多属于知识密集型产业。例如,人工智能、物联网、云计算等信息通信前沿技术领域,对知识条件高度敏感且大量依赖人才资源;新材料、新能源、新能源汽车等领域的产品与技术更新迭代较快,需要大量高层次研发人才和技术创新类人才给予支撑。高质量的战略性新兴产业人才具备创新精神和实践能力,能够研发新技术、新产品或新工艺,促进产业的技术水平和附加值的提高,在市场中形成技术壁垒并提升竞争力,从而能推动战略性新兴产业的创新发展。

(四)推动人才培养模式优化,助力新工科建设

近年来,国内高校也在探索和实践产业类人才的培养,一些理工类高校在化学工程、电力工程等专业的基础上增设了本科层次的新能源科学与工程专业,以培养从事电力工程、产品生产研发、新能源管理等职业的人才;华中科技大学中欧能源学院则通过双硕士学位教育和职业培训的方式,探索新

能源领域所需要的工程师、技术研发人员、项目管理者等各层次人才的培养模式。

但从战略性新兴产业对人才需求的现状来看，国内高校在产业人才培养方面仍存在一些问题，例如，人才培养的质量与战略性新兴产业相关企业的要求存在一定差距，学生们实际动手能力、创新能力等存在不足，无法完全胜任社会工作。再如，部分高校存在"重理轻文"的现象，工科类专业教育中，忽略了对学生职业素养、社会责任感、综合素质等方面的培养，致使工科类专业人才的团队协作能力、沟通表达能力、职业素养等存在不足，影响团队协作效率。因此，针对战略性新兴产业人才培养的探索与研究，不仅有利于推动高校优化人才培养模式，也有助于在高等教育中推进"新工科"的建设。

（五）拓宽产业人才培养视野，丰富相关学术研究

第一，本书基于扎根理论的学术思想，以产业发展、空间结构、协同学等相关理论为基础，探究高等教育与战略性新兴产业协同发展中存在的问题、影响因素和相应机制等，丰富了高等教育与产业发展协同机制的学术研究。第二，针对战略性新兴产业人才培养模式创新问题，将从社会学、教育学、管理学、工学等学科进行综合聚焦，融合多种研究方法，探究高等教育与产业协同发展问题，拓宽了基于跨学科理念分析不同行业协同问题的研究视野。第三，在研究战略性新兴产业人才培养过程中，能为探究"新工科"建设和高等教育改革提供一些有益的参考内容。例如，基于产业需求实施特色育人模式、跨学科专业建设、复合型人才培养、基于现代治理思想的多主体协同教育合作等，这些成果不仅有重要的研究参考价值，也具有重要学术价值。

第二节 概念界定与释义

一、概念界定

（一）产业

产业，是社会分工和生产力不断发展的产物，它随着社会分工的产生而产生，并随着社会分工的发展而发展（周宏春，2024）。从广义上看，产业是指国民经济的各行各业，从生产到流通、服务以至于文化、教育，大到部门、小到行业均可以称为产业。从狭义上看，由于工业在产业发展中占有特殊位置，经济发展和工业化工程密切相关，产业有时指工业部门。本书基于产业经济学的视角，关注的是广义上的产业，泛指国民经济的各行各业。

（二）现代产业

现代产业，是指相对传统产业而言，具有比较显著现代元素的产业，主要是工业化进程中发展较为"健康"的产业，如信息技术、新能源、新材料、生物技术等重要领域或交叉融合的产业（李娅，2023）。现代产业的特征是创新引领、要素协同、链条完整、竞争力强。现代经济通常是建立在现代产业体系基础上，坚持创新发展、促进要素协同、培育完善生态、提高产业发展质量和国际竞争力，实现实体经济、科技创新、现代金融、人力资源等协同发展。

（三）战略性新兴产业

战略性新兴产业是引导未来经济社会发展的重要力量，是以重大技术突破和重大发展需求为基础,对经济社会全局和长远发展具有重大引领带动作用,知识技术密集、物质资源消耗少、成长潜力大、综合效益好的产业(郑宇,2024)。按照国务院的决定,立足我国国情和科技、产业基础,我国现阶段重点培育和发展战略性新兴产业主要包括节能环保、新一代信息技术、生物、高端装备制造、新能源、新材料、新能源汽车等七大类产业(陈虹,2024),因此本书主要围绕这七大类产业来探究战略性新兴产业的发展与相关人才培养问题。

(四)人才三要素结构

人才,是指具有一定的专业知识或专门技能,进行创造性劳动并对社会作出贡献的人,是人力资源中具备较高能力和素质的劳动者(师璐,2024)。而针对人才培养问题,可基于知识、能力、素质的人才三要素结构进行分析与研究。

(五)拔尖人才

拔尖人才,既可以指人群中综合素质最优秀的群体,也可以指在特定领域、技能方面具有突出能力的群体;相较于一般人才,拔尖人才具有更加突出的专业素质,具备一定创新意识与创新能力(王竹立,2024)。拔尖人才往往站在科技前沿,他们能够凭借自身的知识储备和创新思维开展开创性的科研工作。在如今科技竞争激烈的国际环境下,培养拔尖人才可以为国家在诸如人工智能、量子计算、基因技术等前沿科技领域取得突破,增强国家的科技硬实力。

(六)复合型人才

复合型人才,又称为"多才多艺"的人才,通常是能掌握两门或两门以上的学科专业知识和技能的人才,也被称为"多功能人才"(郭闻,2024)。

从高等教育的人才培养角度来看，复合型人才是指高校通过一定的教育模式所培养的能掌握多种学科专业知识、具备宽广的知识结构、拥有相对较高的综合素质、富有跨学科意识、在各方面均具有一定能力的人才。

（七）创新型人才

创新型人才通常是指富于开拓性，具有创造能力，能开创新局面，对社会发展作出创造性贡献的人才；创新型人才是人类优秀文化遗产的继承者、最新科学成果的创造者和传播者、未来科学家的培育者（冀海东，2024）。创新型人才在工作中，通常表现出灵活、开放、好奇的个性，精力充沛、坚持不懈、注意力集中、想象力丰富以及富于冒险精神等特征；也具有强烈的好奇心和求知欲，对新事物、新知识有着浓厚的兴趣和探索欲望；能够主动学习新知识，探索未知领域。

（八）人才培养模式

在本书中，"人才培养模式"的概念被界定为人才的培养目标与实现既定培养目标的方法、手段和过程的综合。人才培养模式涉及的因素有人才培养的目标、课程的设置、教学的方式方法、教学的评价、教学管理、高校办学管理等（俞兆达，2023），本书将依据此概念界定与其涉及的因素为基础，研究我国高校的战略性新兴产业人才培养的现状与存在问题，以及对比分析中外高校在产业人才培养模式方面的特点与差异。

二、相关释义

（一）战略性新兴产业人才

战略性新兴产业人才，是指从事节能环保、新一代信息技术、生物、高端装备制造、新能源、新材料、新能源汽车等七大类产业相关工作的人才，按职能类型可划分为经营管理类人才、高层次研发类人才、专业技术类人才、贸易类人才等类型，本书主要围绕这七大类产业相关工作的人才展开研究，并探索战略性新兴产业的发展与相关人才培养问题。

（二）教育管理与教学管理

通常所说的"管理"，是指在特定环境中，由管理者通过实施计划、组织、人员配备、领导、控制等职能，以完成既定目标的过程（綦珊珊，2024）。教育管理属于公共管理的范畴，是指管理者通过组织协调教育资源与人员，发挥教育所涉及的人力、财力、物力等作用，利用教育内部各种条件，以实现既定的教育管理目标的过程。而教学管理则是以管理科学、教学论原理与方法为基础，充分发挥计划、组织、控制等管理方面的职能，对教学过程中涉及的各类要素进行统筹安排，以达到有序、高效率运行的过程。教学管理通常涵盖教学计划管理、教学组织与实施、教学质量评价等环节。

（三）产教融合

产教融合，是学校根据所设专业，积极开办专业产业，将产业与教学密切结合，相互支持、相互促进，把学校办成集人才培养、科学研究、科技服务于一体的产业性经营实体，进而形成学校与企业浑然一体的办学模式（陈玉英，2023）。产教融合是产业与教育的深度合作，是学校为提高其人才培养质量而与行业企业开展的深度合作。产教融合的基础是"产"，即必须以真实的产品生产为前提，在这样的基础和氛围中进行专业实践教学，学生才能学到真本领，教师才能教出真水平。"产"必须与教学紧密融合，其目的是"教"，在产教融合比较成熟的情况下，再逐步向"产、学、研"发展。

（四）不同类型高校在人才培养中的差异

研究型高校与应用型高校在办学定位、发展水平、人才培养规格设定、学科专业、课程设置、教学管理等方面存在差异，在人才培养模式方面存在的问题也会有差异。本书基于国内高校在战略性新兴产业人才培养的现状，总结国内研究型高校与应用型高校在战略性新兴产业人才培养中存在的相同或相近问题，探究战略性新兴产业人才培养的机制、体系与优化对策。

（五）产业结构变化与人才供给

产业结构的优化升级离不开人才的支持，而产业结构的调整又必然会引起人才需求结构上的变动，在人才结构与产业结构互动的过程中，这两种力量不断地在动态变化中保持一定的平衡关系。产业结构与教育结构有较大关联性，产业的结构变化影响着教育结构调整与人才培养变化，而在高校教育中，应以行业发展、产业结构和技术结构调整所带来的人才需求结构变化为参考，从培养方式和专业设置方面进行调整，方能有效地培养和提供所需要的人才（李爱彬，2022）。

第三节　研究目标、内容与方法

一、研究目标

（一）理论目标

其一，本书基于扎根理论的学术思想，以产业发展、空间结构、协同学等相关理论为基础，建构高等教育与战略性新兴产业协同发展研究的理论框架，旨在丰富高等教育与产业协同发展的理论基础与研究思路。

其二，针对高等教育和战略性新兴产业协同发展存在的问题及影响因素，本书构建了相关分析模型，并从量化视角分析高等教育响应战略性新兴产业发展的结构布局、对接特点、影响因素，丰富了高等教育与产业协同发展的研究视角。

其三，本书将从战略性新兴产业发展对相关人才要求标准的视角切入，基于教育学内外部关系规律、通识教育、专才教育、人的全面发展、人才三要素等相关理论与观点，从社会学、教育学、管理学等学科进行聚焦，研究战略性新兴产业人才培养体系与模式，不仅丰富了教育学的学术研究，也是对我国高等教育相关理论研究与实践的重要探索。

(二) 应用目标

其一，促进高等教育与战略性新兴产业发展的深度对接，形成完善的动态互动响应机制。研究成果有利于加强高等教育对战略性新兴产业发展在创新方向引领、核心技术培育、专业人才培养等方面的全方位协同与支持，形成完善的动态互动响应机制。

其二，为"新工科"建设和高等教育改革决策提供参考。对高等教育革新和战略性新兴产业人才培养模式的研究，能为探究"新工科"建设和高等教育改革提供一些参考视角，如复合型人才培养、跨学科专业建设、基于产业需求实施特色育人模式、战略性新兴产业人才培养模式创新等。

其三，有利于战略性新兴产业的相关企业做好人力资源开发工作。本书有助于相关企业评价人才的专业技能、职业素养和适应能力，为人才聘用、人力资源开发和企业管理提供有益参考。

二、研究内容

本书的主要研究内容将涵盖如下几个方面。

第一，战略性新兴产业人才培养相关理论研究。通过文献研究法，针对战略性新兴产业人才培养问题，梳理节能环保、新一代信息技术、生物、高端装备制造、新能源、新材料、新能源汽车等战略性新兴产业相关政策；基于人的全面发展、通识教育、人才要素结构、人才培养模式、教育管理学、协同学等理论与观点，分析本书研究所参考的理论依据。此外，结合国家总体经济发展战略，以服务于战略性新兴产业为目标，分析战略性新兴产业人才培养的意义。

第二，战略性新兴产业发展与人才需求现状分析。借助访谈法和问卷调查法，结合网络在线方式，对我国战略性新兴产业发展概况和人才需求现状进行调研，分析我国战略性新兴产业发展的特点和相关人才的供需现状。基于层次分析法的模糊综合评价体系，从人才三要素视角评价战略性新兴产业人才需求的知识、能力和素质结构，为探究战略性新兴产业人才培养提供参考。

第三，国内战略性新兴产业人才培养模式现状、影响因素和存在问题研究。该部分主要是对我国高等工程教育与战略性新兴产业协调发展现状、战略性新兴产业创新型人才和技术技能型人才培养现状进行相关实证研究，分析当前战略性新兴产业人才培养中主要存在问题和影响因素，为探索战略性新兴产业人才培养路径和对策提供参考。

第四，国外产业人才培养特点及实践经验研究。美国、英国、德国、日本等国家在高等教育和产业人才培养方面均有其特点，如美国的"产业导向"教育模式、德国"双元制"培养模式、英国"工学交替"培养模式、日本"产学官"合作培养模式等，引起了各国教育界的关注。本书通过查阅文献等方式，梳理并分析了美国、英国、德国等国家在产业人才培养方面的实践经验，为探究战略性新兴产业人才培养提供参考。

第五，战略性新兴产业人才培养机制、对策与模式研究。基于对战略性新兴产业人才需求状况、要求标准及国内高校人才培养问题的分析，在借鉴国外高校产业人才培养实践经验的基础上，以人才培养相关理论为依据，研究了战略性新兴产业人才培养机制与对策，并基于人才"六位一体"培养体系，对战略性新兴产业的研究型人才和技能型人才的培养进行了探索，涵盖人才培养目标、课程体系建设、教学方式、评价标准、产学研管理、校企合作、保障机制建设等内容。

三、研究方法

（一）文献研究法

查阅战略性新兴产业相关专业教育、高等工程教育、战略性新兴产业人才培养等相关的文献资料，梳理相关学术研究，并进行有针对性的分析，为探索高等教育与战略性新兴产业协同发展，以及战略性新兴产业人才培养提供学术参考。此外，针对战略性新兴产业人才供需状况、高等工程教育现状，查阅政府部门相关统计年鉴、行业分析报告、社会机构数据，并进行综合分析。

（二）调查研究法

针对战略性新兴产业发展现状与相关人才的要求标准，通过问卷调查法和访谈法，对部分战略性新兴产业的相关企业进行调研，归纳整理相关资料并进行分析；此外，借助问卷调查和在线访谈等方式，对国内高等院校战略性新兴产业人才培养现状进行调研，对存在的问题进行分析，为研究奠定良好基础。

（三）德尔菲法

针对战略性新兴产业人才要求标准问题，从知识、能力、素质等人才三要素观点的视角切入，向高等教育学、教育管理学、比较教育学、产业经济学等领域相关专家征询意见，对比专家们的意见并进行总结，为研究战略性新兴产业人才的标准、培养模式、教育管理等提供参考。

（四）基于扎根理论的质性研究方法

利用扎根理论来分析我国高等教育适应战略性新兴产业发展需求存在的差异和问题，为探究战略性新兴产业人才培养模式创新、高等工程教育改革以及后续配套政策提供参考依据。

（五）区位熵法

从学科专业、层次结构、空间布局等方面分析福建省高等教育响应战略性新兴产业发展的布局方向和对接点，为探究福建省高等教育与战略性新兴产业的优势搭接、协同机制、保障政策等提供参考。

（六）层次分析法

基于人才三要素观点，将战略性新兴产业人才评价指标划分为三个层次，为探究该类人才提供参考，具体的评价指标包括1个一级指标、3个二级指标、12个三级指标。一级指标为人才培养质量社会评价；二级指标包括知识结构、能力结构和素质结构三个层面；三级指标中，知识框架包括基础学科知识、专业基础知识、人文社科知识和工具性知识，能力结构包括学习能力、社会适应能力、团队协作能力、创新能力和自我管理能力，素质结构包括基本道德、社会公德和职业道德等。

（七）对比分析法

通过比较分析法，对比中西方高校战略性新兴产业人才培养模式的特点与差异，总结西方高校相关实践经验，为探究战略性新兴产业人才培养提供参考。此外，比较节能环保、新一代信息技术、生物、高端装备制造、新能源、新材料、新能源汽车等七类产业对相关人才的需求现状、要求标准，分析并总结其共性与特点，为探究战略性新兴产业人才的培养提供参考。

（八）个案研究法

针对战略性新兴产业人才培养现状，将选取国内有代表性的高等院校和战略性新兴产业相关专业作为研究个案，总结国内高等院校在战略性新兴产业人才培养中存在问题，并分析相关原因与制约因素，为探究战略性新兴产业人才培养体系和模式提供参考。

（九）综合评价法

综合评价法是运用多个指标对多个参评单位进行评价的方法，广泛应用于多个领域，如企业经济效益评价、社会发展水平评估等，其基本思想是将多个指标转化为一个能够反映综合情况的指标来进行评价。

（十）结构方程建模方法

结构方程建模方法是基于结构方程模型的应用进行分析和研究的方法，其核心是结构方程模型。结构方程模型（structural equation modeling，SEM）是一种强大的统计技术，它结合了因子分析和路径分析，用于研究变量之间的复杂关系。SEM 不仅可以处理观测到的显在变量，还可以处理无法直接观测的潜在变量。这种方法能够同时分析多个变量之间的直接效应和间接效应，以及它们之间的因果关系，因此，SEM 在社会科学、心理学、教育学等领域有着广泛的应用。

第四节　主要研究创新

一、学术思想创新：建构高等教育与产业协同发展的研究框架

本书基于扎根理论的学术思想，以产业发展、空间结构、协同学、教育

管理等相关理论为基础，建构高等教育与战略性新兴产业协同发展的影响因素、响应机制的研究框架，有利于从理论上阐释高等教育与战略性新兴产业发展之间的内在关系。基于人才三要素理论观点，围绕知识、素质、能力等方面构建以多层次指标为核心的战略性新兴产业人才评价体系，不仅丰富了产业人才培养评价标准的研究视角，也丰富了高等教育与产业协同发展、产业人才培养模式的研究视角。

二、丰富教育理论观点：提出多主体协同育人的思想观点

针对战略性新兴产业发展的特征以及人才培养资源投入的问题，书中提出了"多主体协同育人"的观点；通过理事会管理制度设立、校企合作人才培养管理等，形成有效协同预期；通过行业、企业、学校、学生等多主体视角评价战略性新兴产业人才标准，建构以知识、能力、素质等人才三要素观点为基础的多层次指标体系；通过校企产学研目标衔接，形成有效协同的价值创造；通过数字化技术显性化过程管理，形成有效协同的价值评价。从组织共生、协同发展视角，创新性形成高等教育与产业协同发展的产教融合生态，为战略性新兴产业人才培养持续赋能。

三、人才培养机制创新：信息、人才、技术与物质资源共享与管理的机制

当今社会中各行业的发展呈现出互联互通、合作共赢、融合发展等特点，为了推动战略性新兴产业的发展，高校与政府机构、行业组织、社会企业以及其他利益共同体只有相互协同，提升教育相关资源的配置效率，培养战略性新兴产业所需人才，才能做到以教育为引领，实现多方主体的互动互促和合作共赢。为此，本书提出了行业组织、社会企业、高等院校等多元主体共

建、共管的组织架构,探索"理事会"治理模式,实行理事会领导下的院长负责制。同时,人才培养过程中,将聘请战略性新兴产业知名学者、专家、技术人员担任专家委员会委员,实行专家指导委员会联系制度、专业负责人与企业管理者的例会制度、教师员工"双师互聘共培共用"制度、高层次人才柔性引进"互聘双职"等制度,以解决教育相关资源"融入难"的问题。通过这种多主体协同、产业链贯通、跨专业融合的人才培养机制,旨在有效整合人力、技术、信息、知识等多方资源,为战略性新兴产业人才培养探索了一条产教深度融合、多方协同育人的人才培养新路径。

四、人才培养体系创新:战略性新兴产业人才"六位一体"培养体系

本书基于战略性新兴产业发展对各层次相关人才的需求状况和要求标准的分析,综合研究了国内高校战略性新兴产业人才培养中的问题,在借鉴外国高校产业人才培养实践经验的基础上,以教育内外部关系规律、人的全面发展、协同学等理论为依据,并从社会学、教育学、管理学等学科进行综合聚焦,提出了产业人才"六位一体"的培养体系,涵盖人才类型、培养目标、课程体系建设、教学方式、评价标准、产学研管理、校企合作、保障机制建设等内容,不仅丰富了人才培养体系方面的学术研究,也丰富了"新工科"建设方面的研究。

五、人才培养模式创新:探索战略性新兴产业人才培养的新模式

针对我国高校在战略性新兴产业人才培养中存在的问题,基于人才培养模式理论与观点,本书从人才培养目标、课程体系建设、教学方式、教学评价、教育管理等方面对战略性新兴产业人才的培养模式进行了创新实践与探

索，例如，在借鉴课程模块群理念的基础上，主张建立"专业交叉复合、专业群融合发展"的专业集群课程体系，实施"模块化课程、项目化教学、职场化实践"的教学改革，以解决战略性新兴产业对接难、实践教学难等问题，形成服务战略性新兴产业发展的人才培养新模式。

六、研究方法创新：引入扎根理论思想并综合多种研究方法提升成果价值

本书在规范性研究（文献梳理、比较研究）和实证研究法（调查研究、个案研究、统计分析）的基础上，针对高等教育与战略性新兴产业协同问题、战略性新兴产业人才培养问题，引入扎根理论思想，并综合德尔菲法、层次分析法、比较研究法、个案研究法、调查研究法、归纳法、区位熵法、统计分类法等多种研究方法，力求做到理论研究、政策研究与田野工作、统计分析研究的相互结合，旨在丰富人才培养与教育管理方面的研究方法。

第二章
战略性新兴产业人才培养相关理论研究

第一节 人才学理论与产业人才培养

一、"人才学"理论的基本观点

（一）人才的概念与特征

1. 人才的概念

人才（talents）是一个内涵极为丰富的概念，一般是指智力超凡、在某方面具有才能或本事的人。但从社会认知层面看，关于"人才"的概念与含义又形成了不同的认识，主要存在两个方面的理解。一是侧重于德才兼备。《辞海》指出人才指"有才识学问、德才兼备，才学、才能和品德高尚的人"（马君，2024）。二是把能力和贡献作为评判人才的根本标准。人才是指具有一定的专业知识和技能（李宜馨，2020），从事创造性劳动，并对社会作出贡献的人，是人力资源中能力和素质较高的劳动者，其本质特征在于创造性和进步性（张蕾，2023）。

人才的概念定义，直接涉及人才的评价标准问题，应具有一定的严谨性、科学性、时代性。在2010年，我国相关部门出台了《国家中长期人才发展规划纲要（2010—2020）》，对"人才"的概念进行了重新定义，"人才是指具备一定的专业知识或专门技能，进行创造性劳动并对社会作出贡献的人，是人力资源中能力和素质较高的劳动者"（沈荣华，2017）。基于此，关于"人才"的定义，不再唯学历、唯职称、唯身份、唯资历，突出了人才的"知识""技能""创造性""贡献"等特点，从专业、能力、贡献三个维度对人才进行了精练概括，具有较高的指导价值。

2. 人才的特征

基于《国家中长期人才发展规划纲要》对人才的定义，在评价人才的表现和贡献方面可从知识、能力、道德、贡献等四个维度来制定标准，才更符合社会主义人才的标准和新时代对人才的要求（孙锐，2018）。因此，人才的特征包括以下几个方面。

（1）较高的综合素质。个体在心理意志、心理特征、身体健康状况、思想文化水平等方面均具有良好的状况，并且在智商、情商、修养等方面也具有相对较高的认可度和水平。

（2）扎实的知识基础。个体拥有扎实的专业基础知识，且知识面较为宽广，并能够将多门学科或专业的知识进行融会贯通，并能相互渗透、文理综合，且富有一定的创新意识和创造能力。

(3) 较强的社会适应能力。个体具有较强的专业技能、合理的知识结构，能在具体工作中具备良好的应变能力和较强的社会适应能力。此外，在跨行业、跨专业的领域，也能具有良好适应性，能胜任跨专业领域的工作。

(4) 良好的职业道德。人才应"以德为先""以能为本"，在新时代，对于社会主义人才的界定还应增加道德维度，将良好的职业道德作为评价人才特征的一个重要标准。个体不仅要有一定的专业技能，还应当具有良好的职业道德、社会公德意识和社会责任心。

(二) 人才的类型

人才的类型划分，应符合社会发展需要和人才工作的实际，使人才可以明确地划分至某一领域中，既方便专业化分类管理服务，也有利于各类人才找准自身定位，制订相应的发展计划。当前，基于不同的视角与方法，可对人才类型有一些不同的划分。例如，根据人才的成长与发展过程，可将人才分为准人才、潜人才、显人才；根据人才的专业与知识面大小，可将人才分为专才、通才、复合型人才；根据人才的能力与社会贡献大小，可将人才划分为一般人才、杰出人才、伟大人才；根据人才所从事专业的性质，也可将人才划分为党政、教育、法律、艺术、军事、科技、金融等人才（孙彦玲，2023）。

(三) "人才学"理论

人才学是以人和人才问题为研究对象，综合社会科学和自然科学而形成的一门新兴学科。而人才学理论的主要研究的内容包括四个方面：第一，人才特点、构成与联系、结构的模式；第二，人才成长过程中一些带有规律性的问题；第三，人才制度、人才的开发与规划，以及人才的考核、晋升、培训、管理、就业、流动问题；第四，人才制度的沿革、人才思想史等（厉伟，2022）。

研究表明，人才成长经历着"准人才"→"潜人才"→"显人才"→"领军人才"等不同的阶段，人才学揭示的是人才成长过程及成长阶段的理论，基于人才学理论，可以把握人才成长的规律来更好地发现、识别、培养、选拔和使用人才，也能为社会企业做好人力资源开发工作提供理论指导。

二、个体成才途径与影响因素

（一）成才途径

1. 普通高等教育

普通高等教育是指主要招收高中毕业生进行全日制专业知识学习的学历教育，是与在职职工边工作、边学习的函授、自考、国家开放大学、网络教育等成人高等教育形式相对而言的。普通高等教育包括全日制普通博士学位研究生、全日制与统招非全日制普通硕士学位研究生、全日制普通第二学士学位、全日制普通本科、普通全日制专科等不同层次和类型（曲艺，2024）。目前，如国内一些大学、学院和独立学院所开设的理学、工学等学科和相关专业，均可以培养新能源产业发展所需的相关的专业人才，是培养高层次研发人员的重要途径之一。

2. 职业教育

职业教育指的是使受教育者具备从事某种职业或者职业发展所需要的职业道德、科学文化与专业知识、技术技能等综合素质而实施的教育活动（崔志钰，2021）。职业教育与普通教育是两种不同教育类型，具有同等重要地位，职业教育包括普通职业中学、职业高中教育、技工教育和高等职业教育（高职有时也列入普通高等教育）。中等职业学校教育包括普通中专、职业高中和技工学校；而高等职业学校教育则由专科、本科教育层次的职业高等学校和普通高等学校实施，其中专科层次职业教育主要为企业培养技能型人才，本科层次职业教育分为"应用型"本科和"师资型"本科，"应用型"本科教育注重加强实践教学环节，"师资型"本科教育注重加强学生"双师型"能力的培养（申素平，2023）。

3. 职业培训

职业培训是为培养和提高劳动者从事各种职业所需要的知识和技能而进行的教育和训练，受培训者在培训或进修后可以获得由相关培训部门颁发的证书。职业培训是国民教育的一个重要组成部分。职业培训与普通教育既有区别，又有联系，两者都是培养人才和开发智力的活动，但职业培训是直接培养劳动者，让受培训者掌握从事某种职业所需要的专业知识和技能。职业培训的类型包括就业前培训、学徒培训、在职培训、再就业培训、创业培训、企业职工培训等；根据职业技能标准，职业培训的层次分为初级、中级、高级职业培训和其他适应性培训。从组织与管理方面看，职业培训可以由就业训练中心、咨询公司、社会力量办学等各类职业培训机构来承担。

（二）成才的影响因素

个人能否成才受多重因素影响，总体来看，影响成才的因素通常包括这些方面，即：个人综合素质、受教育程度、产业发展需求、工作与社会环境因素等。

1. 个人素质因素

通常来看，个人素质因素包括：先天遗传因素、先天禀赋、身体素质、个体心理素质、思想道德意识、个人努力状况、职业态度与作风、组织协调能力、协同合作精神、进取心与坚强毅力、自信心与谦逊精神等。对于个人能否成才而言，个人素质因素也存在一定影响，在高等教育和人才培养方面须给予重视。

2. 受教育因素

教育，尤其是学校教育在个体的身心发展中起着主导作用。受教育因素通常涵盖家庭教育、启蒙教育、素质教育、高校专业基础教育、学校教师的影响、合理知识结构的学习、系统实践训练、创造性思维能力培养等。受教育因素往往在个体成才中起着重要的作用，例如，学校教育能按照社会经济发展和企事业用人单位对学生的基本要求、发展方向、素质能力提升等作出"社会性"规范和教育影响，充分发挥对个体成长与发展的教育作用，在传授专业理论知识的同时，以培养学生的能力及健全的人格。

3. 产业发展需求

社会经济与各行业的发展，均需要有足够数量的人才作为支撑，甚至不同的产业对相关专业人才的知识储备、技术技能、综合素质等要求各不相同，因此，不同产业的发展程度也决定了各自产业对人才的需求量和标准。例如，新能源产业，它是在新技术基础上加以开发利用的可再生能源产业，涉及太阳能、生物质能、水能、风能、地热能、波浪能、洋流能和潮汐能等非传统能源实现产业化，也涵盖发电系统、能源类材料、储能电池、能源装备制造等领域（魏丽莉，2021）。新能源产业的结构优化和技术创新的成功与否，在一定程度上取决于行业内技术人才的总体水平，也对相关人才的学习能力和技术水平提出了较高的要求；同时，新能源产业的发展也为人才的成长提供了"沃土"。

4. 社会工作环境因素

良好的社会工作环境，能激发从业人员的工作热情，不仅能有助于个人的成长与发展，也有利于实现个人的价值。社会工作环境因素主要包括：行业内的资源配置方式、人才政策与待遇、人才评价与晋升制度、高层次人才的奖励机制、继续教育和专业培训、人才的社会地位、行业团队合作机制、科学技术交流活动机制、技术成果的评价标准、信息资源获取途径等。例如，良好的人才奖励机制，有助于激发个体不断创新的潜力，积极探索和研究行业领域内适宜的技术；完备的继续教育和专业培训活动，有助于个体的不断学习和进步，为个人的成才起到一定保障作用。

三、人才学理论对本书研究的启示

高校如何能够培养高质量的战略性新兴产业人才，需要从人才学理论中获取启发，特别是产业类人才培养模式，将会涉及多项社会因素、个体因素，需要对人才内涵、特征、价值等进行多方面考量。因此，基于对人才学理论的梳理，在探索战略性新兴产业人才培养模式时要坚持以下几点。

（一）注重挖掘个体成长成才的规律

人才的成长规律是人才学研究的重要内容，研究人的成才必然要把研究人的成长作为前提。而大学教育阶段，是人才由继承期向创造期过渡的关键时期，是人才成长的关键时期，也就是说，当代大学生在大学教育阶段的成长和人才成长的关键期是契合的。因此，高等院校需要坚持做到在战略性新兴产业人才培养模式设计过程中深谙教育教学规律和人才成长规律。

（二）注重人才的成长环境与政策优化

"千秋基业，人才为本"。若实现社会经济高质量发展，关键在积极探索人才发展的体制机制，优化人才发展环境，形成识才、爱才、敬才、用才的氛围，为社会经济高质量发展提供人才支撑。良好的社会环境对人才成长起着重要影响，对此，有必要构建有益于个体成才的社会环境，完善不同行业人才的评价制度，打破"唯身份""唯出身""唯论文"等限制条件的评价倾向，将工作人员的完成工作能力、技术水平的高低、技术创新能力等标准，也作为评价人才的重要标准。除此之外，还应强化人才政策扶持，为高层次人才、研发人才、技术人才等解决后顾之忧，在人才落户安居、生活就医、子女教育等方面给予一定优惠政策，营造尊重劳动、尊重创造、崇尚技能的浓厚社会氛围和工作环境。

（三）注重人才在知识、能力、素质中的综合导向

人才学理论对于战略性新兴产业人才培养具有导向作用，表现在能力、素质和贡献等方面的引导作用。产业类人才属于人才的一种类型，在培养过程中要根据人才的特性及知识、能力、素质等方面在未来社会中的需求，要具备合理严谨的层级结构。首先，人才培养要具备基础层次，即人才应掌握扎实稳固的基础知识和技能。其次，人才培养要具备跃升层次，即人才应在知识获取基础上获得其能力的综合提升。最后，人才培养要具备最高层次，即人才的德、智、体、美、劳全面发展。战略性新兴产业人才培养要注重人才学的基础层次、跃升层次和最高层次，在人才培养模式框架设计中予以方向性指导。

第二节 人力资源理论与教育内外部关系规律

一、人力资源相关理论

（一）人力资源的概念与含义

人力资源概念是著名管理学家彼得·德鲁克（Peter Drucker）在其著作

《管理的实践》中首次提出并加以界定的（万彦，2024），他认为，人力资源拥有当前其他资源所没有的素质，即协调能力、融合能力、判断力和想象力等。在此基础上，国内外学者对人力资源的概念与含义进行了有针对性的研究，关于人力资源概念的表述主要表现在六个方面：人力资源是指能够推动整个经济和社会发展的具有智力劳动能力和体力劳动能力的人口的总和；人力资源是指一个国家或地区具有劳动能力的人口的总和；人力资源是指具有智力劳动能力和体力劳动能力的人的总和；人力资源是指包含在人体内的一种生产能力；人力资源是指能够推动整个经济和社会发展的劳动者的能力；人力资源是指一切具有为社会创造物质文化财富、为社会提供劳务和服务的人。从这些人力资源的定义或表述可以看出，人力资源是最活跃、最积极、最具有主动性的生产要素，它作为经济资源中的一个特殊资源，既有质、量的属性，又有社会、自然的属性（陈松亮，2024）。

（二）人力资源相关理论与人才培养

1. 人力资本理论

著名学者舒尔茨指出，传统的经济理论把经济的增长仅仅归结为物质资本的增加，而实际上人力资本的提高对经济增长的贡献远比物质资本的增加更重要（杜育红，2020）。同时，舒尔茨的人力资本理论在论证人力投资作用大于物质投资的基础上，将教育投资视为人力资本的核心，突出强调教育投资的作用（黄玮杰，2023），主要有以下四点。

（1）教育投资是使隐藏在人体内部的能力得以增长的一种生产性投资，是人力资本投资的主要部分，也是推动经济发展的重要因素。

（2）提高人口质量的关键是教育投资。

（3）教育对人力资本形成的作用集中表现在人们接受教育后，提高了文化技术水平，增强了劳动素质，形成了有较高质量的人力资本，从而增加了人力资本的存量和创造经济价值及社会价值的潜能。

（4）人力资本投资是经济增长的主要源泉，是效益最佳的投资，人力资本投资收益率高于物质资本投资收益率。

2. 结构功能理论

结构是指系统内部各个要素的组织形式，功能则指系统在一定环境中所能发挥的作用，结构与功能这对范畴是普遍存在的，结构与功能是对立的统一（李晓东，2023）。相同结构可以表现出不同的功能；而相同的功能，可以通过不同的结构来实现。结构与功能是相互区别的，两者有其一定的相对独立性。结构与功能是相互联系的，不可能有孤立的功能，也不可能有孤立的结构。结构与功能是相互依存。结构与功能的相互联系，表明了高校产业人才培养并不是孤立的系统，它需要根据外部系统的变化而变化，并与外部系统相互匹配与适应。

3. 赫兹伯格双因素理论

赫兹伯格将导致对工作不满的因素称为"保健因素"，将引起工作满意感的一类因素称为"激励因素"。保健因素，诸如规章制度、工资水平、福利待遇、工作条件等，对人的行为不起激励作用，但这些因素如果得不到保证，就会引起人们的不满，从而降低工作效率。激励因素，诸如提升、提职、工作上的成就感、个人潜力的发挥等，则能唤起人们的进取心，对人的行为起激励作用（殷冬梅，2021）。要使人的工作效率提高，仅仅提供保健因素是不够的，还需要提供激励因素，因此，对于产业类人才来讲，双因素中的各种因素都有可能对其产生激励作用。

（三）人力资源相关理论对本书的研究启示

"人力资本"理论冲破了传统发展经济学只重视物力资本投资的"唯资

本论"观点，阐明了人力资源开发和利用在经济发展过程中的决定作用，反映了世界科技革命和社会化大生产的客观要求，具有合理的科学成分，并具有以下几个方面的启示。

1. 重视人力资源开发在经济中的作用

"人力资本"理论通过实证分析得出，人力资本的作用比物质资本更重要，这与马克思主义关于人是生产力中最重要因素的基本观点具有一致性。当代的实践也证明，经济发展的关键因素都是由人创造的，最基本的生产力是人，最重要的资源是人力资源，而且是掌握了一定文化、科学和技术的人。人口素质不高、人力资源匮乏，将会成为经济增长和经济发展的重要制约因素，没有现代化的人，绝对开创不出现代化的经济。我们若想迈开现代化建设的坚实步伐，大力发展战略性新兴产业，实现经济"起飞"，跨入世界经济强国行列，就要高度重视人力资源的开发在国民经济增长和发展中的作用，必须大力开发和充分利用本国人力资源，不断提高全体国民素质。

2. 教育投资是人力投资的核心

西方"人力资本"理论强调人力资本是通过投资形成的，教育是人力资本形成的最重要途径，并重视对教育投资收益的分析；同时，增加教育投资，提高人力资源的质量，无论对于社会的发展还是改善劳动者的生活，都能带来巨大的效益。"人力资本"论中关于教育投资如何影响经济成长的系统分析，是值得我们重视的。在当前科学技术不断快速发展的时代，从某种程度上来讲，科学技术的进步几乎完全取决于教育，不发展教育，增加物质投资即使能使产量增长，也只能是在停滞状态下的极有限的增长。因此，应切实重视发展教育事业，把教育支出作为最重要的生产性投资，不断增加教育经费、改善办学条件、提高教育质量。

3. 加强市场对人力投资的调节作用

著名学者舒尔茨认为，人力投资完全由市场机制调节，虽然有局限性，但也说明社会经济和市场发展对人才培养具有重要参考意义（李舟，2019）。在社会主义市场经济条件下，人力作为最重要的生产要素，市场调节会起到积极作用。教育的结构、学校专业设置应根据市场需要和经济社会发展的要求进行调整。当然，市场不是万能的，相关部门要在教育投资总量、教育结构等方面进行必要的调控，对教育过程中某些市场机制难以发挥调节功能的方面进行优化，如影响或制约校企合作办学中的协同机制、教育资源配置管理制度、人力供给市场协调机制、人才培养质量评价制度等。

二、教育内外部关系规律

（一）教育内外部关系规律观点

教育在发展过程中，通常存在两种关系规律，即：内部关系规律和外部关系规律。"教育内部关系规律"，通常是指教育内部环境中的各子系统之间相互影响、相互作用的关系规律。通俗来讲，教育的内部关系规律是指社会主义教育必须培养全面发展的人，或者说社会主义教育必须通过德育、智育、体育、美育来培养全面发展的人。全面发展教育的组成包括德育、智育、体育、美育等，因此德育、智育、体育、美育之间的本质联系是教育内部最为基本的关系。

"教育外部关系规律"，通常是指教育作为社会发展诸多子系统其中之一，在发展与变化时，与社会其他的政治、经济、文化等子系统之间的关系规律，具体可表述为教育必须与社会发展相适应，社会主义教育必须与社会主义社会发展相适应。这种适应不是被动适应，而是主动适应。它包括两个方面的意义：一方面，教育要受一定社会的政治、经济、文化等所制约；另一方面，教育必须为一定社会的政治、经济、文化等服务。教育内外部关系规律奠定了中国高等教育学的学科理论基础，对中国高等教育改革实践产生了深远影响。

(二) 教育内外部关系规律与人才培养的含义

教育的内部关系规律和外部关系规律是相互起作用的，办教育既要遵循外部关系规律，又要遵循内部关系规律，把内、外部关系规律很好地统一起来，不能把它们分割开。教育的发展，通常要受到社会政治、经济、文化发展状况的影响，并为影响其发展变化的社会经济、政治和文化而服务。高等教育是人才培养的重要手段和途径，应遵循与社会相适应的原则，以服务于社会经济发展为目标，从培养目标、培养过程、培养方式等方面主动适应社会发展的需要。

(三) 人才培养影响因素分析

1. 政府层面

政府层面影响人才培养的因素主要有政策因素、资源配置和组织保障机制。在人才培养过程中，政府的政策是校企合作协同育人的保障，起到了监督、协调和推动作用；在资源配置上，政府部门对高校和企业提供的财政补贴、税收减免和土地等都能促进校企合作的实施；在组织保障机制上，政府部门通过协同行业协会、龙头企业、科研院所等组织，来协调"政行企校"各方在校企合作培养人才的过程中存在的问题。

2. 企业层面

企业层面影响人才培养的因素主要有人才需求强度、资源投入力度以及合作平台建设情况。高等院校是输出各类人才的主要渠道，企业对人力资源的渴求程度是企业投身"校企合作"培养人才的主要动力；企业较高校的优势在于能够接触到行业中最新的技术和设备，以及拥有一批实践经历丰富的技术骨干，企业投入学校的资源越多，校企合作越深入，越有可能培养出符合产业需求的各类人才；有效的校企合作平台能够帮助校企双方集中优势，促进各方的沟通与交流，提升人才培养的效率。

3. 学校层面

高等院校层面影响人才培养的因素有合作理念、教学活动和评价机制。首先，随着科学技术和产业的不断发展，高校只有转变合作理念，明确"政行企校"协同培养人才的目标，基于共同的利益诉求，才能保障"校企合作"的顺利开展；其次，高校教师的教学能力、教学方法和使用的教材应当与各类人才的培养要求相匹配，在教学活动过程中做到以学习者为中心；最后，在"政行企校"协同育人的背景下，过往以高校为主的评价机制已经无法满足产业和企业的需求，评价机制是否多元化和综合化是影响人才培养的重要因素。

4. 个人层面

人才培养涉及学生个体综合发展水平的提升，学生个体的综合发展水平包括个性培养、专业技能、综合素质、就业能力等，而这些能力的培养与提升，也与学生自身学习兴趣、观念、主动性、后天努力等因素息息相关。从个人层面因素看，学生的学习状态存在几个方面的问题，影响着高校人才培养的工作。

其一，在学习方式上，从师型过多，自主型过少。学生对教师、课堂、书本的依赖性过强，以教师、课堂和书本为中心的学习方式，导致学生的自主学习观念偏弱，自我发挥不多，主动钻研不够，独立学习能力不强。

其二，在思维方式上，求同性过多，求差异性过少。学生在学习中认为能够按照教师的授课计划和思路进行跟随式学习，能读懂教材的内容和听懂教师的讲授就是完成了学习任务。这种学习方式带来的影响是，久而久之，学生们的求同性思维越来越强，追求差异化的思维会被大大抑制，弱化创新思维意识和能力的培养与提升。

其三，在学习状态上，顺从型过多，问题型过少。学生大多处于传承性、接受式的传统学习状态，创新性学习欠缺，同时，学生中大多满足于听懂、会用公式、会做题这个层次，勤于思考问题、乐于提出问题的人过少，致使学生个体越发不善于思考，影响着探究能力和创新能力的提升。

其四，在学习的情感上，应试型过多，兴趣型过少。学习是为了应对考试，而不是凭自己的兴趣去探索和钻研。然而，学习需要有兴趣，有了兴趣，才能真正调动起自身的内在动力，真正地钻研进去，乐此不疲，忙而忘忧，真正成为自己学习的主人，这是学习的基本规律之一（王浩，2023）。

（四）教育内外部关系规律的启示

人才培养工作中，应主动适应社会发展的需要，以服务于经济发展和人才市场需求为前提，不断革新和优化人才培养的目标、课程体系、教学评价、教学管理等内容，以培养社会所需的合格人才。

1. 人才培养目标制定与优化

在人才培养过程中，作为人才的"使用者"——社会企业的人才需求、人才标准反馈与评价，常常容易被忽视，而在高校制定人才培养目标和培养方案时，社会用人单位参与不多。社会用人单位对毕业生的知识、素质和能力的反馈与评价，是人才培养工作的一项重要参考标准，校企双方应当基于一致的人才培养目标，共同来制定人才培养目标和方案，让企业充分参与到课程体系建设、课程标准制定、课程实施、教学管理、人才考核中来，保障高等院校培养出的人才能够符合社会企业的用人需求，并享有优先录用权。

2. 课程体系创新建设与优化

课程体系是人才培养工作的重要基础，高校的课程体系建设，不仅要符合学科、专业的要求，还应主动对接相关行业的特点、技术和前沿动态。因此，针对人才培养中的课程设置，行业企业可协同高校共同完成课程体系建设，保障课程内容与职业标准相对接，学校教学过程与社会生产过程相对接。在课程体系建设过程中，社会企业也可协同高校完善其课程标准、专业教学标准、社会实习标准等，并在此基础上协助高校进行教师教学能力、教材和教学方法的革新。例如，企业可定期安排高校专任教师到专业岗位上进行专业实践活动，积累工作经验，提升理论联系实际的能力。实践、实训能在培养学生的社会实践能力中起到积极的作用，企业也可以协同高校开发紧密结合生产实际的实训教材和课程，配套开发信息化资源，以真实工作场景为载体，加强实践性环节的比重，提高真实任务、真实案例的覆盖率，引入大数据、人工智能等现代教育技术，提升学生主动参与学习的兴趣，真正做到以学习者为中心。

3. 教学资源整合与优化

在人才培养过程中，不仅要依靠高校的资源与力量，社会行业和企业的相关教育资源也能起到丰富人才培养和日常教学的作用，因此，可以整合与优化教学资源。一是高校可加强与社会企业的合作，围绕学科专业特点、理论与实践教学、企业真实生产活动协同共建一体化的、资源共享的校内外实训基地，让学生能够接触到课外行业前沿动态和实际生产知识。二是加强高校与行业企业的深度合作，结合双方的优势协同建设教学资源平台和专业教学资源库，借助人工智能、大数据等新一代数字化信息技术，引入真实的生产和技术服务案例，打造优质的教育精品课程，丰富课程教学资源。三是校企双方可积极推动高校教师和企业工程师、高技术技能骨干的双向流动，共同打造"双师型"教师团队。例如，在分配教学任务时，高校教师可主要担任专业基础课中理论部分的教学，而实践类课程则由企业工程师和技术骨干来承担，同时由企业指派具备较高专业技术的人员担任学生的校外导师，负责其实践技能的教学指导工作。四是政府相关部门可进一步完善和明确"校企合作"中双方所享有的优惠政策，加大对产教融合政策的宣传和对参与企业的奖励，不断提升社会企业参与产教融合的积极性，鼓励社会企业依托自身的实践资源优势积极投身到"校企合作"的人才培养中去。

4. 评价机制调整与优化

完善的评价机制与多元化的评价方式，有利于客观、详细地评价人才培养的质量，对于及时改进和优化人才培养方式也具有积极的意义。针对人才培养的评价与监督工作，高等院校和社会企业可以在双方工作任务的基础上加强合作，建立起合理的监督考核机制与多元化、综合化的评价机制。例如，高校可主要针对学生的理论学习、校内教师的课堂教学、学校教学管理等内容展开评价与监督，企业则主要针对学生的校外实践实训环节、毕业生质量等方面进行监督与评价，同时，高校与企业双方在评价过程中要注意紧密沟通与联系，在落实学生校内外学习管理和安全管理的基础上，及时地发现问题并解决问题。此外，相关教育部门也可以牵头组织由行业协会、社会企业、科研院所、教育指导委员会等部门组成的"校企合作"评价指导委员会，细化校企双方在人才合作培养评价中的责任，以多元评价的方式对人才培养工作全过程进行监督和评价。

第三节　教育管理学与资源配置相关理论

一、教育管理学理论

教育管理，是管理者或相关部门通过组织协调教育队伍，充分组织与协调教育人力、财力、物力等资源，并利用与教育相关的各种有利条件，高效率地实现教育管理目标的活动过程。教育管理学是建立在教育学与管理学这两门学科基础上的交叉学科，通常是运用管理学与教育学的基本思想和相关理论，以教育实践活动为分析对象，研究教育系统中的管理现象与问题，并揭示教育管理中的一般规律（胡耀宗，2023）。

依据教育管理对象的特点与差异，教育管理学又有广义和狭义之分。从广义上看，教育管理学是以整个国家的教育系统作为管理和研究对象，根据国家的教育准则、法令、法规为指导，遵循教育的发展规律，对整个教育行政系统及各级各类学校进行规划、组织、指挥和控制，使教育资源得到合理配置，以实现管理目标最优化的一门现代科学。从狭义上看，教育管理学是以一定类型的学校管理作为研究对象，探索学校与社会环境之间的关系和学校内部诸因素之间的关系，针对学校教育质量提高提供必要的环境、秩序和措施等，旨在让学校组织按照教育规律正常运行的科学，狭义的教育管理学通常也是指我们所说的学校管理学。

教育管理学的相关理论观点为优化教育资源配置和开展教育工作提供了参考依据，教育管理部门或高等院校可更好地组织和协调人力、财力、物力等教育资源，充分利用相关的各种条件，高效率地完成教育管理和人才培养工作。

二、教育资源配置理论

(一) 高等教育资源

教育资源的概念是资源概念的外延,在《试论教育资源的效率》一文中,教育资源被解释为"社会为了促进教育的发展所提供的财力、人力、物力"(赵庆年,2024)。高等教育资源是多种教育资源中的一类,是保证高等教育系统正常运转的根本所在,想要高等教育的健康发展,就必须以投入一定的高等教育资源为前提条件。从存在形态来看,高等教育资源可以分为有形和无形两大类。无形的教育资源虽然确实存在,但是并无公认的方法加以确认和计量,仅存在于讨论和实验阶段。为了保证高等教育资源配置效率的公平公正,本书将高等教育资源定义为为了促进高等教育的发展,地区投入的有形高等教育资源,包括人力、物力和财力。

(二) 高等教育资源配置

教育资源的配置可以理解为是在资源数量有限的前提下,掌握教育资源的分配者如何将数量一定的人、财、物在教育系统内部和它的各组成部分之间进行有效和合理配置,并且还要在最大程度上满足社会各界人士对教育产出的需求,以保证教育能够协调、持续和健康地稳步发展(韩海彬,2023)。由于高等教育资源存在一定稀缺性,所以必须对其进行合理配置,从而促进整个高等教育系统健康发展。高等教育资源配置分为宏观层面配置和微观层面配置。从宏观层面来看,高等教育资源配置是指国家或者政府在不同层次上的利用方向。从微观层面来看,高等教育资源配置则是指高校怎样有效使用和分配自身现有资源,以实现自身的良性发展。本书倾向于从宏观层面解释高等教育资源配置,即政府把握地区高等教育资源整体情况,统筹规划,指明高等教育资源流动大方向，地方高等院校根据本地实际情况进行配置，带动高校和地区整体高等教育质量提升。

（三）高等教育资源配置效率

效率，是经济学中常用概念，它最直白的解释就是投入与产出的比值；高等教育资源是稀缺资源，重视其配置效率，也就成为教育经济学题中应有之义（马中东，2023）。如果将高等教育资源配置系统理解为一个生产过程，一头是高等教育资源投入，另一头就是高等教育资源产出，因此高等教育资源配置效率可以被看作是整个生产过程中高等教育资源投入产出的利用率。与评价其他资源利用效率一样，高等教育资源投入与产出比值越大，则说明高等教育资源利用效率越高、资源配置越合理。"帕累托最优"肯定是最佳的资源配置状态，但结合实际情况和高等教育固有的稀缺性来看，我国高等教育资源配置想要达到"帕累托最优"是不现实的（沈江凝，2024）。所以，本书将高等教育资源配置效率定义为，在高等教育资源投入有限的前提下，获得尽可能多的高等教育产出的过程。

三、教育资源配置的影响因素

根据教育管理学的相关理论来看，影响教育资源配置的因素主要有政府导向因素、企业的积极性、行业组织的参与和社会观念影响等方面（姚昊，2023），具体有如下几点。

（一）政府的导向因素

针对高等教育而言，政府的作用主要体现在舆论导向、立法干预、政策鼓励、统筹管理、综合协调、信息公开、指导监督等职能方面。自新中国成立以来，我国政府高层陆续制定了诸如《中华人民共和国高等教育法》《国家中长期教育改革和发展规划纲要》《中国教育现代化（2035）》等高等教育相关的法规与政策，为我国高等教育工作开展营造了良好的环境（李金文，2022）。除了制度保障之外，政府部门的经费支持也是教育工作开展的重要推力，政府部门通过公平合理的监督评价体系来统筹财政拨款、优惠政策、专项奖励等资源配置。实践证明，高等教育和人才培养工作，也需要社会企业组织的参与，作为政策的制定者，政府部门在高校和社会企业之间扮演着"协调者"和社会资源分配者的角色。例如，"校企合作"中，政府管理部门可以发挥宏观调控功能，为企业和高校营造良好的外部合作环境，构建协同发展的长效机制并进行动态监测与多维评价，能对校内外教育资源配置起到积极的作用。

（二）企业的积极性

高等教育作为一个"准公共产品"，具有重要的意义，例如，服务于科技，促进社会高速发展；促进社会文化建设；培养人才，为社会发展提供人力资源等。高等教育具有一定的外部性，在让更多的人接受正规的高等化教育的同时，可传播深层次的精神文化，这种文化可以是一种理念、观念等核心层面的文化，进而对社会和经济发展产生深刻的影响。从人力资本效应来看，高等教育可以培养众多的人才，对行业和企业发展起到积极的作用，接受高层次、专业化高等教育的员工越多，越能推动劳动生产率和企业经济效率的提高，也能促进整个社会经济的可持续发展。从这一角度来看，高校在育人工作过程中，也需要企业的参与来实现教学与生产实践相结合、专任教师与企业工程师相结合的目的；高校加强与社会企业的合作，也能帮助学校缓解师资和实践设备短缺的矛盾。然而，目前除了一些人力资源密集型制造企业和服务型行业参与校企合作的愿望较为主动之外，仍有一些社会行业或企业参与校企合作、校企共同培养人才、产教融合等活动的积极性不足，甚至有一些社会企业只是被动地参与校企合作，其主体地位和资源优势得不到有效体现与发挥，影响了"校企合作"育人长效机制的形成。

（三）行业组织的参与

作为影响企业生存与发展的直接环境，社会行业组织在"校企合作"、"产教融合"、教育资源配置过程中也扮演着重要的角色。对于高等教育而言，行业组织可作为政府机构、社会企业和高等院校之间的"桥梁"，能协助政府机构实施行业发展规划、产业政策和相关法律法规，也可以对行业内开展"校企合作"的企业进行有效的督促与约束。对此，社会行业组织应当建立有效的信息传递机制、合作沟通机制和资源共享机制，参与或开发适应行业企业和学校需求的教育平台建设，为行业内企业和学校提供资源服务（肖纲领，2023）。然而，当下部分行业组织对行业领域内开展"校企合作"、"产教融合"发展、人才联合培养等方面的企业的规范和约束力不够，在一定程度上也会影响教育资源配置的效率。

（四）社会观念影响

社会观念通常是人的意识的一种观念化、模式化，其产生通常未经过理论的定性而形成的一定社会心理或观念体系，能够在一个特定的时代、民族、阶级和社会群体中广为流传的意识，不仅表现为一定社会群体意志、愿望、情绪等，还表现为一定的风尚、习俗等因素（孟茹玉，2019）。虽然近年来我国一直在社会层面弘扬工匠精神、技能改变命运、职业平等、教育平等的理念，但在社会的固有观念里，依旧有职业教育、职业院校不如高等教育的偏见，甚至存在专业技术人员工作"待遇差""不体面"等传统认知，致使在专业技术人才培养中，社会企业组织参与不足，技能类人才的综合素质培养存在不足，技能人才队伍建设、结构和素质状况无法满足产业发展的需求。虽然政府机构、行业组织、学校等一直在大力宣扬职业平等、教育平等的理念，但由于受传统社会思想观念的影响，影响着职业教育、校企之间产教融合等方面的教育资源投入，对产业人才培养也造成了一定影响。

四、教育管理学视角下提升资源配置效率的路径

当今社会中各行业的发展已逐渐向互联互通、合作共赢、融合发展等方向转移，在这样的时代背景下，任何一个行业或组织的发展都需要行业之间、行业内组织的相互合作，更无法脱离行业组织的参与。在这一背景下，高校和其他利益共同体只有相互协同，才能真正做到以教育为引领，实现政府机构、行业组织、社会企业、高等院校等多方面的有机融合，互动互促，协同发展，以提升教育资源的配置效率。

（一）围绕共同目标，发挥协同效应

目前，我国社会经济正在向技术密集型产业转型升级，如近几年备受关注的绿色电力、新能源汽车、新型储能等各个产业不断在寻求相关技术的创新与发展，各个产业的发展均需要大量高层次、高技能的人才来推动技术革新与产业升级。高等院校承担着培养高层次、高技能人才的任务，政府、行业、企业、学校等各个主体之间存在着共同的目标，各方力量需加强联系与合作，协同育人，为国家与产业发展提供足够的人力资源，不断提升教育资源配置的效率便成了当务之急。若实现教育资源高效率配置，政府、行业、企业、学校等各方需发挥协同效应，也需要高效的协同机制来保障，其中，良好的激励机制是发挥协同效应的重要基础，而有力的约束机制是协同效应最大化的有力保障，两者相互作用、相互制约，针对教育资源高效率配置的目标，实现协同效应。

1. 激励机制是发挥协同效应的基础

针对高等教育和协同育人而言，合理而完善的激励机制既有利于调动行

业、企业、学校等各方组织的积极性，也有利于发挥协同效应。激励机制涵盖协同识别、协同实施和协同反馈三个部分。其中，协同识别，是围绕提升教育资源配置为目标，分析政府、行业、企业、学校等各方组织之间的协同关系，把握实现多组织协同与发展的切入点，发掘各方的优势与潜能，充分利用现有的各方资源，协同其他各方发挥自身的优势，互相补充，以实现教育资源的高效配置，共同为国家、社会、产业发展提供足够的人力资源。协同实施指的是在协同识别的基础上，以达成教育资源高效配置为目标，具体推进政府、行业、企业、学校等各方组织之间的协同合作的过程，涉及信息分享、交流沟通、计划制订、项目实施等内容。协同反馈则主要是针对既定的目标检验协同实施的成效，以及是否与政府、行业、企业、学校等各方组织所希望达成的协同效应相一致，如果教育资源配置效率未得到提升，则需要重新对协同识别、协同实施环节进行复查与分析，找出存在的问题并调整实施方案，以最终实现协同的目的。

2. 约束机制是发挥协同效应的保障

在提升教育资源配置效率的过程中，也需要完善的约束机制提供保障。通常情况下，激励机制与约束机制是相互联系、密不可分的，缺少了约束的激励很可能会导致协同系统失控。约束机制能够配合激励机制更好地实现政府、行业、企业、学校等各方组织之间的协同与合作，贯穿于协同识别、协同实施和协同反馈的全过程。例如，在"校企合作"培养人才的工作中，基于约束机制，可保障校企双方能按照既定的合作计划，按时、按量地投入人才培养目标制定、人才培养评价、实践实训等环节，确保协同育人工作的顺利进行。协同激励过程中的协同目标识别、协同信息沟通、协同要素整合和协同结果反馈是协同约束机制发挥其约束效能的"场所"，并在此过程中有目的地进行相应的控制，最终实现协同目标。

（二）建构共生型组织，赋能协同合作

为了实现教育资源的高效率配置，政府、企业、学校等各方组织进行信息与资源的共享，建构"共生型"组织，形成命运共同体，促进不同组织之间的相互合作关系。虽然政府、企业、学校等各方组织之间的理念和价值观存在一定差异，但通过构建"共生型"组织，发挥彼此之间的资源优势，可实现互为主体性、整体多利性、效率协同性等特点，在很大程度上实现彼此更优越的进化循环，以实现互利共赢的目标。具体表现在以下几个方面。

1. 实现互为主体性

政府、企业、学校等各方组织一旦成为"共生型"组织，便不再有主客体的关系，而是彼此之间互为主体，这就要求组织内每一位成员都需要作出改变。在提升教育资源配置效率的目标下，各方基于核心价值逻辑创新性地设计独特的价值创造方式，同心协力、通力合作，共同应对各项挑战与问题，共同寻找解决方式与策略。

2. 实现整体多利性

基于政府、企业、学校等各方组织构建的"共生型"组织，强调的是合作各方之间的相互补充、相互协作，能实现合作潜力的相互激发、高效的互动合作，在推进教育资源高效配置的同时，能带来超出组织原有能力所创造的价值，能在更大程度上实现每位成员的利益追求，实现互利互惠。

3. 实现效率协同性

在组织绩效由内部转向外部的情况下，"分工、分权、分利"已经难以满足政府、企业、学校等各方对教育资源配置整体效率的要求，整体效率的实现与否取决于组织之间各方的合作协同程度。在"共生型"组织下，基于

政府、企业、学校等各组织彼此之间对资源的获取、分享以及使用能力，让各方获得了更多的自主与发展空间，能更加高效、快捷地响应产业需求的变化，也实现了互利合作效率的协同性。

（三）优化资源配置，创新教育模式

1. 建立产业学院，促进资源共享

以新能源产业为例，新能源产业的发展需要大量高层次研发人才、创新型人才给予支撑，而作为社会共生单元的高等院校面对新能源产业各类人才需求的增加，也需要积极探索更契合的人才培养方式。产业学院作为产业界与教育界融合的产物，是以现代产业集群或特定产业、行业发展的需求为导向，以推动产业转型升级、产业技术创新为牵引，通过对政府部门、行业组织、社会企业、高等院校等多主体资源和要素进行整合，突破创新主体间的壁垒，协同培养人才的教育机构。针对目前新能源产业发展对高层次人才需求的现状，政府部门、新能源行业组织、新能源电池企业、高等院校等主体可以协同合作共建产业学院，秉承"资源共享、合作共赢"的目标，发挥各自的优势并进行深度合作，释放行业、企业、高校等主体之间的人才、资本、智力、信息、技术、管理等创新要素活力，共同协作，培养新能源电池产业发展所需要的人才。

2. 优化专业布局，整合教学资源

在学科专业设置方面，单一专业无论在教育资源开发与利用方面，还是在适应社会发展和产业转型升级人才需求方面，均存在一定不足。基于教育管理学理论观点，结合现代产业发展对人才的需求，高校管理部门可跨学院组建人才培养专业群，通过设置专业群的方式动态地整合相关的专业，以专业群为基点，调整师资、财力、物力、信息等教学资源的配置，在对专业进行增删的情况下实现专业之间的最优配置，培养适应社会发展和现代产业转型升级的所需人才。

高校中的二级学院是服务专业发展的,专业群的教育作用发挥则是二级学院开展基层教育管理的内容,在高校跨二级学院组建专业群时,应站在动态的视角去把握,也需要注意以下几个方面的问题。一是跨二级学院组建专业群时应不断激发多元主体参与的积极性,赋予二级学院一定的管理自主权,让专业群的教育功能发挥、信息传递沟通更为顺畅,围绕产业发展、社会企业需求、人才市场岗位群的要求,高效率地推进专业群的建设与课程体系的重构。二是跨二级学院组建专业群时应当由专业间的竞争转为通力合作,推进专业建设资源共享,大力发展跨学科专业教育,培养适应现代产业发展和服务实体经济要求的高素质人才。三是跨二级学院组建专业群时应注重打造高效的"双师型"的师资队伍,将教师团队按照各自的学科背景和主要业务分为教学创新团队、教学管理团队、技术研发团队、实践实训团队等,同时坚持背景多元、专兼结合、结构合理的组建原则,积极打造跨界、跨专业的教师队伍,为培养高质量人才提供保障。

第四节　多元主体协同与产业人才培养

一、多元主体协同相关理论

(一) 利益相关者理论与人才培养

1. 利益相关者理论的代表人物及观点

(1) 弗里曼的理论观点。

利益相关者理论(stakeholder theory)始于20世纪60年代的英、美等西方国家，进入80年代以来，该理论取得了重要进展，影响力不断扩大。学者弗里曼认为利益相关者是指"任何能够影响公司目标的实现，或者受公司目标实现影响的团体和个人"（缪学超，2024）。在他看来，所有者、消费者、竞争者、雇员、特殊利益团体、媒体、供应商、政府和地方社区组织等均属于利益相关者。同时，弗里曼还从所有权（ownership）、经济依赖性（economic dependence）和社会利益（social interest）三个不同角度对利益相关者进行分类，主要包括对企业拥有所有权的利益相关者，如企业经理人员、持有公司股票的董事、所有其他持有公司股票的人员等；与企业在经济上有依赖性的利益相关者，如在公司取得薪水的所有经理人员、债权人、内部服务机构、雇员、消费者、供应商、竞争者、地方社区、管理机构等；与公司在社会利益上有利益关联的利益相关者，如特殊群体、政府领导人、媒体等（林曦，2010）。

（2）米切尔的理论观点。

学者米切尔（Ronald K. Mitchell）认为，可以从三个属性分别对可能的利益相关者进行评分，然后根据分值的高低来确定某一个体或者群体是不是社会企业或组织的利益相关者，是哪一类型的利益相关者（陈昕，2016）。这三个属性分别是：合法性（legitimacy），即某一群体是否被赋有法律上的、道义上的或者特定的对于社会企业或组织的索取权；权力性（power），即某一群体是否拥有影响社会企业或组织决策的地位、能力和相应的手段；紧急性（urgency），即某一群体的要求是否立即引起社会企业或组织管理层的关注（李亚飞，2023）。根据这三个属性对利益相关者进行评分后，社会企业或组织的利益相关者可以被分为三类，即：确定的利益相关者、预期的利益相关者、潜在的利益相关者。米切尔对利益相关者分类的研究，实现了方法和视角上的创新，更加注重让多主体在积极的、经常的互动中共同参与和实施社会企业或组织的管理（即利益相关者治理），将利益相关者分类的研究推上了一个新的高度。

(3) 法森的理论观点。

以法森（Yves Fassin）为代表的学者对利益相关者的理论框架进行了深层次的剖析，并建构了新的利益相关者分类框架，这是当代学者进一步细化、深化利益相关者理论的新尝试。学者法森认为，利益相关者分类框架解决了企业环境的边界和层次问题，但是没有区分给企业带来压力的团体与监管机构之间的地位差异（何正英，2024）。基于此，他从要求的合法性、对企业影响力的大小和企业是否直接对其负有责任把企业的利益相关者分为三类：①直接利益相关者；②间接利益相关者，典型的代表有工会、消费者协会等；③外部利益相关者，典型的代表有政府、社会媒体等。

2. 人才培养中的利益相关者分类

利益相关者的分类，是"利益相关者理论"的核心。根据学者弗里曼等人对利益相关者的定义，企业、学校、学生、教师、政府、行业协会、家长、社会公众等都是文化产业管理人才培养的利益相关者（张皖俊，2018）。依据米切尔提出的评分法，学校、学生、教师、企业、政府、行业协会等在合法性指标和权力性指标上的评分较高；学校、教师、学生、企业、政府等在紧急性指标上的评分较高（王亚芳，2024）。因此，结合高等教育与人才培养来看，学校、学生、教师、企业、政府可认为是产业人才培养中确定的利益相关者；行业协会、家长是产业人才培养中预期的利益相关者；社会公众是产业人才培养中潜在的利益相关者。在本书的研究中，学校、学生、教师、企业、政府这五类利益相关者贯穿始终，是进行战略性新兴产业人才培养研究的参考依据。

（二）共生理论与人才培养

1. 共生理论

"共生"，通常是指两种或两种以上的生物为生存需要，按某种模式相互依存和作用，逐渐形成共同生存或协同进化的共生关系，经过多年的发展与沉淀，"共生"的概念与思想逐渐地被运用到了社会学、经济学、管理学、教育学等学科领域（廖忠明，2023）。共生型组织是一种基于合作与价值共创所形成的资源共享、利润共享的群体性系统组织，它是一个双向或者多向的思维模式，使群体性系统中的每一个个体或成员均能够开展基于自身优势和融合共生伙伴资源的网状式发展，最终达到合作共赢的目标（马廷奇，2023）。

2. 共生理论在人才培养中的应用

在协同育人过程中，政府部门、行业协会、社会企业和学校既是利益共生主体，也是形成共生体的基本资源生产和交换单位，即共生单元；教育融合与人才协同培养可作为利益共生客体，是共生体的承载者，能从共生层面论证其融合形式、深度与广度，最终形成共生的合作模式（杨鑫，2023）；产教融合多主体利益共生体的运行机制可以包括政府机构、行业协会、社会企业、高等院校、教师群体、学生群体、企业员工等多个性质不同的组织机构或个体的利益诉求，涉及政治、经济、社会环境等周边因素，可看作是共生环境。

在教育合作"共生体"中，政府机构、行业协会、社会企业、高等院校等主体共同参与了人才培养的工作，政府起到政策引领、宏观指导、管理调控等作用，行业协会起到组织协调和资源配置的作用，高等院校负责人才培养和提供社会服务，社会企业发挥着协同培养、使用人才、"消化人才"的作用，相关各主体通过合理分工、资源共享和优势互补达到持续性共生、共存的状态。

（三）公共治理理论与人才培养

1. 公共治理理论的兴起与发展

公共治理概念受到全球关注并研究，发端于1989年世界银行报告《南撒哈拉非洲：从危机走向可持续增长》，报告中提出与公共治理有关的观点（李昊，2023）。之后，"治理"概念迅速成为政治学、公共管理学、行政学等众多学科探讨的热点，引发延续至今的研究热潮。公共治理理论主要针对的是传统公共行政和新公共管理存在的管理失灵或管理低效等问题，并提出相应的解决方案，例如，如何在日益多样化的政府组织形式下保护公共利益，如何在有限的财政资源下以灵活的手段回应社会的公共需求等。

国内学者结合公共管理的特点与含义，从不同角度对"治理"概念进行了阐述。例如，有学者从政治学角度提出治理一词的基本含义，是指在一个既定的范围内运用权威维持秩序，满足公众的需要；而治理的目的，是在各种不同的制度关系中运用权力去引导、控制和规范公民的各种活动，以最大限度地增进公共利益，并提出良好治理的"善治"，是政府与公民对社会生活的共同管理……包括合法性、透明性、责任性、法治、回应、有效和稳定等七大基本要素（俞可平，2021）。也有学者从公共政策角度，将公共治理定义为相关各方为影响公共政策的结果而开展互动的方式，认为"良好的公共治理"旨在改进公共政策成果和达成一致的治理原则（李海娟，2017）。

2. 公共治理理论的主要内容

（1）治理主体的多元性。

治理主体不再具有单一性，政府组织、非政府组织、企业组织等共同构成了多元化的治理主体，形成治理的大网络。治理理论强调国家和其他治理主体间的相互合作和良好沟通，社会公共事务需要国家、行业协会、社会企业、广大公民等共同管理，以此来避免市场调节的失灵或政府干预的失衡。

（2）治理目标的共同性。

政府组织、非政府组织、企业组织、公民在内的各种行为主体之间相互合作互动、互相信任、保持良性的竞争环境，共同治理同一事务，最终的共同目标是满足公众需求，促进社会发展，实现多元主体利益最大化。

（3）治理方式的多元化。

多元治理主体的确立丰富了治理的方式，强调多角度、多渠道来共同治理社会公共事务，不再局限于法律和强制的行政干预，它还包括各种主体之间的协商、谈判、合作等多种治理方式，其治理方式既有正式的法律与行政管理，也有非正式的约束。

3. 公共治理理论对产业人才培养的启示

高校产业人才的培养不是孤立的，它需要与政府、企业、社会行业机构等建立联动的协同合作机制，共同培养人才。因此，治理理论对产业人才培养具有重要理论意义。

（1）产业人才培养需要多种行为主体的参与。

治理理论强调多元主体的多层治理，为打破公共产品、公共服务的政府垄断开启了新思路。政府、社会、市场、学校、家长均为了改善教育的绩效和人才培养的质量而努力，由此形成一种国家与社会、政府与非政府组织、公共机构与私人机构、强制与自愿的教育公共治理格局。由此来看，高校战略性新兴产业人才的培养不仅仅是高校的责任，更需要政府部门、社会企业、产业协会及不同社会组织的共同参与。

（2）产业人才培养是一项系统工程。

治理理论中的多元化治理方式为产业人才培养机制创新提供了一定借鉴。例如，新时期我国战略性新兴产业发展对高层次管理类人才提出了更高的要求，高校产业管理类人才培养需要产、学、研等多方协同，综合运用法律、行政、经济等手段，积极营造良好的成才环境，深入细致地研究人才成才规律，把人才培养工作做实做细，提高我国产业管理类人才队伍的整体水平。因此，高校产业人才培养要以产业需求为导向，以高校为主体，科研机构为补充，企业和政府为支撑，推动政府、科研机构和企业三种组织在高校实现对接，建立高校、政府、企业联动耦合的人才培养模式，实现资源共享，优势互补，共同管理。

(四) 协同理论与人才培养

1. 协同理论观点

（1）协同理论。

所谓协同，是指协调两个或者两个以上的不同资源或者个体，协同一致地完成某一目标的过程。协同学理论（synergetics）又被称为"协作的科学"，最初应用于物理学科的领域，是探求系统内多个子系统之间、多个要素之间相互合作、相互作用规律性的科学（万陈芳，2023）。

（2）协同发展理论。

协同发展理论核心的精髓是协同治理，而协同治理是多个主体针对某一个涉及各自共同利益的问题，以平等的身份参与其中，通过对话、协商等方式，共同讨论解决对策，商定规则，最后合作分工，从而实现以最小的损耗达到最优的结果（王瑞峰，2024）。

协同治理最明显的特点就是主体多元、资源共享和平等协商。从结果上来看，协同治理将治理理论的价值和工具相融合，从而推动公共事务管理的低成本、长远利益和公共利益协同增效等多个目标达成；从整个过程上来看，协同治理期望通过多个主体之间的相互包容和协作，最大限度地满足各利益主体的需求，保障协同系统稳定并实现整体效能的发挥，减少现实中存在的利益冲突与隔阂；从实现方法上来看，协同治理强调治理过程中多个主体的平等参与、规则共商、共享合作，最终达成共识（齐海丽，2024）。

2. 协同理论与人才培养

基于协同学理论，有助于构建教育资源协同机制，促进相关部门职能协同，形成多方育人的合力，提升人才培养效率。

其一，基于协同理论可促进人才培养的主体协同。针对社会经济和产业发展所需人才的培养，不仅要加强校内育人主体间的协同，也需要加强校内、校外人员的协同。以协同学理论为基础，高等院校可积极邀请行业组织、社会企业、校友参与课程体系建设、人才培养评价标准的制定、教学内容的革新等环节，通过校内外组织的优势互补、协同配合，丰富课程体系建设和人才培养的形式。

其二，促进课程思政教育与专业知识教育的融合发展。基于协同学理论来看，课程思政育人与专业知识育人的育人目标在本质上是一致的，两者都是围绕"立德树人"的任务而展开的教育方式。良好的职业道德，也是社会企业在选人、用人过程中提出的一个重要要求，在人才培养过程中，以各学科专业人才培养方案为载体，将思政元素融入专业人才培养方案中，帮助学生树立正确的世界观、人生观、价值观。

其三，促进人才培养教育资源优化配置。基于协同学理念，高校可以联合社会企业共建校外实习、实践基地，构建校外教育平台，拓展了人才培养的空间，不仅实现了人才培养方案内教学活动与培养方案外实践活动协同，也实现了校内校外实践教育资源协同。

总之，高等教育的协同发展的过程，就是在政府的主导下，各个与高等教育活动密切相关的主体，以平等的身份加入其中，投入力所能及的资源，共同推进其健康发展的同时，满足自身的发展需要。

二、多主体协同培养产业人才的有效性

教育合作与多主体协同育人，是政府部门、行业协会、企业、学校等主体基于共同的目标，通过资源的开放共享和转化应用而构建的紧密联动、协同共赢、成果共享、人才共育的有机整体。多主体参与的协同育人系统的构建有助于各主体在人才培养、社会服务、技术研发等方面实现高效的协同，

将人才的培养与产业需求精准对接,为培养产业人才、优化资源配置、促进新技术发展、实现可持续发展提供了有力支撑,其有效性主要体现为以下几点。

(一)多主体参与,打造教育合作生态

高等教育合作与融合的生态体系中包括政府机构、行业组织、社会企业、高等院校、学生群体等几大核心单元,多个主体通过共商、共育、共享等过程,契合公共关系识别、形成、发展的动态时空变化。

在共商阶段,为了保障协同育人工作的顺利进行,各相关主体共同对协同育人的相关章程、产教融合规则、组织和评价机制等进行统筹。在共育阶段,各主体共同制定人才培养方案,推进专业与课程建设,共建共享师资,切实做好过程管理与评价,力求满足产业人才的需求。在共享阶段,高校利用自身优势,帮助企业突破技术难关、提高生产效率、提升自主创新能力与核心竞争力,企业为高校提供设施设备、技术工艺、助学经费等支持,并通过自身社会影响力为高校的教师提供工程实践岗位,为学生提供校外实践基地。在共赢阶段,校企合作中的产教融合理念与技术经验可转化为其他共享资源回馈社会,促进产业转型升级,推动区域经济和产业发展,实现合作共赢,营造良性的、可持续的产业与教育循环互促、融合共生的生态闭环。

(二)多主体共治共享,去中心化治理

在传统教育模式下,高等教育的管理主体主要是高校,未能充分发挥企业在高等教育管理中的重要作用。在多主体协同育人的背景下,任何一个共同体都处在一定的制度和生存环境中,都需要接受外部利益主体的约束、规范及其提供的条件。因此,这就需要打破单一权力中心的治理框架,建构政府机构、行业组织、社会企业、高等院校等多元责任主体有效协同的治理体系,各个主体基于各自的职能,构建产、学、研、培等"多域共生"的运作模式。高校发挥自身在课程建设、教学科研等方面的优势;政府充分发挥宏观调控功能，构建产教融合长效机制；企业在政府的支持下增加教育资源投入，与高校开展人才的双向流通，共同打造"双师型"教师队伍，构建校企"双导师制"的人才培养体系；行业协会作为"中间人"，在校企合作产生分歧与矛盾时做好协调工作，同时积极促进产学研一体化，推动科研成果转化和区域生产力提高。

（三）多主体协同合作，深化要素资源匹配

在协同育人生态系统中，政府机构、行业组织、社会企业、高等院校等应当在系统内对知识、课程、教师、技术、产品和服务等要素进行整合，将其与区域产业相对接，形成对应的课程供应链、人才供应链、产品供应链和技术创新链，实现教育链、产业链、创新链和人才链的动态耦合。由行业确定最新的职业标准和技术标准，高校和企业共同商定课程标准、教学与评价标准，以达到专业设置与产业需求对接、课程内容与职业标准对接。

校企共同打造实训基地，融入企业生产环境和企业文化，开展现代学徒制和企业新型学徒制试点，共建校企大师工作室，深化学生对行业的感知，以实现教学过程与生产过程对接。"政行企校"各方通过共建公共事务服务中心、跨企业培训中心等平台，开展针对社会人员的职业技能提升和再就业培训，通过地方"学分银行"，推进学历职业教育与非学历职业教育的对接，以实现职业教育与终身学习对接、毕业证书与职业资格证书对接。

三、多主体协同育人模式的探索

在校企合作多主体协同育人的过程中，各个参与主体应当紧紧围绕战略性新兴产业发展对人才的需求，深化产教融合，培养服务产业链的创新型、复合型人才，创新型、复合型人才既要具有突出的专业技能和完备的人格特质，也要有较高的综合素质。政府机构、行业组织、社会企业、高等院校等主体可以从构建利益驱动机制、组建"双师型"教学团队、校企协同开发课程、创新教学管理模式和建立多元评价体系等方面展开协同育人的探索。

(一) 构建利益驱动机制

当下企业参与高等教育的积极性总体不高，根本在于其利益无法得到保障，高校应当坚持以"校企合作"双赢为原则，提供充足的高素质人才，支撑企业的人力资源结构不断优化升级。学生作为协同育人系统的核心单元，其利益诉求也应当被充分考虑，在校企共同推进协同育人工作时，需要对学生在企业的学习内容以及应享有的权利和应履行的义务进行明确界定，从制度上保障学生的利益。

(二) 组建"双师型"教学团队

"双师型"教学团队是保证协同育人质量的关键因素，为了能够有效组建双师型教学团队，促进产业导师和学校导师之间的紧密合作，高校和企业应当构建专业梯度发展格局，聘请产业导师到学校任教，通过内培外引、双向挂职的方式，打造由"'教授+大师+巧匠'领衔，'专业教师+行业专家'融合"的双师团队。在"双师型"教学团队的建设中，产业导师的遴选标准尤为重要，产业导师除了要进行技能的传授，还需要承担学生的职业启蒙工作。因此，产业导师除了应具备一定的授课能力，能够将技术传授给学生以外，还应当具备对学生职业规划进行指导的能力。

(三) 校企协同优化课程建设

高校应当联合企业，根据学生职业能力发展的自身规律和企业岗位设置的特点，进行一体化的课程体系设计与开发，根据学生自身的职业理想和岗位职业生涯规划等开设基于学生个人职业发展规划的需求课程。着重与企业共同打造适合产业发展、行业需求的模块化专业群课程体系，完善"课证融通"的"通识+基础+核心+拓展"的基本框架，深入企业调研，紧跟产业发展，构建切实满足行业企业需求的课程模块。此外，校企双方可联合创建"实境化""开放式""多功能一体化"的实践教学场所，依托教师工作室、专项实训室、学生创业工坊、信息化网络教学平台，将行业、企业的最新技术、工艺、规范纳入教学标准和教学内容，使教学标准对标社会相关的职业资格证书要求，让学生提升职业岗位能力，实现"产业—职业—专业—学业—事业"的无缝对接。

（四）创新教学管理模式

校企双方可坚持"教、学、做"一体化，真正做到教中学、学中做，构建"教、学、做"一体化模式，坚持实用为主、够用为度的原则，有效实现理论知识和实践知识在学生头脑中的整合。按照项目导向，建设基于教师分工协作的模块化教学专业群，依托学校与企业共建"校企合作"人才培养联盟，与行业高端企业签订人才联合培养协议，企业提供岗位需求，以学生为主体进行岗位意向初选。打破学生原有自然班进行重组，成立"订单班""定向班""企业冠名班"等"方向班"，按照企业岗位需求定制"方向班"的人才培养方案，企业深度融入人才培养过程。

（五）建立多元化评价体系

质量保障机制的构建是确保高校人才培养质量的必要措施，高校应当建立完善的学生培养考核评价体系，采用过程性考核与结果性考核相结合的原则。评价体系不仅仅包括对学生的考核，也包括对产业导师的考核，对学生的考核主体应当包括行业组织、社会企业、高等院校或第三方机构，考核内容包括知识掌握程度、实际操作水平、工作表现、工作任务完成情况等，最终将考核结果作为定期检查与反馈的依据，并据此完善与重构人才培养方案。

本 章 小 结

战略性新兴产业人才总体数量不足、高层次研发创新人才欠缺,已成为影响该产业发展的一个不容忽视的问题。为了解决战略性新兴产业人才有效供给的问题,大力发展战略性新兴产业专业教育和优化相关人才培养,是我国目前高等教育的一项重要任务。由于我国新能源、新材料、新能源汽车等战略性新兴产业专业教育起步较晚,相关人才培养工作也处于不断摸索和实践阶段。本章梳理了"人才学"、教育管理学、协同学、共生学、教育内外部关系规律等相关的理论与观点。例如,基于人才学理论把握人才成长的规律来识别和培养人才;基于教育内外部关系规律理论分析高等教育革新方向和优化人才培养模式以主动适应社会发展需要;根据教育管理学理论分析政府机构、行业组织、社会企业、高等院校等多方力量的融合与协同发展机制以提升教育资源的配置效率;基于协同学、共生学、人才培养模式等理论观点,实现多主体协同育人等。这些理论与观点,不仅为战略性新兴产业相关专业教育提供理论基础,也为探索战略性新兴产业人才培养模式提供了一定参考依据。

| 第三章 |

战略性新兴产业发展概况及人才需求分析

第一节 我国战略性新兴产业发展概况

一、战略性新兴产业的含义

当今世界的新一轮科技革命和产业变革深入发展,国际力量对比深刻调整,世界主要国家纷纷加快布局战略性新兴产业,并且围绕战略性新兴产业的竞争日趋激烈。战略性新兴产业,是以重大技术突破和重大发展需求为基础,对经济社会全局和长远发展具有重大引领带动作用,知识技术密集、物质资源消耗少、成长潜力大、综合效益好的产业。战略性新兴产业是引导未来经济社会发展的重要力量(李玥,2024)。战略性新兴产业以创新为主要驱动力,辐射带动力强,加快培育和发展战略性新兴产业,有利于加快经济发展方式转变,有利于提升产业层次、推动传统产业升级、高起点建设现代产业体系,对于全面建成小康社会具有十分重要的意义(王鹏,2024)。

二、战略性新兴产业发展历程与概况

中国战略性新兴产业的发展开始于 2008 年,时至今日,已经"走过了"十多个年头,从产业认知、顶层设计、政策制定到技术落地、生产经营均发生了巨大的变化。回顾战略性新兴产业的发展历程,其大致可以分为三个阶段。

(一)探索起步阶段

第一阶段是 2008~2010 年,也是战略性新兴产业的探索起步阶段;在这期间,国家高层对发展战略性新兴产业的必要性进行了研讨,开展了全国性的调研,并初步划定了产业范畴。

2008 年全球经历了一场百年罕见的金融危机,包括中国在内的许多国家的经济增长速度明显放缓。但经济危机往往孕育着新的科技革命,科技上的重大突破和创新,又将推动经济结构的重大调整,提供新的经济增长引擎,使经济重新恢复平衡并提升到新的更高水平。在这场科技创新与产业振兴的竞赛中,相关部门意识到单靠传统产业发展不能解决国内经济发展中的问题,必须把建设创新型国家作为战略目标,逐步使战略性新兴产业成为经济社会发展的主导力量(张弛,2023)。

2009 年,国务院领导召开了三次战略性新兴产业发展座谈会,围绕产业发展方向、技术路线、战略布局、科研攻关、政策支撑等问题展开了讨论，确认了发展战略性新兴产业是中国"立足当前、渡过难关、着眼长远"的重大战略选择（吴民，2011）。2010年，国务院通过了《关于加快培育和发展战略性新兴产业的决定》，指出"发展战略性新兴产业已成为世界主要国家抢占新一轮经济和科技发展制高点的重大战略"（于新东，2011），中国加快培育和发展以重大技术突破、重大发展需求为基础的战略性新兴产业，对于"推进产业结构升级和经济发展方式转变，提升中国自主发展能力和国际竞争力，促进经济社会可持续发展，具有重要意义"。此外，国务院从中国国情和科技、产业基础出发，初步划定了战略性新兴产业涵盖的七大领域，即节能环保、新一代信息技术、生物、高端装备制造、新能源、新材料、新能源汽车等七大类产业。

（二）实质性发展阶段

第二阶段是2011~2015年，战略性新兴产业发展目标逐渐清晰，发展环境持续优化，推动着战略性新兴产业进入实质性的发展阶段。

"十二五"期间，全国上下正按照科学发展观的要求，加快转变经济发展方式，推进中国特色新型工业化进程，推动节能减排，积极应对日趋激烈的国际竞争和气候变化等全球性挑战，促进经济长期平稳较快发展（许冠南，2017）。此时期，是我国战略性新兴产业夯实发展基础、提升核心竞争力的关键时期，既面临难得的机遇，也存在严峻挑战。从有利条件看，我国工业化、城镇化在快速推进，城乡居民消费结构加速升级，国内市场需求快速增长，为战略性新兴产业发展提供了广阔空间；我国综合国力在大幅提升，科技创新能力明显增强，装备制造业、高技术产业和现代服务业迅速成长，为战略性新兴产业发展提供了良好基础；世界多极化、经济全球化不断深入，为战略性新兴产业发展提供了有利的国际环境。

同时，我国战略性新兴产业自主创新发展能力与发达国家相比还存在较大差距，关键核心技术严重缺乏，标准体系不健全；投融资体系、市场环境、体制机制政策等还不能完全适应战略性新兴产业快速发展的要求。必须加强宏观引导和统筹规划，明确发展目标、重点方向和主要任务，采取有力措施，强化政策支持，完善体制机制，促进战略性新兴产业快速健康发展。

2012年，国家出台了战略性新兴产业"十二五"发展规划，进一步明确了战略性新兴产业的发展目标，即大幅提高产业创新能力、完善产业创新创业环境、稳步提高国际分工地位、显著增强产业的引领带动作用等（谭锐，2018）。同时，在"十二五"规划中，还明确了中国发展战略性新兴产业的基本原则是市场主导、政府调控；创新驱动、开放发展；重点突破、整体推进；立足当前、着眼长远（胡迟，2014）。

"十二五"规划为战略性新兴产业的发展提供了政策支持和技术创新动力，推动了产业结构优化和经济增长，也促进了可持续发展。到2015年，战略性新兴产业增加值占国内生产总值比重达到8%左右，对产业结构升级、节能减排、提高人民健康水平、增加就业率等的带动作用明显提高。与此同时，在"十二五"规划一系列政策的支持下，一批特色鲜明的产业链和产业集聚区逐渐形成，也涌现出了一批具有较强自主创新能力和技术引领作用的骨干企业，这些企业掌握了一定关键核心技术、拥有自主品牌，相关产品和服务的国际市场份额大幅提高，在部分领域成为全球重要的研发制造基地。

（三）高速发展阶段

战略性新兴产业发展的第三阶段是从2016年至今，也是其高速发展阶段。在该阶段，战略性新兴产业相关企业坚持创新驱动发展，不断提升创新资源供给，在国内外市场中取得了显著的成绩，也推动着战略性新兴产业发展步入快车道。

2016年，国家出台"十三五"国家战略性新兴产业发展规划，提出了以创新、壮大、引领为核心，紧密结合"中国制造2025"战略实施，坚持走创新驱动发展道路作为总体部署，确立全面提升技术、人才、资金供给水平，高效利用全球创新资源，加快推进产业链、创新链、价值链全球配置，全面提升战略性新兴产业发展能力的原则（李冰晶，2016）。根据战略性新兴产业发展规划的部署，中央和地方政府颁布了"一揽子"促进战略性新兴产业发展的政策文件，如《国家创新驱动发展战略纲要》《当前优先发展的高技术产业化重点领域指南》《河北省加快新能源汽车产业发展和推广应用若干措施》《济南市加快现代金融产业发展若干扶持政策》等（王徽，2024）。这些政策从设立专项资金支持、税收优惠、重点技术联合攻关实施计划、建设高素质人才队伍等多个方面，制定了战略性新兴产业创新资源供给和产业融入国际分工体系的具体措施，为促进战略性新兴产业持续发展提供了有力的保障。

"十四五"开局至今，国家战略性新兴产业发展规划及专项规划陆续出台，战略性新兴产业持续发展的政策支撑得到了进一步强化，政策多次强调加强资源整合，提出突出集成电路、人工智能、生物医药等领域亟须，推动产业与互联网、数字技术、人工智能等前沿技术的融合，寻求技术研究突破，促进产业迈向全球价值链中高端，正向提升中国战略性新兴产业的国际竞争力（姜江，2020）。

在世界工业生产低速增长、贸易持续低迷、发达国家经济复苏缓慢、新兴经济体增速进一步回落、世界经济整体复苏疲弱乏力的大环境下（张振翼，2020），中国战略性新兴产业攻坚突破，取得了令世人瞩目的成就。时至今日，战略性新兴产业已经成为国民经济和社会发展的重要推动力量，部分产业和关键技术跻身国际先进水平。

三、战略性新兴产业的特点与发展趋势

（一）战略性新兴产业的特点

战略性新兴产业是以重大技术突破和重大发展需求为基础的产业，是推

动经济发展的重要力量，其主要特点如下。

1. 全局性目标明确，政策导向性强

战略性新兴产业不仅具有很强的发展优势，对社会经济发展具有较大贡献，而且直接关系经济社会发展全局和国家安全，也对带动经济社会进步、提升综合国力具有重要作用。同时，战略性新兴产业在市场、产品、技术、就业、效率等方面具有巨大的增长潜力，而且这种潜力对于经济社会发展的贡献是长期的、可持续的。战略性新兴产业的发展，通常聚焦解决国家重大需求（如能源安全、科技自主可控、"碳中和"等），由国家作出战略规划与引导，通过财政补贴、税收优惠、产业基金等政策扶持给予推动，服务于国家经济转型和竞争力提升。

2. 技术含量高，创新驱动性强

战略性新兴产业的发展依赖于前沿技术的突破和创新，这些技术往往代表了科技发展的最新方向。例如，新能源、新材料、新一代信息技术、人工智能、生物技术等领域，均属于前沿科技的应用范畴。由于战略性新兴产业的发展较为依赖前沿科技的创新，相关企业通常需要大量资金用于知识和技术的研发投入，以保持技术领先；此外，战略性新兴产业的研发活动频繁，对人才的需求量在不断增加，尤其是高水平的研发人员和工程师，越来越受到相关企业的青睐。

3. 市场潜力较大，成长性较高

战略性新兴产业发展初期可能规模较小，但一旦技术成熟或市场接受度提升，其增速远超传统产业，例如，新能源汽车产业，截至2024年，中国新能源汽车产量已突破1000万辆，在产量方面实现了巨大的跨越，产业规模快速增长，为全球汽车工业发展格局的重塑起到了重要推动作用。战略性新兴产业需求迭代较快，也具有较大的成长潜力（李娜，2024）。如新能源等战略性新兴产业，契合未来社会的发展需求，能够迅速扩展市场规模，创造新的经济增长点，并带动相关产业链的发展，因而具有较大的成长潜力。

4. 绿色可持续导向性强，物质资源消耗少

与传统制造业相比，战略性新兴产业在生产过程中通常消耗较少的物质资源，更加注重资源的高效利用和环境保护。例如，新能源产业通过替代化石能源，可以减少对自然资源的依赖；动力电池回收领域，秉承循环经济的发展理念，强调资源的循环、高效利用，减少对传统资源的依赖。战略性新兴产业，注重低碳化、绿色可持续发展导向，如可再生能源、储能技术、绿色电力等大多数新兴产业，符合"碳中和"目标，推动着绿色转型。

5. 产业化程度高，辐射带动力强

与未来产业相比，战略性新兴产业已经初步完成了重大技术试错，具有较为明确的产业形态和发展模式。例如，国内的新能源动力电池领域，经过了多年创新与发展，目前的电池技术越来越成熟，产业化程度较高。战略性新兴产业的发展往往能够带动其他相关产业的进步，形成联动效应。例如，信息技术的发展促进了通信、互联网、电子商务、新零售等多个领域的繁荣；新能源汽车的发展，带动效应更加显著，形成了动力电池、充电桩、智能驾驶、汽车零部件等产业集群，推动了上下游产业链的协同发展，在社会效益和环境效益方面也有显著贡献。

6. 综合效益好，全球化竞争与协作

战略性新兴产业不仅在经济效益上表现出色，同时在社会效益和环境效益方面也有显著贡献。例如，生物产业的发展，可以提高医疗水平，改善人民健康；节能环保产业，有效缓解我国经济社会发展所面临的资源、环境瓶

颈制约的现状，力促产业结构升级和经济发展方式转变，有助于减少污染，保护生态环境。战略性新兴产业的核心技术（如芯片、半导体、5G、固态电池等），已成为大国竞争的关键领域，也是国际市场博弈焦点；同时，战略性新兴产业的全球化发展，不仅依赖着跨国之间的合作（如稀土材料加工、疫苗研发等），也面临着"技术脱钩"风险，需要在推动产业发展过程中给予高度重视。

综上所述，战略性新兴产业以其前沿性、知识技术密集、物质资源消耗少、成长潜力大、综合效益好、辐射带动力强以及产业化程度高等特点，在推动经济社会发展方面发挥着重要作用。

(二) 战略性新兴产业的发展趋势

1. 战略性新兴产业发展目标

到 2035 年左右，战略性新兴产业的整体创新能力和产业发展水平达到世界先进水平，为经济社会可持续发展提供强有力的支撑。国内战略性新兴产业发展方向布局如下。

（1）节能环保产业。

"十四五"时期，突出提高环境质量这一节能环保产业的核心需求，加强大气、水、土壤的污染防治，倚重和发挥科技创新在源头削减、过程控制和循环利用等污染防治全过程中的关键作用。突破主要污染要素、主要污染源、主要生态破坏类型、污染物监测等方面的关键技术，形成促进中国生态环境治理取得根本好转的环境工程科技体系。面向 2035 年，节能环保产业发展重点在于突破大气污染防治、水污染防治、土壤污染防治与修复、固体废物资源化等关键技术，实现普遍性应用并取得良好的环境质量收益。

（2）新一代信息技术产业。

"十四五"时期，新一代信息技术产业在云计算、AI、大数据、智能网联汽车、工业互联网等领域达到国际领先水平，引领产业中高端发展，带动经济社会高质量发展。预计到2025年，新一代信息技术产业销售收入为35万亿元，信息消费规模为9.5万亿元；建成具有较强核心竞争力的新一代信息技术综合发展体系，与第一、第二、第三产业的融合程度显著加深，对实体经济的拉动效应显著提升；产业国际影响力进一步增强，在部分领域达到国际领先水平。"十四五"时期的重点发展方向为：物联网、通信设备、智能联网汽车（车联网）、天地一体化信息网络、IC、操作系统与工业软件、智能制造核心信息设备。面向2035年的重点发展方向为：新一代移动通信、下一代网络技术、信息安全、半导体、新型显示、电子元器件、云计算、边缘计算、操作系统与软件、AI、大数据等。

（3）生物产业。

"十四五"时期，在新药创制领域，形成并壮大从科研到成药的全产业链能力，奠定持续产生新药物和新疗法的基础。围绕构建创新药物研发技术体系的能力目标，以精准药物设计为核心，综合现代生物学、信息技术和材料科学，建立原创新药发现体系；加强基因治疗、细胞治疗、免疫治疗、代谢调控等技术的深度研发与通用化应用。重视出原创新药、出引领技术的阶段性发展目标，尽快推动我国从医药生产大国转为医药创新强国。"十四五"时期的重点发展方向为：疾病预防、早期诊断、治疗技术与药物、康复及再造、中医药，能源生物炼制、化工与材料生物制造、生物反应器及装备技术。到2035年，力争成为世界生物科学技术中心和生物产业创新高地，多个领域涌现出重大原创性的科学成果、国际顶尖的科学大师，成为生物技术高端人才创新创业的重要聚集地。

（4）高端装备制造产业。

应对新一代重型运载火箭、大飞机、海洋工程、民生领域重大装备的能力提升和对高端制造装备的亟须，发挥社会主义市场经济条件下关键核心技术攻关新型举国体制的优势，汇集各类资源，开展国家科技重大专项的前沿布局和应用示范。其一，航空装备领域：重点发展大型运输机、大型客机、军用无人机等制式装备，兼顾小型、低成本的通用航空装备。其二，航天装备领域：统筹空间系统和地面系统建设，构建卫星遥感、通信广播和导航定位功能有机结合的一体化系统。其三，海洋装备领域：提升信息化和智能化水平，应对海洋油气开发和高技术船舶的工程需求，前瞻性布局新型海洋资源开发装备，完善海洋环境立体观测装备与技术体系。其四，智能制造装备领域：加快发展国家重点领域亟须装备，如航天航空飞行器及航空发动机制造工艺装备、新型舰船及深海探测等海工关键制造工艺装备、新能源汽车变速箱关键零部件加工成套装备及生产线。其五，民生高端装备领域：推进新一代智能农业装备科技创新，加快推进农机化和农机装备产业转型升级；聚焦纺织工业未来智能制造与绿色制造，突破新材料与产业用纺织品领域生产装备瓶颈；食品装备发展强调柔性自动化、集成化、综合化、系统化、敏捷化和智能化方向；医疗装备注重基础、对标应用，加快高端国产医疗装备的产业化。

（5）新材料产业。

瞄准整体达到国际先进水平的目标，新材料产业系统建设创新体系，推行大规模绿色制造实践和循环利用，保障国民经济、国家安全、社会可持续发展的基本需求，实现由材料大国向材料强国的重大转变。"十四五"时期的重点发展方向为：先进无机非金属材料、先进金属材料、高分子及复合材料、高性能稀土材料、新能源与节能环保材料、信息功能材料、高端生物医用材料、前沿新材料与材料基因工程。

面向2035年的重点发展目标为：电子信息材料创新体系完善，支撑新能源大规模利用与节能环保产业发展；无机非金属材料产业由大变强，金属材料工程技术达到国际领先，碳纤维材料技术体系与产品系列符合军民需求；以可再生组织器官的生物医用材料为主体的现代生物医用材料产业体系基本建成；稀土材料及制备的核心专利取得有效突破。

(6) 新能源产业。

立足能源发展规律、国情现状、能源新技术发展趋势，在"十四五"时期及面向 2035 年的发展阶段，聚焦能源资源清洁高效利用、碳约束下的能源安全、能源新技术及关联产业有效支撑经济增长等突出问题，重点发展煤炭清洁高效利用产业、非常规天然气产业、综合能源服务产业、核能产业、风电产业、太阳能光电产业、生物质能产业、地热产业。

(7) 新能源汽车产业。

"十四五"时期，加强核心技术创新，推进基础设施规模化建设、市场化发展，建立公共服务平台，形成自主、完整的产业链。纯电动汽车和插电式混合动力汽车年销量达到 700 万辆，保有量超过 2000 万辆；燃料电池汽车推广规模累计达到 5 万辆。面向 2035 年，全面实现产业商业化与高质量发展，汽车技术的电动化、智能化、网联化、共享化取得重大进展，整体达到国际先进水平。纯电动和插电式混合动力新能源汽车占汽车总销量的 70% 以上，燃料电池汽车技术及产业全面成熟，进入规模化应用阶段。

2. 战略性新兴产业的发展趋势

战略性新兴产业代表未来科技和产业发展新方向，是体现知识经济、循环经济和低碳经济发展潮流的产业，该产业目前尚处于成长初期，对经济社会具有全局带动和重大引领作用，其未来发展潜力较大，具体发展趋势如下。

(1) 注重绿色环保化。

目前，绿色经济、低碳经济、节能环保，已成为这个时代使用频率最高的词汇。近年来，全球气候变暖、极端气候条件频发等，使"绿色发展""低碳化"成为多个国家甚至全球今后不变的战略发展方向。欧盟在其经济复苏计划中就特别强调"绿色化"的创新和投资，加速向低碳经济转型。其中，英国启动一项批量生产电动车、混合燃料车的"绿色振兴计划"，希望以"低碳经济模式"刺激经济复苏（郭世东，2024）。日本、韩国近年来也在不断加大新能源的研发和利用投入，多次提出"绿色增长"的经济战略，强调发展绿色环保技术和可再生能源技术（欧芳，2024）。无论是从积极方面看，还是从消极方面看，人类赖以生存和发展的地球已经越来越不堪重负，绿色环保将是战略性新兴产业发展中必须面对的重要挑战。

在推进战略性新兴产业发展中，应该切实推进绿色、低碳、节能环保等工作，特别是在新材料、新能源等领域。例如，新能源领域，太阳能、风能、水力发电等可再生能源将加速发展，推动能源结构转型；储能技术方面，电池技术的进步将提升能源存储效率，支持可再生能源的广泛应用；碳捕获与利用方面，碳捕获技术将助力实现碳中和目标，减少温室气体排放。

（2）产业融合趋势增强。

产业融合是新一轮科技革命和产业变革的一个重要特征，也是战略性新兴产业发展中形成新动能、新业态、新模式的重要途径和重要方式。"十四五"时期和未来一段时期内，随着全球各国工业互联网、云计算、大数据等产业融合平台和载体的进一步完善，全球产业融合将继续向前推进，融合的广度和深度将不断拓展（赵梦，2023）。

其一，各战略性新兴产业内部之间的融合将越来越多。例如，新能源材料产业链向下游应用延伸，上下游产业纵向融合、协同发展，推动新材料日趋低维化和复合化、结构功能一体化、功能材料智能化、材料与器件集成化、制备及应用绿色化发展。

其二，战略性新兴产业之间的产业融合将越来越多。例如，信息技术、生物技术、新能源技术、新材料技术等的交叉融合，正在推动战略性新兴产业从"单点技术"和单一产品创新加速向多技术、多产业融合互动的系统化、集成化创新转变，集成多领域先进技术的新产品将不断涌现（彭文波，2024）。再如，新一代信息技术产业与新能源汽车产业融合正在不断催生出电动化、智能化、网联化新技术和新产品，使智能网联汽车成为世界汽车产业发展的重要方向。

其三,战略性新兴产业与传统产业的产业融合不断发展。例如,数字经济从技术范式、价值形态和生产组织三个方面与传统制造业、服务业实现深度融合,从而不断催生新的增长点。再如,机器人技术、信息技术、人工智能与传统医疗器械产业的融合催生手术机器人、人工智能支架等新产品,加速推动传统医疗器械向新一代医疗器械转型升级。

(3) 创新发展进入新阶段。

过去很长一段时期内,我国战略性新兴产业主要依赖引进、消化、吸收、再创新的发展路径,产业发展处于跟跑状态。例如,在国外成熟技术和产品的基础上,国内互联网产业较多开展应用模式创新;生物医药产业依靠仿制药来参与全球产业链。目前,随着国内技术水平稳步提高、国内外的技术代差在逐步缩小,一方面我国技术引进的可操作空间越来越小,另一方面发达国家也不可能将其先进技术转让给我国。因此,在战略性新兴产业领域的核心技术、关键技术"要不来、讨不来、买不来"的情况下,我国战略性新兴产业发展必须在创新驱动发展战略推动下,夯实技术创新基础,突破关键核心技术,提前布局前瞻性技术和颠覆性技术,在越来越多的产业领域实现与发达国家的"并跑",甚至超越与"领跑"。

预计到2025年,我国战略性新兴产业的创新发展进入新阶段,信息技术产业领域将建成具有较强核心竞争力的新一代信息技术综合发展体系,产业国际影响力进一步增强,物联网、通信设备、智能联网汽车(车联网)等部分领域将达到国际领先水平。生物医药领域将形成从科研到成药的全产业链能力,生物新药物和新疗法的技术基础将更加坚实,基因治疗、细胞治疗、免疫治疗等部分领域将进入世界先进水平。高端装备领域中,除高铁继续处于领跑地位外,集卫星遥感、通信广播和导航定位功能于一体的北斗导航系统将进入世界领先地位,大型运输机、大型客机等也将实现发展的新跨越。

(4）空间格局发生变化。

近年来，全国各地都将发展战略性新兴产业作为培育地方经济增长新动能、实现赶超进位和跨越式发展的重要"抓手"，纷纷出台相关的产业发展规划、实施战略性新兴产业的重大项目和重大工程、创新发展支持政策。在这场竞争中，长三角、珠三角和环渤海地区已经占据了领先优势，成为战略性新兴产业发展的"引领者"，我国战略性新兴产业的区域布局呈现出明显的"东部凸起、中西部凹陷"的不合理格局。

未来一段时期内，随着粤港澳大湾区建设、长江经济带发展、长江三角洲区域一体化、京津冀协同发展、成渝地区"双城经济圈"等国家发展战略的深入实施，我国战略性新兴产业中的"东高西低、南快北慢"的区域发展态势和格局有望逐渐改变，中西部地区战略性新兴产业的发展速度有望加快，发展水平与东部沿海"三大都市圈"的差距将逐步缩小，但中短期内"三大都市圈"的产业主导和领先地位仍将不可动摇。预计到2025年，我国战略性新兴产业将形成以长三角、环渤海、珠三角地区为核心，以中部、西部和东北地区为支撑，中西部地区快速发展的产业空间发展格局（郭红星，2024）。

（5）国际竞争更加激烈。

世界各国对新兴产业发展主导权、控制权的争夺将更加激烈。由于战略性新兴产业事关未来各国产业国际竞争力的强弱和经济发展的潜力，世界各国特别是发达国家纷纷出台支持战略性新兴产业的战略举措。可以预见，未来一段时期内，为了争夺全球产业未来发展的"制高点"和"主动权"，各国之间围绕战略性新兴产业的重点领域、重点方向、政策支持的博弈和争夺将更加激烈。尤其是美国，为了继续维持其在世界产业链中的主导权、继续占领全球产业国际竞争的"制高点"、获取高额垄断利润，对动摇和挑战其全球霸权地位的新兴大国，不惜采取军事上挑衅、政治上颠覆、经济上脱钩、技术上封锁、产业链上断供等多种手段进行全方位打压，而且这种打压措施很可能将越来越系统，打压力度将越来越大。而新兴大国也正在积极利用新一轮科技革命和产业变革带来的"弯道超车"机遇,大力发展新一代电子信息技术、高端装备、生物医药、数字经济等战略性新兴产业,并由寻求单项突破转向整体提升,摆脱全球价值链的"低端锁定"和"高端钳制"。新兴大国与发达国家在战略性新兴产业上的竞争将由错位竞争全面走向正面竞争。因此,未来一段时期内,世界各国特别是以美国为首的发达国家与以我国为主的新兴发展中大国,在 AI、5G、量子信息、航空航天等战略性新兴产业领域的国际竞争将十分激烈。

总之,随着科技进步和社会需求的变化,战略性新兴产业呈现出注重绿色环保化、技术创新加速、产业融合趋势增强、市场需求扩大、空间格局发生变化、政策支持力度加大、国际市场竞争加剧等发展趋势。这些趋势预示着战略性新兴产业将继续作为推动经济增长的重要力量,在全球经济中占据越来越重要的地位。

第二节　我国战略性新兴产业发展中存在的主要问题

一、产业趋同现象严重

从目前国内各地区发布的战略性新兴产业规划来看,大多数省份将新能源、新材料、生物医药、节能环保、信息等产业作为战略性新兴产业的重点,存在着严重的趋同现象。有统计显示,全国已有 30 个省份将新能源及相关产业列为战略性新兴产业,而明确提出打造新能源基地的省份已超过 20 个;而在光伏、太阳能等领域,同质性竞争严重,在短短数年时间内就出现了产能过剩、部分相关企业亏损的现象(武魏楠,2024)。例如,一些地方省份为了早出业绩、在区域经济竞争中脱颖而出,在未经过严密审慎和科学论证的背景下，大力发展新能源汽车产业，面临着严重的产业趋同现象。趋同现象将会对战略性新兴产业造成较大影响。再如，产业趋同导致资源在不同地区之间的配置效率降低，影响了产业的健康发展；同质化竞争使企业难以在市场中脱颖而出，影响了企业的创新能力和市场竞争力。

二、自主创新能力不强

国内战略性新兴产业相关企业自主创新能力依然较弱，存在创新数量偏少、能力不强、动力不足等现实问题。具体表现为：一是目前关键技术自给率依然较低，核心技术掌握仍然较少，技术集成能力薄弱，重大成套设备和关键技术仍需要依赖进口，在战略性新兴产业的关键技术和前沿技术方面，拥有核心知识产权的重大关键性的创新技术不多，缺乏战略性新兴产业发展必需的前瞻性技术储备。二是发明专利数量少、有核心竞争力的发明专利数量更少，例如，目前的高端芯片、光刻机、关键材料等创新专利较少，仍依赖进口，自主创新能力不足，制约了产业升级。三是有些新兴产业企业至今仍未建立技术研发机构，也有部分企业研发投入不足、企业技术创新动力不足，导致新兴产业领域的部分企业至今仍较多地集中于产业链的低端环节上相互竞争。

三、人才资金等要素匮乏

尽管长期以来，我国高度重视对人才的培养，也取得了明显的进步，但相对于快速发展的战略性新兴产业而言，高层次科技人才、研发人才、复合型人才仍有较大缺口。为此，一方面，如何培养吸引人才，突破发展关键时期的人才瓶颈，并使之转化为科技创新、市场开拓和产业壮大的持续动力，是我国战略性新兴产业加快发展中亟待破解的难题。另一方面，不容忽视的是，在我国的高科技人才、高层次研发人才严重匮乏的同时，我们还面临人才大量外流的问题。

另外，战略性新兴产业的培育与创新发展需要大量的资金投入，但从近几年的统计来看，我国每年投入的研发经费总额及其在国内生产总值的占比依然低于欧美的主要发达国家（刘慧，2024）。从社会企业视角来看，由于战略性新兴产业具有高风险性和不稳定性的特点，相关企业更倾向于向风险低、见效快的产业进行投资，加之目前国家尚未出台比较完整、具体的投融资政策，因此企业投资的动力不足。

四、配套体制机制有待优化

当前，我国在战略性新兴产业的发展过程中，还存在一系列制度性缺陷，对其可持续发展造成一定制约。例如，在财政政策方面，普遍存在着资金使用及管理分散、重点领域投入不足、缺乏稳定的投入支持机制等问题；在税收政策方面，由于战略性新兴产业具有人力资本和研发费用占比高、新技术新产品初期进入市场难度较大等特点，在税收政策上应给予相应的优惠，但相关激励政策尚不健全；在金融政策方面，由于商业银行风险投资体系尚不完善，对新兴产业及企业又缺乏足够的了解，使社会企业在向银行融资方面也存在许多障碍，导致战略性新兴产业的融资渠道偏窄、融资规模偏小、融资机制不灵活。此外，对内开放有待深入落实，再如，在数字经济应用等新领域，民营经济有更高的创新活力和创新动力。当前对民营经济进入市场还存在一些体制性、政策性障碍，过于严格的管制将加大创新的成本和风险，可能导致民营经济不敢创新、不愿创新，民营经济的创新活力无法得到充分释放（潘教峰，2023）。

五、产业布局仍有优化空间

一是中西部地区战略性新兴产业区域布局仍有待优化。中西部地区发展战略性新兴产业的意愿强烈,但由于资金、人才、技术等要素缺乏,产业高端环节招引难度较大,低端过剩环节的盲目引入导致战略性新兴产业发展呈现出"少、小、散、弱"的特点。以工业机器人为例,部分地区仍集中在二次开发、组装等环节,企业靠政府补贴生存,走规模组装的老路,导致"高端产业低端化"发展。

二是国家相关政策向战略性新兴产业集聚区域倾斜力度仍可适当提高。例如,珠三角地区国家级战略性新兴产业集群、中小企业特色产业集群数量占全国比重仅为9.09%、5%,与其战略性新兴产业增加值占全国18.19%的比重相比差距较大;上海国家级科技企业孵化器的数量占全国比重仅为1.34%,与北京的4.35%相比差距较大(任继球,2024)。

三是当前很多城市群内部在战略性新兴产业发展上存在"集而不群"问题,即产业仅是地理集中,并无紧密合作联系,更没有产生融合集聚效应。造成这种现象的原因主要在于区域间合作意愿不强、协调机制不够完善。目前,各地出台的推动战略性新兴产业集群发展的意见或方案中,几乎没有涉及区域联动的相关内容。

第三节 我国战略性新兴产业人才需求分析

战略性新兴产业是引领未来经济增长、推动产业升级的核心驱动力。近年来,随着全球科技革命和产业变革的加速,战略性新兴产业蓬勃发展,对人才的需求日益旺盛,同时呈现出了一些变化,本节从行业细分、总体人才需求特征、挑战等方面展开分析。

一、核心产业领域的人才需求

（一）节能环保产业

1. 节能环保产业发展方向

节能环保产业是指为节约能源资源、发展循环经济、保护生态环境提供物质基础和技术保障的产业，是我国战略性新兴产业之一；该产业包括节能产业、环保产业和资源循环利用产业，涉及节能环保技术与装备、节能产品与服务等（程飞，2024）。节能环保产业的发展策略为：基于应重点开发推广高效节能技术装备及产品，实现重点领域关键技术突破，带动能效整体水平的提高。加快资源循环利用关键共性技术研发和产业化示范，提高资源综合利用水平和再制造产业化水平。示范推广先进环保技术装备及产品，提升污染防治水平。推进市场化节能环保服务体系建设。加快建立以先进技术为支撑的废旧商品回收利用体系，积极推进煤炭清洁利用和海水综合利用。

2. 节能环保产业人才需求情况

（1）需求量大且持续增长：随着绿色发展理念的深入人心和产业转型升级的推进，节能环保产业的人才需求持续增长。相关技能培训项目陆续展开，助力技能人才队伍建设。

（2）专业技能要求高：节能环保产业对人才的专业技能要求较高，特别是环保相关专业领域的知识和技能。环保行业的工作性质特殊，技术性强、工作强度大，因此需要具备专业知识、较强学习能力和相关技能的人员。

（3）多领域覆盖：节能环保产业涉及多个领域，包括节能环保技术与装备、节能产品与服务等。这些领域需要不同类型的人才，如环保工程师、技术员等。

（4）新职业兴起：随着产业变革，一些新职业如储能电站运维管理员、氢基直接还原炼铁工等绿色职业兴起，为劳动者提供了更多就业选择。

（5）人才短缺与供给不足：尽管需求量大，但目前绿色职业人才极其短缺，技能培训不足，市场化的培训机构尚未涉足该领域。相关数据表明，"十四五"期间我国"双碳"人才需求量在 55 万～100 万人左右，而目前仅有 10 万左右的从业者。

（二）新一代信息技术产业

1. 新一代信息技术产业发展方向

新一代信息技术产业是国民经济的战略性、基础性和先导性产业，具有资本技术及知识高度密集、产业附加值高、辐射带动性强等特点；该产业运用信息手段和技术，收集、整理、储存、传递信息情报，提供信息服务，并涉及相应的信息手段和信息技术服务（崔新健，2024）。针对新一代信息技术产业的发展，应加快建设宽带、数字、融合、安全的信息网络基础设施，推动新一代移动通信、下一代互联网核心设备和智能终端的研发及产业化，加快推进"三网"融合，促进物联网、云计算的研发和示范应用。同时，着力发展人工智能、大数据、云计算、5G/6G、量子信息、集成电路、新型显示、高端软件、高端服务器等核心基础产业；提升软件服务、网络增值服务等信息服务能力，加快重要基础设施智能化改造；大力发展数字虚拟等技术，促进文化创意产业发展。

近年来，我国新一代信息技术产业规模效益稳步增长，创新能力持续增强，企业实力不断提升，行业应用持续深入，为经济社会发展提供了重要保障。具体表现为如下几点。

（1）技术创新迭代加快：在集成电路、新型显示、智能化等领域创新密集涌现，超高清视频、虚拟现实等方面的发展步伐加快，基础软件、工业软件等产品的创新迭代不断加快。

（2）产业基础设施健全：我国信息技术基础设施规模能级大幅提升，已建成全球规模最大、技术领先的网络基础设施。2024年数字化转型步入规模推广期，大企业智能工厂建设与中小企业信息智能化普及并行推进。

（3）产业生态完善：新一代信息技术赋能产业高质量发展，数字产业化与产业数字化协同推进，产业生态不断完善。新技术融入带动技术产业体系创新变革，预计2025年我国工业互联网产业规模超过2万亿元。

2. 新一代信息技术产业人才需求特点

（1）人才需求量大。随着人工智能、大数据、物联网、数字经济的发展，新一代信息技术产业的人才需求量较大。从专业方面看，新一代信息技术产业对人才的专业要求在提高，大多涉及互联网、计算机类、安全工程类等相关专业。

（2）学历层次要求高。新一代信息技术产业对人才的学历层次要求也较高，本科及以上学历的青年人才成为企业招聘的首选，其中本科学历人才需求占比超过1/3，硕博研究生学历人才需求约占1/4。

（3）技术要求。新一代信息技术产业对人才的技术要求非常高，不仅需要掌握传统的信息技术知识，还需要具备新技术的应用能力。具体技能包括计算机软件和硬件知识（如C语言、Java语言、数据库技术、数据结构与算法、移动终端技术、计算机网络、计算机硬件技术等）、云计算、物联网技术等。

（4）综合能力。除了专业技能外，新一代信息技术人才还需要具备综合能力和持续学习的能力。这包括概念思维、复杂系统设计思维、多领域及多媒介的掌握、业务理解能力、技术开发能力、团队合作能力和管理能力等。

由于新一代信息技术发展速度快，要求人才具备必要的学习能力，时刻保持专业知识的更新。

（三）生物产业

1. 生物产业的发展方向

生物产业是指以生命科学理论和生物技术为基础，结合信息学、系统科学、工程控制等理论和技术手段，通过对生物体及其细胞、亚细胞和分子的组分、结构、功能与作用机理开展研究并制造产品，或改造动物、植物、微生物等使其具有所期望的品质特性（高福，2024）。生物产业是为社会提供商品和服务的行业统称，包括生物医药、生物农业、生物能源、生物环保，以及生物制造产业等。

对于生物产业来说，应大力发展用于重大疾病防治的生物技术药物、新型疫苗和诊断试剂、化学药物、现代中药等创新药物大品种，提升生物医药产业水平。加快先进医疗设备、医用材料、高端影像设备等生物医学工程产品的研发和产业化，促进规模化发展。着力培育基因编辑（CRISPR）、细胞治疗、生物育种、创新药等产业，推进生物制造及相关核心技术开发、示范与应用；加快海洋生物技术及产品的研发和产业化。

目前，政府正在加大政策支持力度，出台一系列优惠政策，包括财政补贴、税收减免、贷款优惠等，以鼓励企业加大研发投入，推动技术创新。同时，加强知识产权保护，建立健全的知识产权保护体系。技术创新方面，基因编辑技术如 CRISPR-Cas9 系统和合成生物学等不断涌现，为产业发展注入了强大的动力。

2. 生物产业人才需求特点

（1）跨学科性。生物产业融合了生物学、医学、化学、信息技术等多个学科，因此需要具备跨学科背景的人才。这些人才需要具备综合知识，能够在不同领域进行协同创新。

（2）创新性。生物产业处于不断创新的前沿，人才需要具备创新思维和实践能力，能够推动新技术、新药物的研发和应用。培养创新型人才对于推动生物产业的发展至关重要。

（3）国际化。生物产业带有全球化特点，人才需要具备国际化视野和跨文化交流能力。熟悉国际科研和市场动态，能够参与国际合作是生物产业人才的重要特点。

（4）实验技能与实践经验。实验操作是生物研究的重要手段，从细胞培养、基因编辑到动物实验等，每一个环节都需要精准的实验技能。熟练掌握各种先进的实验仪器设备，如流式细胞仪、PCR 仪、质谱仪等的操作和数据分析方法，是开展高质量研究的基础。同时，具有丰富的实践经验也备受青睐。

（5）应用导向。人才培养要紧密结合实际应用需求，使其能够将科研成果迅速转化为实际产品。注重培养实际操作技能和解决实际问题的能力。

（6）持续学习。生物产业发展迅速，人才需要具备持续学习的能力，随时更新知识，适应行业的发展和变化。

（7）法规、合规意识。生物产业受到众多法规和伦理规范的约束，人才需要具备法规、合规意识，了解相关法规，确保研发和生产的合法性。

（8）团队协作。生物产业通常需要大量的团队协作，人才需要具备良好的团队合作精神，能够有效与不同专业背景的人员协同工作。

（四）高端装备制造业

1. 高端装备制造业发展方向

高端装备制造业是指通过应用现代信息技术、新材料技术和先进制造工艺，生产具有高技术含量和高附加值装备产品的制造业领域（杜娟，2024）。这类装备通常具备智能化、自动化、精密化等特点，在提高生产效率、降低能耗、减少环境污染等方面发挥着重要作用。高端装备制造业应重点发展以干支线飞机和通用飞机为主的航空装备，做大做强航空产业；积极推进空间基础设施建设，促进卫星及其应用产业发展；依托客运专线和城市轨道交通等重点工程建设，大力发展轨道交通装备；面向海洋资源开发，大力发展海洋工程装备；强化基础配套能力，积极发展以数字化、柔性化及系统集成技术为核心的智能制造装备。

制造业是国民经济的主体，是立国之本、兴国之器、强国之基，在《中国制造（2025）》国家战略中明确提出大力发展高端装备制造业的目标（韩斐，2024）。作为全球最大的高端装备制造基地之一，近年来中国高端装备制造业展现出强劲的增长势头。2022年中国高端装备制造行业总产值达到4.5万亿元，同比增长8.6%，显示出强劲的增长势头；2018~2022年，该行业年均复合增长率达到7.9%，远高于同期全球制造业平均增速（田玉，2022）。预计到2027年，中国高端装备制造行业总产值有望突破6万亿元，其间复合增长率预计维持在6%左右。

2. 高端装备制造业人才需求特点

（1）技术创新能力。随着技术的不断进步和应用，高端装备制造业对技术创新能力强的专业人才需求越来越大。这些人才需要具备深厚的专业知识和广阔的视野，能够应对复杂的技术问题。

（2）跨界融合能力。高端装备制造业的发展离不开不同学科领域的融合。因此，该行业对掌握多学科知识、能够进行跨界协作的人才需求也越来越大。

（3）创新意识和团队合作能力。高端装备制造业需要有创新意识和团队合作能力强的专业人才。他们能够提出创新点子，推动技术升级，并与团队成员紧密合作，共同完成项目目标。

（4）特定领域需求。在具体领域中，例如，海洋工程装备制造行业，对技术研发、设计、管理、市场营销和技术支持与服务等方面的高端人才需求较大。这些人才需要具备跨学科知识和技能，丰富的经验和专业技能，以及较强的组织协调能力和实践经验。

（5）薪酬水平。由于高端装备制造业对高端人才的需求较大，且人才稀缺，薪酬水平相对较高。例如，海洋工程装备制造行业是国家战略性新兴产业的重要组成部分，对于推动我国海洋经济发展、维护国家海洋权益具有重要意义。随着我国海洋工程技术的不断发展，行业对高端人才的需求也日益增长，因此海洋工程技术类的职业薪酬水平相对较高，一般来说年薪在20万~50万元左右。

（五）新材料产业

1. 新材料产业发展方向

新材料产业是指新出现的具有优异性能或特殊功能的材料，或者是传统材料经过改进后性能明显提高或产生新功能的材料；新材料产业具有技术高度密集、研究与开发投入高、产品附加值高、生产与市场的国际性强、应用范围广、发展前景好等特点（许振亮，2024）。新材料产业的发展水平及其产业化规模已成为衡量一个国家经济、社会发展、科技进步和国防实力的重要标志。新材料产业的发展，需要大力发展稀土功能材料、高性能膜材料、特种玻璃、功能陶瓷、半导体照明材料等新型功能材料。同时，要积极发展高品质特殊钢、新型合金材料、工程塑料等先进结构材料；提升碳纤维、芳纶、超高分子量聚乙烯纤维等高性能纤维及其复合材料发展水平，开展纳米、超导、智能等共性基础材料研究。

近年来，中国新材料产业规模不断壮大，同时，新材料领域企业实力不断增强，创新能力不断提升。从地区上来说，中国新材料产业集群呈现"东部沿海聚集，中部、西部、东北地区特色发展"的布局，区域差异化明显：京津冀、长三角、珠三角依托市场、技术、人才优势向高端方向发展；中西部、东北地区人才吸引不足，技术迭代慢，发展相对滞后，但中西部得益于材料深加工和资源利用，建立了特色新材料产业基地；东北地区形成了服务于重大装备和工程的特色新材料产业基地。目前，我国已经批准设立的国家级新材料产业基地近 300 个，省级新材料产业园区或基地数量更多。其中，以江苏、浙江为代表的长三角地区产业园数量最多，位居全国前列。

2. 新材料产业人才需求特点

（1）技术密集型需求。新材料产业属于技术密集型产业，对具有材料科学、化学工程等背景的科研人才需求量大。此外，工程技术人才也较为关键，特别是能够将科研成果转化为实际生产力的人才。

（2）多学科交叉融合需求。新材料产业的发展需要多学科交叉融合，因此，对既懂技术又懂管理的复合型人才需求较大。同时，随着产业国际化进程的加快，具有国际视野的专业型人才需求也在不断增加。

（3）高端人才紧缺。新材料产业的高端人才，尤其是领军人才严重紧缺。《制造业人才发展规划指南》提到，在 2015 年新材料产业人才总量为 600 万人，预计到 2025 年，人才总量为 1000 万人，人才缺口为 400 万人。虽然我国材料领域的科研力量较强，但在新材料产业中，高端人才的培养周期较长，导致高端人才供给相对不足。

（4）技能型人才缺乏。在新材料领域，高技能人才特别是在企业一线工作的高技能工程技术人才较为缺乏。

（5）管理人才需求。针对材料项目管理，具有良好管理能力和市场洞察力的管理人才需求量较大，以便更好地把握市场动态，推动企业创新发展。

（6）跨学科复合型人才需求。新材料的应用广泛，涵盖电子、能源、汽车、航空航天、医疗、环境保护等多个领域，新材料产业的发展需要多学科交叉融合，因此，对跨学科复合型人才的需求较大。

（六）新能源产业

1. 新能源产业发展简况

新能源又称"非常规能源"，一般指在新技术基础上可系统地开发利用的可再生能源，具体包括太阳能、风能、核能、生物质能、地热能、水能和海洋能，以及由可再生能源衍生出来的生物燃料和氢能（陈博，2024）。这些能源具有资源潜力大、环境污染低、可永续利用等特点。新能源产业在发展中，需要积极研发新一代核能技术和先进反应堆，发展核能产业，加快太阳能热利用技术推广应用，开拓多元化的太阳能光伏光热发电市场。同时，提高风电技术装备水平，有序推进风电规模化发展，加快适应新能源发展的智能电网及运行体系建设，并因地制宜开发利用生物质能。

数据显示，截至2023年底，新能源发电装机容量已超过15亿千瓦，其中风电和光伏发电已开始占据较大比例；在细分市场中，光伏和风电的竞争越发激烈，光伏市场表现尤为抢眼（石雨，2025）。根据中国电力企业联合会发布的《2023—2024年度全国电力供需形势分析预测报告》，预计2024年全年我国累计光伏发电装机容量将达到7.8亿千瓦，同比增长28.0%，新能源发电累计装机规模将首次超过煤电装机规模，占总装机比重上升至40%左右（熊敏，2024）。

2. 新能源产业人才需求特点

（1）高技能人才需求集中在研发制造环节。新能源产业中要求人才具备深厚的专业知识和丰富的实践经验，以推动技术创新和产品升级。特别是在激光雷达的硬件、芯片、算法和软件开发方面，人工智能算法和软件开发人才需求增长幅度大。

（2）产品服务人才需求旺盛。尤其在新能源产业的销售和售后维修领域，产品服务人才需要具备良好的沟通能力和服务意识，以满足消费者多样化的需求。

（3）复合型人才需求越发迫切。不仅要求新能源产业的人才掌握核心技术，还要了解市场趋势和消费者心理，能够在复杂的市场环境中灵活应对。此外，新能源行业越来越重视人才的学历，尤其是高层次研发类人才，硕士研究生、博士研究生学历的毕业生占比在不断增加。

（4）城市分布集中。新能源行业人才主要聚集在深圳、上海、北京、苏州、常州等城市，这些城市不仅吸引了大量优秀人才的涌入，也为新能源产业的快速发展提供了有力支撑。

（5）热门岗位情况。技术类、供应链管理以及生产性岗位是人才投递的热门选择，这些岗位不仅有助于提升生产力，还直接关联到新能源行业的核心竞争力和市场地位。

（七）新能源汽车产业

1. 新能源汽车产业发展方向

新能源汽车产业是指从事新能源汽车生产与应用的行业。新能源汽车是指除汽油、柴油发动机之外的所有其他能源汽车，主要包括纯电动汽车、插电式混合动力汽车、燃料电池汽车等。这些车辆使用非传统燃料，如电力、氢气等，旨在减少空气污染和缓解能源短缺问题。新能源汽车产业应着力突破动力电池、驱动电机和电子控制领域关键核心技术，推进插电式混合动力汽车、纯电动汽车推广应用和产业化。随着全球对新能源汽车需求的增加，国内汽车企业有望通过成本控制、技术创新和产业链整合等方面的优势，进一步提升其在全球市场的份额。

2. 新能源汽车产业人才需求特点

（1）高技能人才需求集中在研发制造环节。这些人才需要具备深厚的专业知识和丰富的实践经验，以推动技术创新和产品升级。特别是在激光雷达的硬件、芯片、算法和软件开发方面，AI算法和软件开发人才需求增长幅度大。

（2）产品服务人才需求旺盛。尤其在销售和售后维修领域，这些人才需要具备良好的沟通能力和服务意识，以满足消费者多样化的需求。

（3）复合型人才需求迫切。这类人才需要掌握核心技术，同时了解市场趋势和消费者心理。多学科交叉融合成为新能源汽车培养创新人才的重要着力点。

（4）学历要求提高。本科学历人才需求持续扩大，从2018年的57%增加到2024年的75%，硕士及以上学历的人才需求比例也有所扩大。

（5）工作经验要求提升。不限工作经验的职位占比下降，而对拥有3~5年工作经验的人才需求比例逐渐扩大。

（6）一线操作工紧缺。随着新能源汽车产业的发展，新工厂增多、生产规模扩大，每年7~9月是制造业用工高峰期，对一线工人的需求增大。例如，比亚迪郑州基地一线操作工紧缺，且薪资待遇较高。

二、战略性新兴产业人才总体需求特点

（一）各类相关人才需求不断增加

1. 产业规模扩张，人才需求增加

人工智能、大数据、云计算、生物医药、新能源汽车、新能源等战略性

新兴产业快速发展，社会相关企业数量在不断增加，对各类相关人才的需求在持续上升。

2. 技术更新速度加快，人才需求量增加

信息技术、新能源材料、新能源等领域技术更新迭代加快，要求相关人才具备较强的学习能力和创新意识，导致符合要求的人才供不应求。

3. 跨界融合趋势明显，加剧人才短缺

新兴产业与传统行业的融合催生了新的岗位，如"互联网＋医疗""人工智能＋制造""生物＋创新医药"等，进一步加剧了人才需求。

（二）产业核心发展领域人才紧缺

战略性新兴产业的发展是我国新一轮经济增长的重要基础，如新一代信息技术、新能源、节能环保、高端装备、智能制造、生物医药、高端医疗器械等均属于知识密集型产业，对人才资源有极大的依赖性。尤其是战略性新兴产业的重要领域，人才紧缺现象愈加明显。例如，人工智能、大数据、5G/6G、量子信息、集成电路等新一代信息技术发展的重点领域，目前紧缺的岗位有算法工程师（深度学习、自然语言处理）、芯片设计工程师、数据科学家、网络安全专家等；高端装备与智能制造的重点领域——工业机器人、增材制造（3D打印）、工业互联网、数字孪生等对于智能制造系统架构师、工业软件工程师、精密机械设计师等岗位的人才需求在增加。再如，石墨烯、超导材料、生物基材料、空天科技、脑机接口等领域是新材料与未来产业的发展重点，目前紧缺的岗位有材料模拟计算专家、前沿技术研究员、产业化工程师等（见表3-1）。

表 3-1　　部分核心产业领域重要发展方向及紧缺岗位信息

核心产业	重点领域	紧缺岗位	部分人才要求
新一代信息技术	人工智能、大数据、云计算、5G/6G、量子信息、集成电路等	算法工程师（深度学习、自然语言处理）、芯片设计工程师、数据科学家、网络安全专家	复合型需求："技术+行业应用"（如智慧医疗、智能制造）
新能源与节能环保	光伏、氢能、储能技术、智能电网、碳捕获与封存等	电池材料研发工程师、能源系统优化专家、碳资产管理师	新能源与 ESG（环境、社会、治理）相关人才需求
生物医药与高端医疗器械	基因编辑（CRISPR）、细胞治疗、创新药研发、高端影像设备等	生物信息分析师、临床试验管理专家、医疗器械注册法规人才	跨界需求："AI+药物研发"（如 AI 辅助分子设计）
高端装备与智能制造	工业机器人、增材制造（3D 打印）、工业互联网、数字孪生等	智能制造系统架构师、工业软件工程师、精密机械设计师	技能升级：传统制造业人才须向数字化、自动化转型
新材料与未来产业	石墨烯、超导材料、生物基材料、空天科技、脑机接口等	材料模拟计算专家、前沿技术研究员、产业化工程师	挑战：基础研究向工程化转化的复合型人才稀缺

资料来源：根据调研资料整理。

（三）人才需求结构的变化

1. 知识结构的复合型

战略性新兴产业往往涉及多个学科领域的交叉融合，例如，人工智能领域需要计算机科学、数学、神经科学等多学科知识的支撑。因此，所需人才需要具备复合型的知识结构，能够在不同学科知识间建立联系并灵活运用。再如，新一代信息技术的智慧医疗领域需要"人工智能+医疗"的复合型人才（见表3-1），新能源领域需要"材料科学+电化学+工程管理"复合背景的人才；生物医药领域需要"生物学+数据科学"的复合交叉型人才。

2. 创新能力的高要求

新一代信息技术、生物技术、新能源汽车、新能源等产业处于快速发展和变革之中，面临着不断出现的新技术、新产品、新制造工艺、新商业模式等挑战，所需人才具备良好的创新思维和较强的创新能力，能够在研发、管理、营销等各个环节提出新的想法和解决方案。

3. 实践能力的重要性

仅有专业理论知识是不够的，战略性新兴产业人才需要具备将知识转化为实际成果的能力，例如，在新兴的生物医药产业，需要人才能够在实验室进行实验操作、进行临床试验等实际工作；高端装备与智能制造领域，传统制造业人才需要不断升级技能，提升实践能力，向数字化、自动化转型。

4. 较高的综合素质

战略新兴产业发展中，对相关人才的综合素质也具有较高的要求，例如，具有良好的市场敏感度，能理解市场需求，具备商业思维，能够分析竞争对手，制定有效策略；良好的职业道德，保持诚信，遵守行业规范，具备高度的职业道德和社会责任感；较好的心理素质，能够在高压环境下保持高效工作，具备良好的情绪调节能力。此外，一些企业还要求人才具有良好的创业精神和政策理解力，了解并适应相关政策法规，确保工作符合政策要求，能够有效整合资源，推动项目进展等。

（四）国际化视野与本地化能力相结合

随着战略性新兴产业相关企业全球化布局，具备国际视野和跨文化沟通能力的人才更受欢迎。"战略性"强调以国际视野来选择和发展，战略性新兴产业人才应能把握经济全球化的新特点，懂得在全球范围内加强技术交流合作，利用全球创新资源，以获取并提升我国战略性新兴产业的原始创新能力、集成创新能力和引进消化吸收再创新能力。例如，战略性新兴产业发展中的海外技术引进、跨国合作项目推动，均需要更多适应国内政策与国际市场环境的"双语"人才（专业技术+外语）给予支撑。

市场是产业发展的基础，传统国际贸易理论强调一国应通过发展其具有绝对或比较优势的产业参与国际分工，而战略性新兴产业的发展需要一个国际化的发展空间。近年来，中国光伏产品先后在美国及欧盟遭遇"双反"指控，"三一重工"在美国并购受阻等从另一个侧面启示我们新兴产业的发展同样会遭遇国外可能设置的贸易壁垒。因此，战略性新兴产业人才必须拥有国际化理念，而且还要立足本国的发展实际，能具备将国际化视野与本地化发展相结合的能力。

（五）区域分布不均，竞争激烈

（1）产业集聚效应明显。长三角（集成电路/生物医药）、珠三角（智能制造/新能源）、京津冀（人工智能/空天科技）等地区产业集聚明显，人才需求集中在北上广深等一线城市及长三角、珠三角等产业集聚区。

（2）中西部地区的人才需求在上升，区域人才竞争加剧。部分产业开始转移至中西部地区，如成渝地区电子信息技术、西安航空航天等，致使中西部地区对新兴产业人才的需求在增加；中西部地区通过优惠政策吸引人才，并依托政策红利吸引人才回流，导致人才争夺战愈演愈烈。

（3）人才流动瓶颈。一线城市虹吸效应显著，但高生活成本导致中高端人才向新一线城市（如杭州、合肥）分流；西部地区面临"引才难、留才难"问题，急需强化产业链相关配套与职业发展通道。

本章小结

战略性新兴产业作为国民经济中具有战略性地位的先导性产业，对于推动经济转型升级、培育新增长点、抢占发展制高点具有重要意义。目前，我国战略性新兴产业虽然取得了一定的成就，但仍面临诸多挑战，例如，国际竞争力有待进一步提升，特别是在创新基础能力方面存在不足，一些关键技术还存在"卡脖子"问题。同时，战略性新兴产业存在结构不均衡的问题，对某些产业的依赖程度较高，如新材料产业在某些地区几乎成为战略性新兴产业的龙头产业。此外，我国战略性新兴产业发展中，还存在产业链不完整、资金支持不足、高端人才匮乏、人才培养滞后、市场应用推广难、政策支持不均衡、资源消耗大、知识产权标准体系不完善等问题，均对其可持续性发展造成一定影响和制约。

战略性新兴产业中的节能环保、新一代信息技术、生物、高端装备制造、新能源、新材料、新能源汽车等七大类产业，大多属于知识密集型和创新密集型的产业，对人才知识、能力和素质的要求越来越高，不仅人才需求的总量在不断增加，而且对人才的需求呈现出多样化特点，如高素质专业型人才、高层次研发类人才、创新引领型人才、国际型管理类人才、复合型人才等，越来越受相关企业的认可和青睐，这为我国高等教育改革和战略性新兴产业人才的培养工作提供了一定参考与启示。

| 第四章 |

我国战略性新兴产业人才培养现状与存在问题

第一节 我国战略性新兴产业人才培养模式现状

针对产业人才的培养,我国已形成了以高等教育、职业教育、继续教育为主体的多元化格局。高等教育为社会输送大量具有较高理论知识水平的专业人才;职业教育侧重于培养学生的职业技能,以适应不同行业的技能需求;继续教育则为在职人员提供进一步提升知识和技能的机会,满足他们在职业生涯中的发展需求,主要是由社会企业或培训机构来完成。

一、高等教育人才培养模式

高等教育人才培养模式是指在高等教育阶段，根据社会经济发展需求和个体差异，对学生进行全面素质教育并培养其专业技能的一系列教育活动和方法（丁远佳，2024）。这种模式通常包括课程体系设置与优化、师资队伍建设与改革、校企合作与产教融合、学生综合素质培养与拓展等多个方面。例如，课程体系设置不仅要涵盖专业基础知识，还要根据专业方向设置相关课程，并提供多样化的选修课程以满足个性化发展需求。同时，高等教育还注重培养学生的创新精神、实践能力和社会责任感，不同类型的高校应根据自身特色和优势，明确人才培养的定位和特色（张悦，2024）。

高等教育人才培养模式是一个复杂的系统工程，涉及多个方面的内容和要素（祁占勇，2024），其主要内容如下。

第一，高等教育人才培养模式是在一定的教育思想和教育理论指导下，为实现培养目标而采取的教育教学活动的组织形式和运行方式。例如，国内一些应用型高校根据社会需求和学生特点，确定人才培养的目标和方向。

第二，人才培养模式的构成要素包括课程体系、教育途径、教学方法、教学手段、教学组织手段等。其中，课程体系是人才培养的核心要素，而其他要素则是为了使课程体系正确而有效地安排和施教从而使培养目标得以落到实处。

第三，人才培养模式可以根据不同的教育任务和培养目标分为多种类型。例如，国内一些高校可以根据人才培养的层次分为本科教育、研究生教育等；可以根据人才培养的专业方向分为工科、理科、文科等；可以根据人才培养的目标分为学术型人才、应用型人才等（谢浩，2024）。

第四，高等教育人才培养模式具有多样性、灵活性和创新性等特点。多样性体现在不同高校、不同专业可以根据自身的特色和优势，制定不同的培养方案；灵活性体现在人才培养模式可以根据社会经济发展的需求和科技进步的趋势，进行适时的调整和优化；创新性体现在人才培养模式应该鼓励和支持学生的创新精神和实践能力。

第五，高等教育人才培养模式受到多种因素的影响，包括社会经济发展的需求、科技进步的趋势、教育政策的导向、学校的办学条件和资源、教师的教学水平和科研能力、学生的学习兴趣和能力等，这些因素均会对人才培养的质量产生一定影响。

综上所述，高等教育人才培养模式是一个多层次、多维度的系统，需要综合考虑各种因素，不断创新和完善。

二、职业教育的人才培养模式

职业教育是与基础教育、高等教育、成人教育地位相对应的四类教育之一，职业教育是为受教育者提供从事某一职业所必需的知识（林国业，2025）。职业教育人才培养模式包括：课程设置、实践教学、教师队伍建设、校企合作、信息化教学、国际化办学等（崔新有，2023）。

职业教育中，课程设置注重实践性和应用性，培养学生的实践技能和职业能力，同时注重学生综合素质的培养。实践教学是高等职业教育的重要环节，旨在培养学生的实践技能和职业能力，应采用多种形式，包括实验、实训、企业实习等（刘云波，2023）。教师队伍建设需要建立一支高素质的教师队伍，包括专业理论教师和实践教学教师，教师队伍的建设应注重教师的职业素养和教育教学能力的提高。校企合作是高等职业教育人才培养的重要途径，通过校企合作，学校和企业可以共同制定人才培养方案，共同实施教学计划，共同评价人才培养质量。

信息化教学是高等职业教育发展的趋势，通过信息化教学，可以更好地整合教学资源，提高教学质量和效率（潘海生，2024）。信息化教学可以采用多种形式，包括在线课程、网络教学、多媒体教学等，以激发学生的学习兴趣和学习动力。国际化办学是高等职业教育发展的重要方向，通过国际化办学，可以引进国外先进的教育理念和教育资源，提高我国高等职业教育的水平和质量。国际化办学可以采用多种形式，包括中外合作办学、留学生交流等。

目前，我国职业教育人才培养模式包括多种类型，例如，"1234567"职业教育人才培养新模式，该模式是山东文化产业职业学院提出的模式，包括树牢"一项根本任务"，构建"双元育人机制"，践行"三种精神培育"，坚持"四个目标引领"、处理"五对重要关系"、搭建"六大教学模块"、聚焦"七点精准发力"（韦月，2024）。"1234567"职业教育人才培养新模式的核心是坚持高素质技术技能人才的培养定位，坚持产教融合、校企合作的办学模式，以及"德技并修"、工学结合的育人机制。再如，创新职业教育人才培养模式，该模式强调适应性、提升教育质量和借鉴国外先进经验；具体方法包括团队合作、教育研究、创新科技应用等（桑晓鑫，2024）。此外，诸如工学结合模式、多元化课程教育模式、"产业学院"教育模式等方式，也是我国职业教育中常见的人才培养模式，强调工学结合在课程体系中的应用，多元化的课程体系和丰富多样的实践活动让学生学有所用，大大提高了教学的效果。

三、继续教育的人才培养模式

继续教育是面向学校教育之后所有社会成员的教育活动，特别是成人教育活动，是终身教育体系的重要组成部分，是提高国民科技文化素质和就业、创业、创新能力的重要途径（王雨馨，2024）。继续教育为广大社会成员提供了多渠道接受中、高等学历教育和各类培训的机会，为我国实现从"人口大国"向"人力资源大国"转变作出了重要贡献（邓卓，2024）。继续教育的人才培养模式主要包括以下几种。

第一，学校主导模式。该模式以学校为主体，通过办学的方式，制订教学目标与计划，按照社会行业或企业对专业技能的需要，开设若干专业技能课程，对受教育者进行专业型教育。在这种模式下，受教育者包含学生、企业工作人员以及其他社会人士，受教育者按照课程目录，系统化学习课程知识，重点提升技能水平，获得相应学分，拿到相应的学历证书。

第二，企业主导模式。该模式在继续教育中，主要以企业员工为主，对其进行继续教育。企业在继续教育中能加强优秀人才储备，获得理想的效益回报。例如，企业可借助这一模式引进新技术、先进管理理论，对员工进行继续教育培训，使员工在自身基础上得到提升，实现创新发展，提升人才竞争力。

第三，校企合作互动模式。以校企合作为导向的继续教育，能整合企业和学校的教育资源，对受教育者进行知识传授和技能的培养。在该模式下，企业和学校的教育资源各有优劣，这种合作模式可弥补彼此教育资源的先天不足，提高整体工作质量，避免资源应用的低效化或低层次化，追求资源的高效整合利用，有利于学生更好地发展。

第四，证书导向模式。证书导向模式又可理解为"证书制度模式"，基于证书制度下的人才培养模式，是以获取职业资格证书为目标，以岗位的职业需求和职业能力分析为基础，以职业技能等级化衡量为手段，以课程内容与认证考试紧密结合。该模式的优势为提升学员的职业竞争力，适合需要职业认证的在职人员。

第五，线上继续教育模式。线上继续教育利用互联网技术，打破地域的束缚，让不同地区的学员都能获取优质教育资源，无论学员身处偏远地区还是发达城市，只要有网络接入，就能参与学习（李焱，2023）。这使教育资源能够更广泛地传播，让更多人受益。例如，身处乡村地区的学员可以和大城市的学员一样,学习到顶尖学府提供的线上课程。线上继续教育,极大地拓宽了人才培养的覆盖范围,是一种越来越流行的学习方式,它允许学员在任何时间、任何地点进行学习,并且可以根据自己的节奏来安排学习进度。这种方式提供了极大的灵活性,使学员能够平衡工作、生活和学习之间的关系。线上继续教育通常包括网络课程、在线讲座和在线学习社区等多种形式。

第二节 国内高等工程教育与战略性新兴产业协调发展研究

高等工程教育是一种专门的教育类型,旨在通过系统的理论学习和实践训练,为学员提供工程科学、技术、设计和管理等方面的知识和技能,着重于实用性和创新性,以期培养出能够解决现实世界问题的工程人才。高等工程教育本质上属于高等教育的一种,但与职业教育和其他类型的高等教育均有一定区别。与职业教育相比,它侧重于培养工程师,更强调对工程理论的学习和系统掌握;与其他类型高等教育相比,更强调应用性,在知识体系、思维方法、技术规范、技能培养、团队合作和沟通技巧等方面存在不同。

在当前的发展环境下,高等工程教育需要紧密围绕产业需求进行人才培养,例如,在信息技术产业领域,人工智能的应用、软件产业人才能力测试、计算机工程教育专业认证现场考查规范等,均体现了对产业人才能力的精准要求,促使高等工程教育朝着满足新一代信息技术、新能源、高端装备等这些领域需求的方向发展。因此,研究高等工程教育与战略性新兴产业协调发展问题,对于探索战略性新兴产业人才培养具有一定参考意义。

一、研究方法与指标体系构建

（一）研究方法

1. 综合评价法

由于各个指标单位不统一，为了消除不同量纲可能对结果造成的影响，在进行数据分析前，先对数据进行标准化处理。

正向指标：
$$Y_{ij} = \frac{X_{ij} - \min X_{ij}}{\max X_{ij} - \min X_{ij}} \tag{4.1}$$

负向指标：
$$Y_{ij} = \frac{\max X_{ij} - X_{ij}}{\max X_{ij} - \min X_{ij}} \tag{4.2}$$

在式（4.1）和式（4.2）中，Y_{ij} 表示标准化后的数值，X_{ij} 表示地区 i 第 j 个指标的数值，$\max X_{ij}$ 和 $\min X_{ij}$ 分别表示样本值中第 j 个指标的最大值和最小值。

考虑到高等工程教育和战略性新兴产业不同指标之间的差异性和重要程度，为了使权重更加客观与稳定，故采用熵值法进行指标赋权（苗婷，2024）。具体计算公式如下：

第一步，计算第 j 个指标的权重：

$$E_j = \frac{1 + \frac{1}{\ln n}\sum_{i=1}^{n}(Y_{ij} \times \ln Y_{ij})}{\sum_{j=1}^{n}\left[1 + \frac{1}{\ln n}\sum_{i=1}^{n}(Y_{ij} \times \ln Y_{ij})\right]} \tag{4.3}$$

在式（4.3）中，E_j 表示第 j 个指标的权重，$1 + \frac{1}{\ln n}\sum_{i=1}^{n}(Y_{ij} \times \ln Y_{ij})$ 表示差异系数。

第二步，计算高等工程教育和战略性新兴产业的综合发展水平 Z_i。

$$Z_i = \sum_{i=1}^{n} Y_{ij} E_j \tag{4.4}$$

在式（4.4）中，Z_i为综合发展水平，其中i表示高等工程教育和战略性新兴产业。

2. 耦合协调度

高等工程教育与战略性新兴产业相互作用、相互影响，高等工程教育为战略性新兴产业的发展输送人才与提供理论支持，战略性新兴产业的发展为提升高等工程教育培养提供了实践经验等，两者形成了"高等工程教育－战略性新兴产业"系统。为了探究这种系统的协同作用，本书主要采用了两系统的耦合协调度模型。具体公式如下：

$$C = 2 \times \left[\frac{U_{edu} \times U_{indu}}{(U_{edu} + U_{indu})^2} \right]^{\frac{1}{2}} \quad (4.5)$$

$$T = \alpha U_{edu} + \beta U_{indu} \quad (4.6)$$

$$D = \sqrt{C \times T} \quad (4.7)$$

其中，C表示高等工程教育和战略性新兴产业耦合度；T表示高等工程教育和战略性新兴产业协调度，也表示为两者的综合贡献指数，其中α和β表示为高等工程教育和战略性新兴产业的待定系数，其大小主要反映了两系统的重要程度，由于本书认为高等工程教育和战略性新兴产业同等重要，故α和β各取0.5；D表示两系统的耦合协调度，D越大表明高等工程教育和战略性新兴产业之间的协调发展越好。根据耦合协调度数值区间划分的耦合协调度等级划分标准见表4-1。

表4-1　　　　　　　　　　耦合协调度等级划分标准

项目	耦合协调度区间				
	(0, 0.2)	[0.2, 0.4)	[0.4, 0.6)	[0.6, 0.8)	[0.8, 1.0)
耦合协调等级	Ⅰ级	Ⅱ级	Ⅲ级	Ⅳ级	Ⅴ级
耦合协调程度	失调	轻度失调	勉强协调	良好协调	高度协调

(二) 指标体系构建

在高等工程教育子系统中,教育投入产出实证研究证明了教育对于个体和社会的经济价值以及部分非经济价值,也为理解教育实践中的经济行为提供了实证依据(张羽,2022),因此,参考了教育投入与产出相关的研究成果,构建了投入要素、产出要素和支持基础三个二级指标(王杰,2029)。其中,投入要素包括高等学校(机构)数量、高等工程教育招生规模(包括本科和研究生)、专任教师数量。产出要素包括高等工程教育毕业生人数(包括本科和研究生)。支持基础包括财政支出费用、教育事业费用、行政人员和教辅人员数量。

在政府政策引导下,战略性新兴产业是以重大前沿技术突破和重大发展需求为基础(赵梓渝,2024),对社会发展与经济转型升级具有重大引领作用的产业。本书在借鉴产业发展水平测度与区域差异相关研究的基础上,从科学技术创新、产业市场规模、政策环境支持和经济效益水平四个维度构建了战略性新兴产业的指标体系(陈虹,2024)。其中,科学技术创新包括吸纳技术成交金额、高技术产业新产品开发经费支出、有效专利数。产业市场规模包括高新技术企业数量、输出技术成交金额、高技术产业从业人员年平均人数。政策环境支持包括 R&D 人员与当地人口数之比、R&D 经费内部支出、一般公共预算支出(科学技术支出)。经济效益水平包括新产品销售收入、高技术产业利润总额、高技术产业营业收入。

本书构建的高等工程教育 - 战略性新兴产业综合评价指标体系共包括两个一级指标、7 个二级指标和 19 个三级指标,具体见表 4 - 2。

表4-2 高等工程教育-战略性新兴产业综合评价指标体系

一级指标	二级指标	三级指标	单位	权重
高等工程教育	投入要素	高等学校（机构）数量	所	0.1429
		高等工程教育招生规模（包括本科和研究生）	人	0.1427
		专任教师数量	人	0.1429
	产出要素	高等工程教育毕业生人数（包括本科和研究生）	人	0.1427
	支持基础	财政支出费用	亿元	0.1429
		教育事业费用	亿元	0.1428
		行政人员和教辅人员数量	人	0.1429
战略性新兴产业	科学技术创新	吸纳技术成交金额	亿元	0.0835
		高技术产业新产品开发经费支出	亿元	0.0829
		有效专利数	万件	0.0833
	产业市场规模	高新技术企业数量	个	0.0833
		输出技术成交金额	亿元	0.0836
		高技术产业从业人员年平均人数	人	0.0832
	政策环境支持	R&D人员/当地人口数	—	0.0835
		R&D经费内部支出	亿元	0.0835
		一般公共预算支出（科学技术支出）	亿元	0.0835
	经济效益水平	新产品销售收入	亿元	0.0831
		高技术产业利润总额	亿元	0.0833
		高技术产业营业收入	亿元	0.0833

资料来源：根据调研资料整理。

（三）数据来源

本书以2014~2023年我国30个省份（不包括西藏自治区和港澳台地区）面板数据作为研究样本。高等学校（机构）数量、高等工程教育招生规模（包括本科和研究生）、专任教师数量、高等工程教育毕业生人数（包括本科和研究生)、财政支出费用、教育事业费用、行政人员和教辅人员数量的数据主要来源于教育部的历年教育统计数据。吸纳技术成交金额、高技术产业新产品开发经费支出、有效专利数、高新技术企业数量、输出技术成交金额、高技术产业从业人员年平均人数、R&D人员与当地人口数之比、R&D经费内部支出、一般公共预算支出(科学技术支出)、新产品销售收入、高技术产业利润总额、高技术产业营业收入的数据主要来源于EPS数据库。

二、高等工程教育与战略性新兴产业协调发展分析

(一)整体分析两系统耦合协调发展水平

我国高等工程教育与战略性新兴产业耦合协调整体发展情况如表4-3和图4-1所示。在样本期内,高等工程教育与战略性新兴产业耦合协调度从2014年的0.3504提升至2023年的0.4681,提升幅度在34%左右,整体增长态势较为良好,增速在2014~2018年较为缓慢,在2018~2021年增速较快,但在2021~2023年逐渐放缓,但总体算耦合协调度值不高。

表4-3 高等工程教育与战略性新兴产业耦合协调发展整体情况

年份	耦合协调度	耦合协调程度	协调等级
2014	0.3504	轻度失调	Ⅱ级
2015	0.3616	轻度失调	Ⅱ级
2016	0.373	轻度失调	Ⅱ级
2017	0.3845	轻度失调	Ⅱ级
2018	0.3972	轻度失调	Ⅱ级
2019	0.4116	勉强协调	Ⅲ级
2020	0.4302	勉强协调	Ⅲ级
2021	0.4501	勉强协调	Ⅲ级

续表

年份	耦合协调度	耦合协调程度	协调等级
2022	0.4661	勉强协调	Ⅲ级
2023	0.4681	勉强协调	Ⅲ级

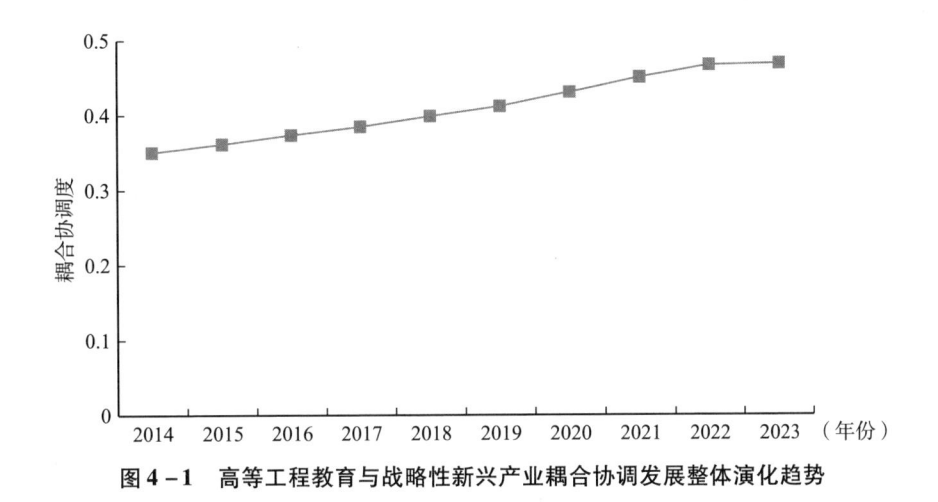

图4-1 高等工程教育与战略性新兴产业耦合协调发展整体演化趋势

整体呈现良性增长趋势充分说明了我国高等教育模式的创新以及国家政策的支持。国家也加大了对战略性新兴产业的扶持力度，2024年前11个月完成战略性新兴产业投资2万亿元，占投资总额比重首次突破40%。同时在我国经济发展转型与产业升级驱动下，我国高等教育逐渐转变为以社会发展需求为导向的人才培养模式，不断推进校企合作与产教融合的深化，从而提升人才与社会产业需求的适配度，高等工程教育与战略性新兴产业的协同发展趋势持续向好发展。

在2010年10月，国务院印发《关于加快培育和发展战略性新兴产业的决定》后，高等教育、社会企业开始加大对战略性新兴产业相关人才等投入，但由于教育培养存在一定滞后，因此2014~2018年两者的耦合协同度增速较为缓慢，但随着各层次高等工程教育学生、研究人员等开始服务于社会发展后，高等工程教育与战略性新兴产业两者之间的适配度逐渐提高，2018~2021 年的增速也体现了这种现象。受到新冠疫情的干扰，全球产业发展减缓，加之近年来西方发达国家对我国的技术封锁，我国关键核心技术短板越发明显，从而导致高等工程教育与战略性新兴产业的协同发展速度减缓。

（二）分区域分析两系统耦合协调发展水平

1. 分省域分析

我国 30 个省份高等工程教育与战略性新兴产业的耦合协调度见表 4-4。可以明显看出，我国高等工程教育与战略性新兴产业协同发展存在明显的地区差异特征，主要呈现"东强西弱"和"沿海强于内陆"的分布格局。从整体发展趋势来看，各省份总体都是呈现增长趋势，具体到省份而言，珠三角、沪宁杭、京津冀地区的省份一直处于领先地位，特别是广东、北京、江苏等省份，浙江、河北、安徽、山东等省份的两系统耦合协调水平远高于中西部的部分省份，青海、宁夏、海南的发展态势最为缓慢。从耦合协调度等级来看，天津、吉林、贵州的耦合协调度虽然一直处于上升趋势，但是一直保持原有的耦合协调度等级，江苏、重庆发展势头较为强盛，分别在原有耦合协调度等级基础上突破了两个和一个等级，原因是江苏深化人才培养模式与高校教育模式改革，大力推进科教融合，近一半江苏高校优势学科与战略性新兴产业密切相关，超过一半江苏高校品牌专业与"1650"产业体系密切相关，重庆以学促干，通过西部科学城重庆高新区集成电路等建设，打造战略性新兴产业集群，实现区域的协同与集群发展。

表 4-4　我国 30 个省份高等工程教育与战略性新兴产业的耦合协调度

省份	2014 年	2016 年	2018 年	2019 年	2022 年	2023 年
北京	0.5395	0.5633	0.6002	0.6309	0.6862	0.7007
天津	0.3373	0.3430	0.3385	0.3402	0.3671	0.3745

续表

省份	2014 年	2016 年	2018 年	2019 年	2022 年	2023 年
河北	0.3090	0.3306	0.3542	0.3703	0.4264	0.4425
山西	0.2536	0.2521	0.2707	0.2778	0.3022	0.3098
内蒙古	0.1994	0.2088	0.2090	0.2080	0.2545	0.2716
辽宁	0.3584	0.3416	0.3614	0.3681	0.3978	0.4092
吉林	0.2594	0.2735	0.2746	0.2833	0.2828	0.2866
黑龙江	0.2679	0.2705	0.2610	0.2690	0.2967	0.3089
上海	0.4556	0.4736	0.5030	0.5159	0.5448	0.5677
江苏	0.6017	0.6345	0.6568	0.6709	0.7798	0.8054
浙江	0.4302	0.4626	0.5057	0.5356	0.6310	0.6596
安徽	0.3317	0.3669	0.3934	0.4118	0.5016	0.5240
福建	0.3221	0.3434	0.3729	0.3893	0.4471	0.4520
江西	0.2884	0.3205	0.3570	0.3803	0.4412	0.4472
山东	0.4815	0.5096	0.5165	0.5201	0.6167	0.6436
河南	0.3865	0.4131	0.4364	0.4496	0.5171	0.5339
湖北	0.3870	0.4209	0.4520	0.4689	0.5382	0.5605
湖南	0.3353	0.3585	0.3893	0.4101	0.4923	0.5179
广东	0.6201	0.6819	0.7494	0.7854	0.8693	0.8944
广西	0.2386	0.2542	0.2639	0.2774	0.3243	0.3007
海南	0.1087	0.1177	0.1281	0.1384	0.1754	0.1879
重庆	0.2750	0.3092	0.3302	0.3340	0.3877	0.4000
四川	0.3806	0.4043	0.4415	0.4614	0.5208	0.5381
贵州	0.2011	0.2310	0.2706	0.2738	0.2946	0.2973
云南	0.2091	0.2331	0.2616	0.2679	0.3186	0.3282
陕西	0.3362	0.3568	0.3805	0.3963	0.4600	0.4774
甘肃	0.1963	0.2071	0.2158	0.2257	0.2516	0.2659
青海	0.0556	0.0769	0.0899	0.0970	0.1195	0.1235
宁夏	0.1013	0.1121	0.1258	0.1292	0.1609	0.1657
新疆	0.1746	0.1834	0.1924	0.1936	0.2413	0.2686

资料来源：根据调研资料整理。

2. 分地理区位分析

图 4-2 所示为东部、中部和西部高等工程教育与战略性新兴产业耦合协调发展的情况，从图中的变化趋势来看，东部、中部和西部的耦合协调度均呈现上升的趋势，增长幅度从大到小分别为东部、中部和西部，这与前面省份耦合协调度分析结果相同；当纳入全国耦合协调度平均值进行对比分析后发现，中部地区耦合协调度数值与变化趋势基本与全国平均值保持一致，西部地区与东部地区按照对称形式位于平均值上下。

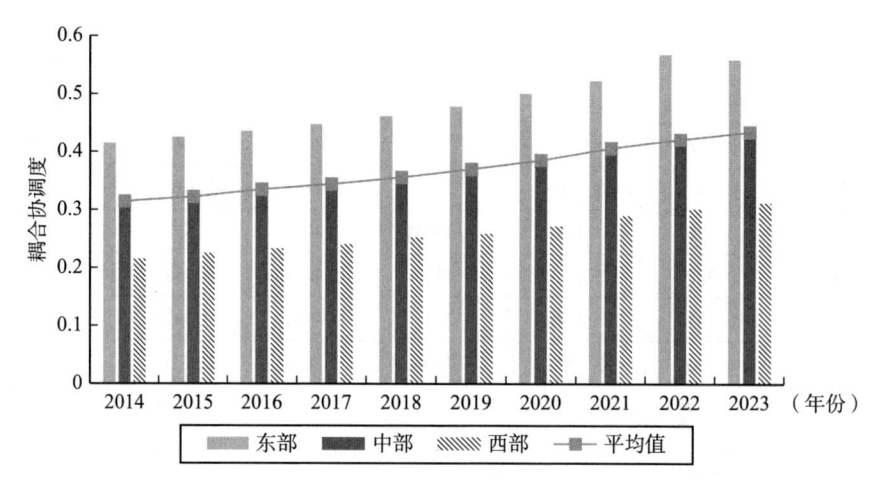

图 4-2 三大地理区位高等工程教育与战略性新兴产业耦合协调发展的时间演化特征

其原因在于全国大部分优质高等教育资源位于东部省份，加之东部地区经济发达，综合促进了东部地区拥有更多的创新资源与更强的创新能力，同时高等工程与战略性新兴产业发展相对集中，高等教育与企业合作更为方便与密切，从而能够形成较为明显的耦合效应。对于西部省份而言，虽然近年来国家一直大力发展西部地区，推动了高等工程教育与战略性新兴产业耦合协调度有所上升，但是由于经济发展相对缓慢加之地理位置等因素，教育资源匮乏,创新能力、核心技术等相对不足,从而让两系统的耦合协调度不能得到明显的发展。中部地区高等工程教育资源相对比较均衡,能够满足战略性新兴产业的发展,同时中部地区依靠其自身禀赋特点以及优先在中部地区打造战略性新兴产业集群的政策扶持,中部省份各自依靠所长促进产业发展创新,战略性新兴产业按链成群,产、学、研、用深度融合,从而提升了高等工程教育与战略性新兴产业的耦合协调度。

三、结论与建议

(一)研究结论

本书通过构建我国30个省份高等工程教育与战略性新兴产业指标体系,从整体和区域角度分析了两系统耦合协调度,主要结论如下。

第一,从整体来看,我国高等工程教育与战略性新兴产业的耦合协调发展呈现出良好的发展态势,且在样本期内,增长趋势表现为"缓慢—较快—缓慢",但总体耦合协调度水平不高。

第二,从省域角度来看,我国高等工程教育与战略性新兴产业的耦合协调发展存在明显的地区差异,主要表现为"东强西弱"和"沿海强于内陆"的分布格局。在样本期内,30个省份的耦合协调度都实现了上升,其中多数省份的耦合协调度等级实现了等级的跨越,少数省份未能够突破原有耦合协调度等级。

第三,从地理区位来看,在高等工程教育与战略性新兴产业耦合协调度增长幅度中,东部>中部>西部。东部和西部的耦合协调度位于全国平均值的上下,中部地区的耦合协调度与全国平均值基本保持一致。

(二)研究建议

第一,加强科技创新与成果落地,提升整体耦合协调发展水平。加大对高等工程教育机构或院校的支持力度，提升工程教育整体质量，为战略性新兴产业发展提供高质量人才。鼓励相关科研人员研发关键技术与"卡脖子"技术，推动技术向战略性新兴产业转化应用，促进产、学、研、用一体化发展。

第二，强化地理优势禀赋，缩小地区发展差异。东部地区继续强化引领作用，依靠现有教育资源、技术优势等，推动高等工程教育与战略性新兴产业创新融合发展。中部地区要继续借助国家优先发展的政策"东风"，打造一批战略性新兴产业集群，同时要强化本地高等工程教育人才的培养。西部地区重视职业教育的发展，为战略性新兴产业发展持续输送人才，同时依靠自身独特的资源与地理位置，发展具有特色的战略性新兴产业。

第三，实现跨省域合作，实现教育、技术等资源共享与优势互补。高等工程教育与战略性新兴产业良好协调的省份可以与两系统失调的省份实现点对点帮扶，良好协调的省份可以为被帮扶省份提供人才、资金、技术、培训等资源，而被帮扶省份则可以为帮扶省份提供劳动力等。同时鼓励资源密集型、劳动密集型企业向落后省份转移，既能提高落后省份产业化、数字化发展水平，又能为良好协调省份降低生产成本。

第三节　我国战略性新兴产业创新型人才培养影响因素与存在的问题

新一轮的科技革命和产业变革，推动和促进了全球范围内的新一代信息技术、高端装备、智能制造、新能源和新材料等重要产业领域和前沿方向的革命性突破，加速推动"新工业革命"的到来（王晓敏，2024）。新工业革命，以数字化、网络化和智能化为主要特征，正深刻改变着人类社会的生产方式和生活方式，对全球产业结构和国际竞争格局产生深远影响。随着经济全球化的深入发展，世界各国在政治、经济、军事等方面的博弈已逐渐转变为人才尤其是创新型人才之间的较量。创新人才是增强我国国际竞争力的关键因素，是追赶甚至超越世界发达国家的"核动力"（盛文兵，2025）。而目前我国科技原始创新不足，战略性新兴产业领域的核心技术"卡脖子"现象严重，与发达国家相比仍存在较大差距，创新型人才的培养已滞后于经济社会发展需要，加快培养和壮大创新型人才队伍任重而道远。对此，本书利用结构方程模型对各影响因素进行定量分析，为战略性新兴产业创新型人才的培养提供更为直观的科学依据。

随着科技迅速发展和产业结构的深刻变革，对于具备创新精神和实践能力的工科人才的需求越发迫切。自"新工科"提出后，如何在立德树人这一教育根本任务的指导下培养战略性新兴产业的创新型人才，成为高等教育改革的重要课题，也吸引了越来越多的研究者的关注。首先，研究者们在"新工科"教育和产业人才培养中深入贯彻立德树人的教育理念，育人先育德，通过德育来引导人、感化人、激励人（张永宏，2025）；其次，研究者们在产业人才培养中提出，要紧密对接社会产业需求和技术发展趋势，加强学科交叉融合，合理优化学科专业和教育评价体系（段培同，2024）；最后，研究者们在产业人才培养中更加重视教学方法优化和实践教学，提出要加强实践教学与理论教学的有机结合，借助学科竞赛的辅助，增强学生的创新能力、社会适应能力的培养（董振标，2024；唐伟伟，2024）。上述研究者关于产业人才培养中的立德树人、学科专业和教育评价体系优化、注重实践教学和学科竞赛等观点，为产业人才培养的探索提供了有意义的参考。基于此，本书结合了战略性新兴产业对人才的需求调研分析，运用结构方程模型对战略性新兴产业创新型人才的培养进行定量分析，为探索战略性新兴产业创新型人才培养对策提供更为直观的依据。

一、研究方法与影响因素

(一) 结构方程建模方法

为探究各种微环境对战略性新兴产业创新型人才培养的重要性，本书通过问卷调查的方式进行调查，并对得到的数据进行信度检验，同时采用结构方程建模法进行分析。结构方程建模（structural equation modeling，SEM）方法是一种综合运用多元回归、路径分析和确认型因子分析方法，可以对复杂现象的理论模式进行统计分析；该模型法既可用来解释一个或多个自变量与一个或多个因变量之间的关系，也能够同时处理多个因变量的相互关系（王东亮，2024）。

(二) 影响因素与模型变量

针对战略性新兴产业创新型人才的培养问题，本书基于之前的学术研究成果提出了五项影响因素，即思政引领、教学方法、专业实践、评价体系、学科竞赛等，同时将这五个方面的影响因素作为结构方程模型的五个变量，也视为建模法主要因素的变量，每个因素对应两个变量，例如，思政引领影响因素可划分为思政维度和融合深度（见表4-5）。

表4-5　　　　　　　　　　模型变量

研究对象	潜在变量	观察变量
战略性新兴产业创新型人才培养	思政引领	思政维度
		融合深度
	教学方法	多样性
		灵活性

续表

研究对象	潜在变量	观察变量
战略性新兴产业创新型人才培养	专业实践	校内实训
		社会实践
	评价体系	过程评价
		多元评价
	学科竞赛	以赛促教
		以赛促学

资料来源：根据调研资料整理。

人才的塑造是一个极为复杂的问题，其受到多种多样微环境条件的限制，包含学术研究环境、文化教育环境、家庭环境等，都会在人才成长过程中对其产生潜移默化的影响。在本书研究中，主要侧重思政引领、教学方法、专业实践、评价体系、学科竞赛等五个方面。

1. 思政引领

思想政治教育决定着创新型人才的政治方向、价值取向和行为方式，为创新品质发展提供方向保证。创新型人才的创新意识和精神只有在正确的理想信念指导下，才能成为激发创新实践的动力。例如，在培养创新型技术技能人才过程中，思政教育能引导学生树立正确的职业伦理观念，在面对软件开发中的开源软件与版权软件的利弊、数据隐私和安全问题、算法偏见等议题时，能作出符合道德伦理的判断，从而为创新型人才在其专业领域的创新活动明确正确方向（白江涛，2024）。此外，思政教育对创新型人才培养还能起到动力和调节的作用，会激励他们发挥自己的技能优势，将复杂的科学原理简化传达给大众，在这个过程中他们也可能产生新的创新思路，推动自身进一步创新（彭小芳，2024）。

在人才培养过程中，虽然部分高校在尝试融入思政元素，但往往只是停留在表面，没有深入挖掘新工科课程中的思政元素，使思政教育在人才培养中显得单薄，导致学生缺乏对思政教育的认同感，从而无法达到预期的思政教育效果。同时，在将思政元素与教学内容相融合的过程中，只是将思政元素简单地添加到教学内容中，既没有深入挖掘思政元素与教学内容之间的内在联系与契合点，也没有做到思政元素与学科知识的自然衔接，导致学生在学习过程中自然而然地将思政元素与学科知识相分离，从而无法充分发挥思政教育在塑造学生价值观、提升学生综合素质方面的作用。

2. 教学方法

教学方法包括了教师的教法、学生的学法、教与学的方法，教学方法在创新型人才培养中起到重要的影响和作用（陶清林，2024）。

（1）教学方法会影响创新型人才的思维发展，例如，问题情境教学法，该教学方法侧重于创设问题情境，让学生在相似的情境中感受问题，学会以问题引发思考，又在思考中发现问题，使问题与思考产生良性互动。问题情境教学法的过程将学生置于学习的主导地位，促使他们积极参与教学活动，有利于开启学生思维的"闸门"，激活学生的学习兴趣，使学生产生独立自主探究知识的欲望，从而逐步形成运用自己独立见解思考和判断问题的思维习惯，进而培养学生的探索精神和思维能力（王昭，2024）。

（2）教学方法会影响创新型人才的学习主动性。例如，案例教学法的使用，着重强调学生的主体地位，注重教师引导与学生参与相结合，充分调动了学生学习的自主性，激发了学生的兴趣和好奇心，因为学生不再是被动地接受知识，而是主动地去分析、思考和解决案例中的问题。对于创新型人才来说，主动学习是获取知识、发现问题和探索创新的重要前提，案例教学法能有效地提升学生的学习主动性，从而有利于创新型人才的培养（刘俊芳，2024）。

（3）教学方法影响创新型人才的实践能力。例如，教师在教学中使用的研究性教学法，是一种授课主体与授课对象双向互动的开放式教学。在传统教学中，学生学到的知识多为抽象概念，难以实现向实践能力的转化，而研究性教学法可以改变这种状况。教师在课堂上传授知识的同时，更注重培养学生的自主学习能力、分析问题能力、团队合作能力和创新能力等，这些能力都与创新型人才的实践能力息息相关（齐红，2023）。研究性教学法的使用，能够让学生在实践中不断探索和创新，提高自己的实践能力，为成为创新型人才奠定基础。

3. 专业实践

专业实践对创新型人才培养具有一定影响作用。

（1）专业实践有利于强化实践技能与创新意识。专业实践是培养创新思维和实践能力的关键。通过与实际生产过程的对接，创新型人才能够了解行业技术发展的前沿动态，掌握先进的操作技能，同时锻炼解决实际问题的能力，激发创新潜力。例如，在"校企合作"中，学生参与企业实际项目，在导师和企业技术人员的指导下，参与问题分析、方案制定与执行等各个环节，这个过程能够极大地强化他们的创新意识（王国辉，2024）。

（2）专业实践有利于提升团队协作与沟通能力。创新型人才不仅需要具备技术和实践能力，良好的团队合作精神与沟通能力也不可或缺。在专业实践活动中，往往需要多人合作完成项目任务，这就为创新型人才提供了与他人协作的机会，从而提升他们的团队协作能力和沟通能力（刘清清，2024）。

（3）专业实践有利于促进理论知识的转化与升华。理论来源于实践，专业实践能够使创新型人才将在学校学到的理论知识应用到实际操作中，从而加深对理论知识的理解。同时，在实践过程中可能会遇到新的问题，促使他们重新思考理论知识，进而实现理论知识的升华，为创新提供更多的知识储备（付桂军，2023）。此外，专业实践有利于增强对行业的认知与适应能力，例如，专业实践可以让学生深入行业内部，直接接触行业的实际运作、市场需求以及行业发展趋势等信息。这有助于他们更好地适应行业环境，精准把握行业需求，为在行业内进行创新活动提供基础。

4. 评价体系

（1）为创新型人才培养提供科学的评估，确定培养效果。评价体系能够明确创新型人才培养的实际成果。例如，通过对高校创新型人才培养体系的评价，可以了解到学生在创新思维、创新能力等方面是否得到有效提升，是否达到了预期的培养目标，这有助于高校判断自身培养方案的有效性，从而作出调整与改进，为高校创新型人才的培养提供科学依据（吉冰冰，2024）。同时，评价体系可以分析出在创新型人才培养过程中的优势和不足之处。又如，在高技能创新人才培养质量评价体系中，通过多主体（教师、学生、行业企业、用人单位等）评价，可以全面地发现人才培养过程中在课程设置、教学方法、实践环节等方面存在的问题，进而有针对性地强化优势、弥补不足，促进创新型人才培养质量的提升（刘伟，2023）。

（2）引导创新型人才培养的方向。评价体系能够反映社会和企业对创新型人才的需求，引导高校或教育机构按照需求方向进行人才培养。例如，随着社会发展，用人单位对"四会四精"（会设计、精工艺，会安装、精操作，会创造、精业务，会沟通、精管理）的高素质高级技能人才需求增加，这一需求通过评价体系反馈到人才培养环节，促使高校调整培养方向，培养符合需求的创新型人才（司银元，2024）。此外，随着时代发展，创新的内涵不断变化，评价体系会不断纳入新的评价指标，如创新的可持续性、跨学科创新能力等，从而引导创新型人才培养紧跟时代发展趋势，使培养出的人才能够适应不断变化的创新环境。

（3）激励创新教育改进。当评价体系明确了创新型人才的培养标准后，教育者为了使学生达到这些标准，会积极探索新的教学方法和教学模式。例如，为了提高学生的创新能力，教师可能会引入项目式教学、问题导向学习等创新教学方法，从而推动整个创新型人才培养过程的教学改革（蒋晓蝶，2024）。同时，评价体系的结果可以促使高校或教育机构对整个创新型人才培养体系进行优化。如果评价发现实践教学环节对创新型人才培养的重要性未得到充分体现，那么就可以增加实践教学的比重，优化实践教学的内容和形式，从整体上提升创新型人才培养的效果。

5. 学科竞赛

学科竞赛对创新型人才培养具有一定积极作用。首先，学科竞赛有利于激发学生的创新思维，学科竞赛通常以实际问题为背景，要求学生运用所学知识解决实际问题，因此，这种竞赛形式有助于培养学生的创新思维和解决问题的能力（易全勇，2024）。其次，学科竞赛有利于培养团队合作精神，学科竞赛往往需要学生组成团队参赛，在参赛过程中，学生需要学会合作、分工和沟通，这种团队合作精神对创新人才的培养至关重要。再次，学科竞赛能提升学生的实践能力，学科竞赛鼓励学生将理论知识应用于实际，有助于提高学生的实践能力，同时也为学生提供了将理论知识转化为实际应用的机会（陈丽娟，2024）。最后，学科竞赛有利于推动学术研究，学科竞赛能为学生提供接触和了解学科前沿的机会，鼓励他们进行深入研究并探索新的问题。这种学术氛围有利于培养学生的研究能力和创新意识。

当前，一些高校对学科竞赛的重视程度不够，导致许多教师对学科竞赛的认识和重视程度可能不足，从而忽视了学科竞赛在人才培养中的重要作用。许多教师未能充分利用学科竞赛这一教学资源，将其融入教学计划和课程设计中，导致学生无法在日常学习中获得与学科竞赛相关的知识和技能，这使学科竞赛对于教学内容的巩固和拓展作用有限，难以有效促进创新型人才的培养（马洁华，2024）。

二、量表设计与检验

（一）量表的设计

本书编制的调查问卷主要由两个部分组成，第一部分为调查者的基本信息，包括性别、年级和专业等。第二部分根据表4-5的观察变量设计测量量表，量表分数设计采用的是李克特量表法来进行计分（刘英霞，2024），"1"表示"非常不同意"，"2"表示"比较不同意"，"3"表示"同意"，"4"表示"比较同意"，"5"表示"非常同意"。本次调查总共发放调查问卷300份，回收286份，其中9份问卷因存在雷同等问题视为无效问卷，最终剩余277份有效问卷。

（二）量表的信效度分析

本书以克隆巴赫系数（Cronbach's α）作为数据信度测量方法，用以确定量表的可信度和可参考性（王艳娇，2024）。同时，运用SPSS软件对文本资料进行了分析，结果见表4-6和表4-7。

表4-6　　　　　　　　　　样本统计结果

项目		样本容量	占比（%）
样本	有效	277	100.0
	排除[a]	0	0.0
	总计	277	100.0

注：a. 基于过程中所有变量的成列删除。

表4-7　　　　　　　　　　　信度检验结果

Cronbach's α	项数
0.869	15

由表4-7可知,量表的Cronbach's α系数为0.869,由于0.869>0.8,表明量表的信度高,信度检验通过。

接着通过KMO检验和Bartlett球形度检验进行效度分析,得到的KMO值和Bartlett球形度检验显著度见表4-8。KMO值为0.847,由于0.847>0.8,同时显著度为0.000,小于0.01,表明该量表的效度很好,效度检验通过。

表4-8　　　　　　　KMO值和Bartlett球形度检验结果

检验项	系数
KMO值	0.847
Bartlett球形度检验显著度	0.000

(三) 假设检验

利用AMOS软件,采用未加权最小二乘法对所提出的模型进行假设检验。最终得到的模型适配指标和拟合结果见表4-9和表4-10。

根据模型拟合指标的判断标准,RMR越小,模型拟合得越好,一般建议RMR小于0.05,以表明模型的拟合度较高;GFI、AGFI、NFI、RFI值位于0~1,GFI、AGFI、NFI、RFI值大于0.90时,往往认为拟合效果良好(李鹏,2024)。本模型的拟合结果为GFI=0.974、AGFI=0.958、NFI=0.955、RFI=0.939、RMR=0.018,本模型的拟合结果符合拟合指标的判定标准,拟合效果良好。因此建立的模型可以被接受,对于新工科创新型人才培养路径的研究可以从思政引领、教学方法、专业实践、评价体系、学科竞赛等这5

个维度进行分析。

表 4-9　　　　　　　　模型拟合指标检验结果

常用指标	GFI	AGFI	NFI	RFI	RMR
值	0.974	0.958	0.955	0.939	0.018

三、研究结论与建议

由模型的拟合结果可知，模型的五个潜变量的路径系数分别为 0.85、0.86、0.85、0.74、0.79（见表 4-10）。由此可以看出，思政引领、教学方法、专业实践、评价体系和学科竞赛对战略性新兴产业创新型人才培养的影响大小存在差异，但相差不大。同时也说明，在创新型人才的培养过程中，思政引领、教学方法、专业实践、评价体系和学科竞赛等方面需要相辅相成，互相促进。

表 4-10　　　　　　　　拟合结果

路径	系数
思政引领←创新型人才培养	0.85
教学方法←创新型人才培养	0.86
专业实践←创新型人才培养	0.85
评价体系←创新型人才培养	0.74
学科竞赛←创新型人才培养	0.79

在当前国家由高速发展转为高质量发展的重要时期，创新成为社会发展进步的重要关键词，而创新型人才的培养也成为重点。随着战略性新兴产业的发展，新一代信息技术、新能源汽车、新能源材料、高端装备等领域对各

类高层次创新型人才的需求越来越多，战略性新兴产业创新型人才的培养将是高校工作的重要任务。育人先育德，这一理念在创新型人才培养过程中尤为重要。在新工科背景下，人才的培养不仅在于知识的传授和技能的培养，更在于品格的塑造。因此，本书在立德树人视域下，基于结构方程模型法，计算了思政引领、教学方法、专业实践、评价体系和学科竞赛等各个因素对创新型人才培养影响的路径系数，证明了五种因素均对创新型人才培养具有正向的影响。

针对战略性新兴产业创新型人才的培养，首先要立足于立德树人的教育目标，其次是要实施多元化的教学方法，再次要充分发挥专业实践和学科竞赛的促教促学作用，最后要构建科学全面的学生评价体系，从而培养大批具备更强创新能力、实践能力，能够解决现实工程问题、富有高度人文素养和社会责任感的战略性新兴产业创新人才提供了有力的支持。

第四节 我国战略性新兴产业技术技能型人才培养影响因素与存在的问题

"建设教育强国、人力资源强国和技能型社会"是国家的重要发展战略，但从现有发展情况来看，技术技能型人才不足、培养质量不高、与产业需求匹配度低依旧是影响当前我国技能型社会建立的关键问题（蒙萌，2024）。因此，系统研究技术技能型人才教育质量的影响因素并找到关键因素作为提高培养质量的控制点，进而采取有效措施提高人才培养质量是保障国家战略实现的重要前提，也能为国家建设提供有力的人才和技能支撑。

本书基于全面质量管理的视角对战略性新兴产业技术技能型人才的培养进行全过程分析，在此基础上采用结构方程模型法，从教师与学生的评价出发，按照专业设置与产业需求对接、课程内容与产业标准对接、教学过程与生产过程对接的要求（刘兰明，2022），研究技术技能型人才的教育质量（培养效果与质量）与培养目标、资源配置、教育保障、过程控制、教育管理等环节的相关性，以此作为战略性新兴产业技术技能型人才培养路径和教育质量优化的参考依据。

一、结构方程模型法阐述

结构方程模型法可用来解释一个或多个自变量与一个或多个因变量之间的关系，也能够同时处理多个因变量的相互关系；其中，结构方程模型包括测量模型和结构方程（沈忠华，2024）。测量模型描述潜变量 ξ、η 与观测变量 x、y 的关系。本书中的测量模型为：

$$x = \Lambda x \xi + \delta$$

$$y = \Lambda y \eta + \varepsilon$$

测量模型的式中，x 是潜在外生变量 ξ 的观测变量组成的向量，y 是潜在内生变量 η 的观测变量组成的向量，Λx 为外生观测变量在外生潜变量上的因子负荷矩阵，它表示外生潜变量 ξ 和其观测变量 x 之间的关系；Λy 为内生观测变量在内生潜变量上的因子负荷矩阵，它表示内生潜变量 η 和其观测变量 y 之间的关系；δ 和 ε 为对应的测量误差向量。

本书研究中的结构方程为：

$$\eta = B\eta + \Gamma\xi + \zeta$$

其中，η 表示潜在内生变量构成的向量；ξ 表示潜在外生变量构成的向量；B 是潜在内生变量的系数参数矩阵，揭示内生潜变量间的关系；Γ 是潜在外生变量矩阵，揭示外源潜变量对内生潜变量的影响系数参数；ζ 是结构方程的残差项构成的向量，反映了 η 在方程中没能被解释的部分（方旭，2023）。

二、评价指标体系构建

（一）基于全面质量管理理念的评价体系

全面质量管理理念是由美国的阿曼德·费根堡姆（Armand V. Feigenbaum）和世界质量管理大师约瑟夫·朱兰（Joseph M. Jaran）提出的经营活动中的质量管理方法，侧重于整个生产和服务过程的质量控制与改进，从而为企业带来长远的竞争优势和可持续发展能力（郭臻琦，2024）。之后，全面质量管理的理论（TQM）在教育界引起了广泛关注和借鉴，并逐步应用于教育领域。从全面质量管理的视角来看，技术技能人才培养体系可看作一个复杂的系统，包括系统设计、系统输入、过程管理、系统输出等四个部分。

1. 系统设计

从技术技能型人才培养过程看，"系统设计"环节是指确立为"技能型社会"的发展提供技术技能型人才资源支撑的培养目标或定位。"系统设计"环节的观测指标主要包括：专业设置与行业、产业发展的匹配度，培养目标与技术技能型的符合度，培养方案对行业标准和专业设置的满足度。

2. 系统输入

"系统输入"环节，可理解为技术技能型人才培养过程中的各类教学资源配置与保障，包括课程设计、实训环节、设备设施、教师能力与水平等。系统输入环节的观测指标包括三个方面：对课程内容与行业标准对接、教学过程与生产过程对接；实践教学设施的完备性和校企合作基地的充足性；教师教学实践能力以及学生的知识基础和动手能力等。

3. 过程管理

"过程管理"环节,充分重视人才培养环节中的教学和管理两个方面的因素,其主要观测指标为在教学设计、课堂教学、实践教学、毕业论文、教学管理等方面对人才培养质量的影响程度,可以为如何优化技术技能型人才培养的过程提供一定参考和依据。

4. 系统输出

从技术技能型人才培养过程来看,"系统输出"是指培养效果与质量,包括就业率和创新创业情况、职业技能资格证书的取证率、能满足行业的需求、社会和行业对技术技能人才的整体评价等。

综上分析,通过对技术技能人才培养过程的全面质量管理分析,可以提取出影响培养质量的一些主要因素,即培养目标与定位、资源配置与保障、教学过程控制与管理,而这三种因素将直接影响着技术技能人才培养的效果与质量。

(二)评价体系指标阐述

结构方程模型法使用过程中,测量模型描述潜变量又可划分为外生潜变量 ξ 与内生潜变量 η,外生潜变量是指人才培养的过程管理,包含培养目标与定位(A)、资源配置与保障(B)、过程控制与管理(C)等;而内生潜变量则是指人才培养效果与质量(见表4-11)。

表4-11　　　　　　　结构方程模型中的潜变量名称

潜变量类型	潜变量(影响因素)
外生潜变量(ξ)	培养目标与定位(A)
	资源配置与保障(B)

续表

潜变量类型	潜变量（影响因素）
外生潜变量（ξ）	过程控制与管理（C）
内生潜变量（η）	培养效果与质量（D）

结构方程模型法使用过程中，观测变量分为外生观测变量（X）和内生观测变量（Y），外生观测变量（X）涵盖培养目标与定位、资源配置与保障、过程控制与管理等影响因素，每一项影响因素均进行了细分，共涵括了15个观测指标（见表4-12），每一项指标均是可评价和可测试的，详细反映出人才培养过程的质量（祁占勇，2023）。内生观测变量（Y）是针对人才培养的效果与质量，主要对就业创业、职业技能、行业评价和社会声誉等4个分指标进行观测，也是对技术技能型人才质量的客观评价。

表4-12　结构方程模型中的观测变量名称与相关信息

观测变量类型	观测变量影响因素	影响因素（细分项）	观测点与评价标准
外生观测变量（X）	培养目标与定位（A）	专业设置 $A1$	专业设置与行业、产业发展的匹配度
		培养目标 $A2$	培养目标与技术技能型人才的符合度
		培养方案 $A3$	培养方案对专业设置标准的满足度
	资源配置与保障（B）	课程内容 $B1$	课程内容与行业标准的对接性
		教学设施 $B2$	实践教学设施设备及场地的完备性
		校企合作 $B3$	校企合作实训基地对实习实训（培训）支持的充足性
		教师能力 $B4$	教师的师德规范、知识水平和课堂教学能力与人才培养需求的契合性
		教师技能 $B5$	教师的实践技能应满足"双师型"教师的要求
		学生特征 $B6$	学生具有一定的知识基础和动手能力

续表

观测变量类型	观测变量影响因素	影响因素（细分项）	观测点与评价标准
外生观测变量（X）	过程控制与管理（C）	教学设计 C1	教学设计要满足行业特性和学情分析
		课堂教学 C2	教师的教学行为能有效控制课堂、师生良性互动，实现知识传授
		实践教学 C3	实践教学能与生产过程无缝对接
		毕业论文 C4	论文一定程度上能解决产业一线实际问题
		教学管理 C5	教务管理具有规范性和科学性
		学生服务 C6	为学生创新创业、全面发展提供有效支持
内生观测变量（Y）	培养效果与质量（D）	就业创业 D1	就业率和创新创业情况
		职业技能 D2	职业技能资格证书的取证率
		行业评价 D3	培养的学生能否满足行业需求
		社会声誉 D4	社会和行业对技术技能人才的整体评价

资料来源：根据调研资料整理。

三、实证分析

（一）描述性分析

1. 样本的描述性分析

针对战略性新兴产业技术技能型人才培养现状，本书对部分应用型高校和职业学院进行了调研，涉及的学科有工学、理学、管理学、经济学等，涵盖了新能源科学与工程、新能源材料与器件、光电信息科学与工程、无机非金属材料工程、物联网工程、生物制药、数字经济等。在实证研究中，利用 SPSS 26.0 软件对回收的样本情况进行了统计分析，具体结果见表 4–13。

表 4-13　　　　　　　　样本分布情况（N=360）

项目	分类	人数（人）	百分比（%）
性别	男	150	41.7
	女	210	59.3
人员身份	教师	160	44.4
	教学管理人员	30	8.3
	本科生	170	47.3
学科类别	理工科	256	71.1
	人文社科	104	28.9

资料来源：根据调研资料整理。

基于样本分布情况表（N=360）来看，本书中的调研对象具有如下特征。第一，男女比例相对不均（男性占41.7%，女性占59.3%）；第二，调研对象方面，教师和本科生的数量相对差距不大，教学管理者较少（教师占44.4%，本科生占47.3%，教学管理者占8.3%）；第三，专业类别方面，理工类学科的人数较多，文科类较少（理工科71.1%，文科28.9%）。从上述统计学的描述结果分析可知，本书中所选的调查对象基本符合技术技能型人才培养的院校特点，具有较好的代表性。

2. 变量的描述性分析

调查问卷中的相关研究内容均采用了李克特五级评分法（宋沁鸽，2024），并运用了SPSS 26.0软件进行统计分析，具体结果见表4-14。

表 4-14　　　　　各量表的描述性统计分析结果（N=360）

影响因素变量	影响因素（细分项）	样本大小	均值	标准差
培养目标与定位（A）	专业设置A1	360	3.97	0.918
	培养目标A2	360	4.03	0.895
	培养方案A3	360	4.01	0.878

续表

影响因素变量	影响因素（细分项）	样本大小	均值	标准差
资源配置与保障（B）	课程内容 B1	360	4.01	0.867
	教学设施 B2	360	3.93	0.945
	校企合作 B3	360	3.89	0.961
	教师能力 B4	360	4.08	0.836
	教师技能 B5	360	4.03	0.856
	学生特征 B6	360	4.01	0.832
过程控制与管理（C）	教学设计 C1	360	4.03	0.837
	课堂教学 C2	360	4.07	0.844
	实践教学 C3	360	3.89	0.908
	毕业论文 C4	360	3.87	0.967
	教学管理 C5	360	3.97	0.916
	学生服务 C6	360	3.94	0.908
培养效果与质量（D）	就业创业 D1	360	3.83	0.936
	职业技能 D2	360	3.92	0.879
	行业评价 D3	360	3.92	0.867
	社会声誉 D4	360	3.91	0.901

从表4-14中各量表的描述性统计分析结果来看，培养目标与定位、资源配置与保障、过程控制与管理、培养效果与质量等4个测量指标的均值都在3.8~4.1，表明调查对象相关所测项目对应水平较高，各变量标准差均趋于1，表明各数据集中趋向明显，离散程度较小，具体大小在0.8~1.0之间。

基于回收的360份有效问卷样本数据分析的均值以及标准差来看，本书中的3个外生潜变量与内生潜变量的影响关系中各样本数据符合正态分布特点，并且具备较高精确度和集中度，为进一步的实证研究奠定了良好基础。

(二) 信效度分析

1. 信度分析

信度是反映测量稳定性的重要标准，本书选取了 Cronbach α 系数（又称为 Cronbach's α 值）来进行评价与判断，当 0.8 < Cronbach's α < 0.9 时，表明样本数据可靠性较强；当 Cronbach's α > 0.9 时，表明样本数据具备较高的可信度（刘霖芯，2018）。针对所收集的数据，本书借助 SPSS 26.0 软件进行了信度分析，具体结果见表 4 – 15。

表 4 – 15　　　　　　　量表信度相关检验结果（N = 360）

变量	分项数量	基于标准化项的 Cronbach's α 值
培养目标与定位	3	0.957
资源配置与保障	6	0.948
过程控制与管理	6	0.961
培养效果与质量	4	0.959

通过表 4 – 15 中的量表信度相关检验结果显示，研究中的培养目标与定位、资源配置与保障、过程控制与管理、培养效果与质量等变量所对应的 Cronbach's α 值分别为 0.957、0.948、0.961、0.959，均大于 0.8，因此，可认为量表测量内容一致性良好，量表信度较高。

2. 效度分析

在效度分析过程中，本书采用了因子分析法进行结构效度检验，并基于 KMO 样本检验法和 Bartlett 球形检验法对所选变量进行效度检验（樊奕君，2022）。当 KMO 值大于 0.9 时，表明相关数据非常适合做因子分析，若 KMO

值位于 0.5~0.9 时，也同样适合。基于 SPSS 26.0 软件的统计与分析后，KMO 样本检测和 Bartlett 球形检验结果见表 4-16。

表 4-16   KMO 样本检测和 Bartlett 球形检验结果（N=360）

变量	KMO 值	Bartlett 球形检验值		
		近似卡方值	自由度	显著性水平
培养目标与定位	0.768	1237.5	4	0.000
资源配置与保障	0.875	2196.3	15	0.000
过程控制与管理	0.907	2486.8	15	0.000
培养效果与质量	0.859	1711.9	6	0.000

基于表 4-16 可得，量表中的 KMO 值均在 0.7 以上，培养目标与定位、资源配置与保障、过程控制与管理、培养效果与质量等各变量的 Bartlett 球形检验的显著性水平均为 0.000，小于显著性水平 0.001，说明问卷数据适合做因子分析，问卷的整体效度良好。

（三）模型结果分析

1. 结构方程模型评估

基于结构方程模型方法进行实证研究过程中，本书选取几个主要的结构方程模型评估指标来进行分析。

（1）CMIN/DF 是指卡方值（CMIN）与自由度（DF）的比值，是评估结构方程模型的拟合优度的一个重要指标，CMIN/DF 的值越小，表示模型与数据的拟合度越好（陆运清，2022）。通常情况下，CMIN/DF<3 时，表示模型的契合度较好；CMIN/DF 的数值位于 3~5 时，相关研究模型的拟合度也合格。

(2) GFI（goodness of fit index）指标，又被称作"拟合优度指数"，是结构方程模型中用于评估模型整体拟合度的统计指标（孙皓，2024）。它通过比较样本数据协方差矩阵与模型估计协方差矩阵的接近程度，反映模型对实际数据的适配情况。GFI 的取值范围在 0～1 之间，数值越接近 1，表明模型拟合效果越好；当 GFI 数值位于 0.7～1.0 时，表示该模型的拟合度在可接受范围内。

(3) RMR（root mean square residual）值，被称为残差均方根，是结构方程模型中用于评估模型拟合优度的指标（李鹏成，2028），通常情况下，当 RMR < 0.5 时，模型与相关研究的拟合优度较好。

(4) NFI、IFI、CFI 分别为标准适配度指数、增值适配度指数和比较适配度指数，通常这三个值小于 1 则表示模型的适配度在可接受范围内，越接近 1 则表示适配度越好，采用 AMOS 26.0 进行检验，结果见表 4-17，模型总体参数拟合指数结果显示模型匹配度比较好。

表 4-17　　　　　　　　结构方程模型主要拟合指数信息汇总

拟合指标	CMIN/DF	GFI	RMR	NFI	IFI	CFI
评判标准	1 < CMIN/DF < 5	0.9 < GFI < 1	< 0.05	> 0.9	> 0.9	> 0.9
研究结果	4.127	0.789	0.028	0.911	0.923	0.925
评判结果	合格	合格	较好	较好	较好	较好

2. 结构方程模型结果分析

从表 4-18 可以看出，培养目标与定位（A）和资源配置与保障在 0.005 的水平上对培养效果与质量会产生影响。结构方程的显著性分析中，资源配置与保障→培养效果与质量的显著性数值大于 0.1，说明两项之间影响关系弱。标准化回归系数中，培养目标与定位→培养效果与质量、过程控制与管理→培养效果与质量分别为 0.108 和 0.667，其中过程控制与管理对培养效果与质量的影响最大，培养目标与定位的影响次之，这说明，过程控制与管理和培养目标与定位这两个方面对人才培养效果与质量的提升具有重要影响作用。

表 4-18　　　　　　　　　　结构方程模型结果

路径	标准化回归系数	标准差	Z 值	P
培养目标与定位→培养效果与质量	0.108	0.041	2.774	0.005 **
资源配置与保障→培养效果与质量	0.192	0.156	1.449	0.147
过程控制与管理→培养效果与质量	0.667	0.158	4.908	0.000 ***

注：*** 表示 $P<0.001$，** 表示 $P<0.01$，* 表示 $P<0.05$。

此外，本书利用 AMOS 26.0 软件对数据进行了统计分析，相关结构方程模型路径结构结果如图 4-3 所示。

第一，观测变量 $A1$、$A2$、$A3$ 在培养目标与定位的标准化负荷系数分别为 0.905、0.951、0.964，且均显著；其中，"培养方案对专业设置标准的满足度"得分最高，说明对于培养目标与定位的评价中，学生和教师的关注点在人才培养方案的设计方面。

第二，观测变量 $B1$、$B2$、$B3$、$B4$、$B5$、$B6$ 在资源配置与保障的标准化负荷系数分别为 0.857、0.847、0.868、0.894、0.886、0.841，且全部显著；其中，"教师的师德规范、知识水平和课堂教学能力与技术技能人才培养需求的吻合性"得分最高，数值为 0.894，说明对于资源配置与保障的评价中，更看重教师的能力与素质。

第三，观测变量 $C1$、$C2$、$C3$、$C4$、$C5$、$C6$ 在过程控制与管理的标准化负荷系数分别为 0.894、0.875、0.910、0.868、0.911、0.908，且同样全部显著；其中，"实践教学与生产过程无缝对接"与"教务管理具有规范性和科学性"得分最高，数值分别为说明师生更关注实践锻炼和日常管理方面。

图 4-3 结构方程模型路径

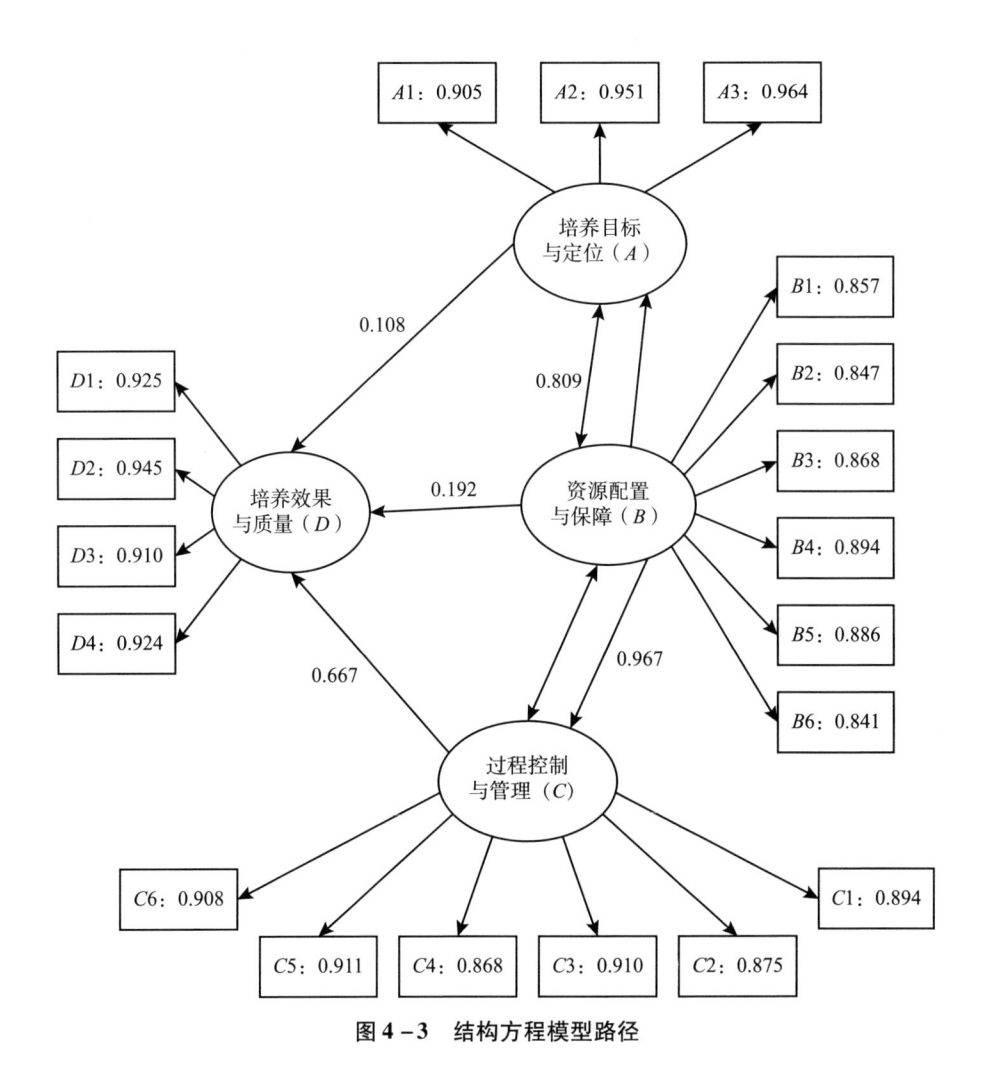

四、结论与建议

本书突破了传统的定性评价教育质量的方式，从全面质量管理的视角出发，围绕技术技能型人才培养目标，采用结构方程模型，从教育系统全过程对影响技能型人才培养质量的主要因素进行了系统分析，得出了以下结论。

第一，技术技能人才培养质量，教育过程控制与管理起着较为关键的作用。针对战略性新兴产业技术技能型人才的培养，过程控制与管理尤为重要，课程体系设置要充分考虑学科专业特点和学生的发展需要，课程内容要充分结合行业发展和社会实际需求，将课程标准与职业标准紧密结合起来。注重教务管理的规范性和科学性，保障教学工作有序进行；教师的教学行为能有效控制课堂、师生良性互动，实现知识传授；鼓励教师深入企业一线，提升课堂教学能力，尤其要求教师紧贴社会行业的发展与企业岗位需求。

第二，根据社会经济和战略性新兴产业的发展需要，设置技术技能型人才培养目标。在技术技能型人才培养过程中，不仅要遵循技术技能人才的成长规律，也要按照社会行业对人才的需求，做好培养目标定位。例如，采用"订单式"的培养方式，邀请企业专家参与技术技能类人才培养方案的制定，对培养目标进行准确定位，以满足社会企业对技术技能型人才的培养要求。

第三，加强师德师风建设，全面提升教师能力与素质。在技术技能型人才培养过程中，教师扮演着至关重要的角色，教师在育人工作中不仅需要具备专业的知识和技能，还需要有高尚的职业道德和责任感，以及不断学习和适应新时代教育发展的能力。对此，可通过校企共同参与，利用资源共享、制度激励、政策支持等手段提升教师专业能力水平，打造一批思想觉悟深，理论水平高，实践能力强的"双师型"教师队伍，以保障战略性新兴产业技术技能型人才的培养。

第四，积极面向社会行业发展和职业需求定位、构建实践教学体系，推动实践教学与生产过程的有效对接。在战略性新兴产业技术技能型人才培养过程中，也需要积极面向职业岗位需求建设完备的校内外实践教学场地，利用好校内外实践教学场地，强化创新实践，提升技术技能人才解决实际问题的能力。与此同时，还要注重规范化管理，可按照计划（plan）、执行（do）、检查（check）和处理（act）等程序，构建全面教育质量管理体系，对关键控制点上措施的可行性和适用度进行深入研究，提升人才培养质量。

本 章 小 结

本章对我国高等工程教育与战略性新兴产业协调发展现状、战略性新兴产业创新型人才和技术技能型人才培养现状的相关实证研究后发现，当前战略性新兴产业人才培养中主要存在问题有：教育与产业需求脱节、师资力量不足、产学研合作不充分、人才评价体系不健全、区域发展不平衡、国际化程度低、政策支持不足等。结合战略性新兴产业人才培养的现状与影响因素来看，若要提升战略性新兴产业人才培养质量，需要从课程设置、实践教学、师资建设、产学研合作、评价体系、政策保障等方面不断进行优化。例如：优化人才培养课程，及时调整课程内容，紧跟技术发展；不断强化实践，提升学生动手能力；加强教师培训，引进有经验的行业专家；完善与优化产学研合作机制，促进成果转化；建立多元化评价体系，激励创新人才；平衡区域发展，加大对欠发达地区的资源投入；加强政策支持，完善政策细则；等等。

| 第五章 |
国外产业人才培养特点及经验启示

高等教育作为产业类人才培养的"孵化器",从一开始就成为产业人才培养的研究者和各国关注的焦点。由于不同国家在基本国情、教育政策、社会文化等方面存在差异,从而形成了各具特色的产业人才培养模式,例如,美国的"产业导向"教育模式、德国"双元制"培养模式、英国"工学交替"培养模式、日本"产学官"合作培养模式等,这些实践与探索为我国产业人才培养提供了一定借鉴与参考。

第一节　国外产业人才的培养理念

一、美国：构建以产业为导向的人才培养链

（一）围绕产业发展优化学科专业结构

美国高等教育中的学科专业分类（classification of instructional programs）主要是对高校自主开设的学科专业进行统计与归纳，发挥政策导向与信息服务的作用（鲍嵘，2023）。美国的学科专业设置主要以市场需求为导向，对市场需求反应比较灵敏，主要表现在三个方面。

（1）学位授予量与不断增加的市场需求相适应。信息技术、新材料、高端装备、生物医药等产业的不断发展，对相关领域的人才需求量也在逐年增强，美国高校授予信息技术、新材料、高端装备、生物医药等相关学科专业的学位和证书数量也屡创新高。例如，自2021年以来，生物和生物医学学位和证书授予量增长了12%，大大超过同期美国所有学位和认证的增长率（4.5%），其增长速度大幅领先于各学科平均水平，高于增长势头同样迅猛的计算机学科专业（兰思亮，2024）。

（2）人才培养机构的区域分布与产业集群相适应。信息技术、新材料、高端装备、生物医药等产业在美国的一个鲜明特征是集群式发展，而且随着规模的不断拓展，呈现出区域式、集群式的特点。信息技术、新材料、高端装备、生物医药等产业的区域式发展，需要大量相关人才给予支撑，而区域内的大学成为产业人才的主要供给者，进而推动着人才培养机构向区域式分布，以适应产业的集群式发展。

（3）学科专业布局与产业人才需求结构相适应。随着经济社会的快速发展，产业结构不断优化升级，对人才的需求也在不断变化。美国高等教育中的学科专业会随着社会产业结构的变化进行布局与调整，以适应产业发展的人才需求。例如，美国生物医药领域的研究人员主要分布在化学、生物学、医疗保健、数据与分析等四个领域，但随着目前新药研发从化学药向生物药的转型，化学医药领域的研究人员人数的增长率在不断下降，而生物学医药领域的研究人员的人数则在不断增加，相关专业教育的投入与人数也在不断增长。

（二）"工学结合"的人才培养模式

美国辛辛那提大学在人才培养工作中，曾将教学的学期分为理论学期和工作学期两个学期，形成了"工学结合"的人才培养模式（又称合作教育模式），即：学生们在学习了专业理论知识后，将理论知识应用于实际工作，又将工作中遇到的难题带回课堂，既提升技能，又可以获得报酬，充分实现了理论知识学习与工作实践的相互结合，取得很好的效果（陈丹，2020）。这种"合作教育"培养模式经过麻省理工学院、俄亥俄州立大学、爱荷华州立大学、伊利诺伊州立大学、海岸线社区学院等不同类型学校的实践与调整之后，逐渐形成了多样化的合作培养模式。例如，社区学院和专科学院模式，采用工学交替的培养模式，培养计划一般为 2.5 年或 3 年（刘桂辉，2023）；本科四年制合作教育模式，该模式将学生的实习时间安排至假期或业余时间并逐年累计，从而确保学生在提高实践经验的同时能够按时毕业；五年制本科合作教育模式，将实践技能培养时间集中安排在本科理论培养结束之后，毕业时间要延长一年；研究生合作教育培养模式，与本科生合作教育培养模式类似，只是实践能力的培养内容更加强调探索性和研究性工作，更侧重学生的学术水平培养（马永红，2023）。

（三）多主体协同发力，形成人才培养网络

为加大信息技术、新材料、高端装备、生物医药等产业的人才培养力度，美国的专业管理机构、研究机构、企业与高校相互开放，形成了互联互通的创新网络，共同致力于人才培养质量的提升。

1. 专业管理机构参与教育和人才培训

在美国，与产业相关的专业管理机构包括国家研究院（National Institutes）、美国联邦储备委员会（Federal Reserve Board）、国家科学基金会（National Science Foundation，NSF）等，这些机构都有教育与培训功能，为产业人才培养提供奖学金、实习和培训机会（房欲飞，2024）。例如，国家研究院的"研究与培训"模块为从高中到博士研究生教育各学段提供研究与培训项目，包括学术实习项目（academic internship program）、暑期实习项目（summer internship program）、研究生合作项目（graduate partnerships program）、学士后项目（post-baccalaureate program）等，并提供奖学金计划，以助力人才培养。国家科学基金会设置了专门的学习和研发资助体系，为本科生、研究生、博士后、从业早期的研究人员等提供多个可供选择的资助计划。

2. 企业积极承担人才培养使命

美国的信息技术、新材料、高端装备、生物医药等企业不仅重视原始创新，还依托企业的基础设施资源，积极参与人才培养，从高中生群体的兴趣激发，到本科生和研究生的校外培训和实习，再到职业生涯早期的博士后机会获取，均积极参与（高凌云，2024）。例如，吉利德科学有限公司（Gilead Sciences）提供面向高中生的大学预科课程，面向医学博士后的培训计划，以及面向大学应届毕业生的各种实习机会、针对职业早期的轮岗计划和发展机会等，还与多所大学的生物技术博士项目合作。

3. 研究机构对人才培养的多元参与

美国各产业的科研机构积极参与人才的培养，其主要形式包括：提供实习机会与学习资源、作为高校的附属教学机构、与高校联合设置学位项目等。例如，生物医学和基因组领域的"布罗德研究所"的官网专门设置了"教育与外展"板块，其中的"学生机会"栏目可以给本科学生提供暑期研究机会，具体项目包括面向本科生的布罗德暑期研究项目（broad summer research program）、面向生物医药专业的布罗德生物医药学士后学者项目（broad biomedical post-baccalaureate scholars）、面向麻省理工学院（MIT）的本科生研究机会项目（MIT undergraduate research opportunities program）、亚利桑那大学（University of Arizona）的本科生研究项目（undergraduate research program）等（欧阳琳，2021），为生物医学领域的教育工作者提供了公开、免费的课堂教学资料，旨在助力相关领域的人才培养。

二、德国：双元制教育模式与能力本位

德国"双元制"教育模式，主要是指专业理论与技术技能培训以及教材均采用两种内容，其本质在于向年轻人提供职业培训，使其掌握职业能力，而不是简单地提供岗位培训（方烨，2023）。"双元制"教育也是指"校企合作、工学结合"的人才培养模式，体现在双重教育主体、双重受教者身份和双重学习场所，其核心是建立"以企业培训为主体，以学校培训为调节"的办学模式。"双元制"人才培养模式是德国教育模式的标榜，这一模式曾培养了一大批专业技术人员，提升了德国制造业在全世界的知名度，为德国经济的发展作出了较大贡献（杨蕊竹，2023）。"双元制"人才培养模式的成功推行不仅依靠学校和企业，政府部门对产教融合和"校企合作"的推行也发挥了关键作用。为了确保学校和产业融合的可持续性，德国政府曾颁布了

《职业教育法》，将产教融合纳入法律规定，并从政府到各州、基层成立了自上而下的促进产教融合的"职业教育委员会"，负责组织和协调各类教育资源，促进产教融合和"校企合作"的运行（唐立娟，2023）。

德国双元制模式不仅注重基本从业能力、社会能力而且特别强调综合职业能力的培养，更加注重的是综合职业能力。特别是德国"双元制"职业教育，充分体现出"能力本位"的目标，在课程设置和实施上注重实用性、系统性和全面性，例如，慕尼黑工业大学重要的课程特色就是以解决实际问题为导向的教学，教学形式包括练习（ubung）、研讨（semunar）、实习（praktikum）等，部分课程计划中练习课、讨论课、实验课等课时占到总课时的30%以上，充分体现"教学－研究－实训"的有效融合（师慧丽，2021）；德国慕尼黑大学为鼓励学生进行创新创业活动，设立技术创业实验室（Techernology Enterprenurship Lab）、创业基金（The Unternehmer TUM Fund）、创新与创业中心（Innovation and Entrepreneurship Center）等机构，注重开展国际合作，培养多面型文化创新人才（余译青，2021）。

此外，德国教师经常会开设新的课程，并且很少使用统一的标准教材；德国大学不要求同年级同专业的学生同时上课、考试或者毕业，充分尊重学生的个性和特色发展，保证学生享有广泛的学术自由。这些常见现象源自德国大学的教育文化，体现德国文化产业管理人才培养是一种习以为常地融入日常生活的方方面面的文化实践。"双元制"教育下的人才兼具专业能力与创新力、综合素质与行业前瞻，大学生既有理论基础和科研实力，又有实践能力和先进技能，杜绝学习与实践相脱节的现象，提高就业率，促进经济的发展。

三、英国："工学交替"培养模式，聚焦应用能力

英国"工学交替"培养模式，又被称为"三明治"人才培养模式，是一

种按照"理论—实践—理论"的培养顺序,将理论教学与行业设计、生产研究、专业实验等实践环节融为一体的培养模式,其核心基础为"三明治"课程(王萍,2021)。三明治课程(sandwich courses),在英国高等教育中有悠久的历史,从字面理解是指学生进行"理论—实践—理论"(学习—工作实习—学习)的课程学习方式,通常应用于英国高等教育的本科学习,学习年限为四年。

"三明治"培养模式常见的方式有两种,一种是"1+2+1""1+3+1"的模式,即学生先参加企业岗位工作1年,之后在校学习2年或3年,最后再回到企业工作实践1年;另一种是"2+1+1"模式,即学生在校学习2年理论知识后去企业实践1年,使理论在实践中得到检验,实践结束后带着工作中发现的问题再次回到学校补充学习1年(瞿宏杰,2018)。通过"三明治"教育模式,学生既获得了扎实的专业理论知识,也提高了自身的专业技能和创新能力。为了推进"三明治"教育,英国政府部门以立法形式推动社会企业参与高校的人才培养过程,并设立职业教育专项经费以保障产教融合的持续开展。社会企业在人才培养过程中,不仅为高校提供实践教学岗位和场地,也会加入学校的管理团队,参与人才培养目标设定和教育评估,校企双方融合度较高。

英国高校注重学生动手能力的训练和创新技能的培养,在大学阶段,牛津大学、剑桥大学等高校通过"导师制"培养产业精英人才(吕亮,2022)。导师是学生所选科目的"学者",负责指导学生的学业和品行;导师每周要和大学生见面一次,制订个性化的教学计划,并对学生的学习情况、论文和科研等问题进行交流和指导。独立思考能力和开放性思维能力是英国大学训练的重点。强调教育的实践功能,注重训练学生独立思考的能力、创造性思维及跨学科知识融合,是英国培育产业人才的特色。例如,在环保类产业相关学科培养方案中,针对学科的交叉性,所聘教师多具有实践经验;在教学过程中,学生除完成一般性知识的学习外,还要与相关企业合作,进行项目研发的实践学习。

在应用型产业人才培养方面，基于"工学交替"的理念，英国"高等学徒制"人才培养模式逐步建立。高等学徒制是学徒制人才培养模式与高等教育的结合，依托相关领域制定的学徒制人才培养方案框架体系（apprentice framework），高等学徒生可通过"寓学于工"（work-based learning）的学习路径获得高等教育学历证书和较高等级的职业技能证书（朱鸿翔，2024）。自2009年以来，在英国联合政府及其社会精英协作伙伴的合力推动下，高等学徒制得以蓬勃发展，社会企业也积极参与其中，空客公司（Airbus）、英国电信公司（BT）等多家企业的六、七级学徒制（又称本硕层次学徒制，高等学徒制的最高等级）人才培养项目陆续实施（见表5-1），为英国产业界各行业领域培养一大批技术型文化产业管理人才。

表5-1　英国本硕层次"学徒制"人才培养方案框架体系种类

名称	等级	发布者
高级制造业高等学徒制	6	"科技制工"技能协会
飞机驾驶业务高等学徒制	6	"以人为本"技能协会
土木工程高等学徒制	6	土木工程技能培训协会
人力资源管理高等学徒制	7	产业技能联合会
专业服务高等学徒制	7	金融业技能联合会
广播技术高等学徒制	6	创意产业技能组合

资料来源：根据调研资料整理。

四、日本："产学官合作"教育模式

产学研合作，一直被世界各国、各地区视为整合优化科技资源配置、提升科技创新效率以及推动行业人才培育的重要举措，日本的"产学官合作"培养模式最大的特点便是政府在产学研合作过程中起着重要的引导和推动作用（常乔丽，2023）。日本政府部门不仅鼓励产学研合作，还采取一系列措施搭建社会企业与学校之间的交流平台，并合理利用其行政优势，发挥"服务者"的作用，为产教融合提供有效保障（吴潇丽，2022）。同时，日本的政府部门也会有意识地开发各种商业计划，创造各种机会促成学校与企业之间的产教合作，例如，设立科学园区或共同研究中心，针对行业发展推动校企之间的研究合作。

在"产学官合作"培养模式中，学校的专业设置和学术研究内容会结合企业的需求进行，社会为学生提供就业机会的同时也为学校的研究提供资金支持，使学校的培养定位与企业人才需求高度匹配（王妍妍，2022）。日本"产学官合作"模式密切了职业教育与产业的联系，促进了企业的技术革新与转型升级，实现了企业、职业院校以及政府间的资源共享、成果转化、风险共担。

社会企业在"产学官合作"教育中占据一定主体地位，日本高校重视与企业的科技合作，通过实行系列实践课程、国际实践教育等形式培养大学生的创新能力，并鼓励学生参与企业生产实践。一方面，高校提供先进理念和创新技术，企业提供实践平台和市场反馈，双方相互促进，共同发展；另一方面，日本政府为产业人才培养提供有利环境，建立相关制度并提供交流平台。此外，在人才培养过程中，日本还有一种建立在校企合作基础上的产业人才培养模式——"工业实验室"教育，该模式是以工业实验室为主的研究生教育和科研模式（常珍珍，2023）。依托"工业实验室"，可连接科研与日常教学，有利于打造科研中心与研究生教育相互协同的特色基地，有利于培养产业类人才。

五、澳大利亚："三位一体"的能力型人才培养体系

在人才培养过程中，澳大利亚的学校、政府和社会三方形成了良好的协

作分工，注重对学生的创造能力、创新能力和商业能力的培养，逐渐形成了政府、学校、社会的"三位一体"的能力型人才培养体系。

(一) 以社会需求为导向、注重能力培养

澳大利亚在很早以前就建立起了从基础教育到高等教育的、连续性极强的教育体系，在教育理念、教育方式、学科建设方面均有一定创新。

(1) 以创造性能力培养为本的教育理念。在人才的能力素质中，澳大利亚政府认为创造力是最重要的，对此，学校、政府和社会组织等多方协同营造良好的育人环境，积极开设创造类课程，教授创造技法，提高学生的观察能力、培养学生的创造性思维、开发学生的想象力（武学超，2024）。

(2) 以需求为导向的办学理念。澳大利亚职业教育的主要使命是为满足社会发展对各级各类实用型和技能型人才的需求。从这一使命出发，形成了职业教育与市场经济相结合的终身职业教育观念，并将办学定位在培养社会所需要的实用型、技能型人才。

(3) 注重人才技能的培养。澳大利亚的高等教育在国际上享有很高的声誉，尤其在应用型人才培养方面，其培养目标、课程设置、教学方式等方面具有一定特色。例如，澳大利亚的迪肯大学（由政府资助的顶尖级大学），针对应用型人才的培养，注重和强化技能的培训，涵盖沟通、团队合作、文化的理解能力、解决问题和决策能力，此外还包括社会能力（或"非认知"技能，non-cognitive skills），如自信、沟通技巧等，该校的应用型人才就业率较高，在全澳大利亚排名第三位，并被 QS 评定为 5 星级大学（陈琪，2024）。

(二) 政府与社会组织积极参与人才培养

(1) 政府与学校相互结合的教育方式。为了更好地参与人才培养，澳大利亚政府教与学委员会（Australia Learning and Teaching Council）政府机构发起了独具特色的"工作室教学项目"（studio teaching project），该项目不仅参与学术实践技能的培养，也鉴定在建筑、设计、工艺等学科领域的教学成果情况，从而为高等教育部门优化工作提供依据，以强化学生实践技能的培养。

（2）政府投资兴建技术与继续教育体系。技术与继续教育模式（technical and further education，TAFE），是澳大利亚一种独特的职业教育培训体系，已有100多年的历史，隶属于澳大利亚政府的各州教育部，也是澳大利亚高等教育的重要组成部分，所提供的课程均以实践和技能为主，其高等文凭由澳大利亚政府颁发，在澳大利亚全国范围内拥有众多学生，培养了大批社会经济发展所需要的人才（祁占勇，2023）。

（3）政府与社会组织的支持。例如，针对中学、高等教育、专业培训，澳大利亚政府分别推出了不同规模的资金扶持措施，以支持学校的教学基础设施优化、在线教育设备采购、科研器械的购置、在校生创业计划等。此外，澳大利亚的各种产业协会也参与人才技能培训，包括澳大利亚设计院（Design Institute of Australia）、澳大利亚建筑师研究所（Australian Institute of Architects）、澳大利亚能源生产商协会（Australian Energy Producers Association）等，并在促进职业教育、落实技能培训、创新人才培养等方面发挥了积极的作用。

第二节 国外产业人才的培养特点

一、培养目标：与社会实际紧密结合

国外发达国家的高等教育在产业类人才培养过程中取得了显著的成绩，

与其在高等教育中确立的人才培养目标息息相关，西方国家的人才培养目标以市场需求为导向，并与社会实际紧密联系。美国、德国、英国、日本和澳大利亚等国家的人才培养目标是培养学生在未来就业岗位上的工作能力，注重学生的个性发展，更加强调将所学运用到实践之中。

美国大多数高校的工科专业的人才培养目标均会围绕 ABET（accreditation board for engineering and technology）的认证标准和理念制定，培养学生具备扎实的专业知识和专业技能，并且注重对学生综合素质、职业道德和能力的培养，以更好地适应社会发展的要求（潘海生，2020）。例如，俄勒冈理工学院（oregon institute of technology）的可再生能源工程专业在制定人才培养目标时，基于 ABET 专业认证标准明确提出，通过该专业的学习，让学生具有应用能量转化及其基础知识的能力、实施可持续工程解决方案的理解力，具备良好的沟通能力、职业道德和伦理责任的认知能力，能够利用所学知识分析和解决问题，以更好地适应可再生能源产业和社会实际要求（苏雪云，2021）。

德国的高等教育在世界高等教育发展史上占据着重要地位，尤其是应用科学大学是德国高等教育体系中不可或缺的一环，教育中要求学生在掌握科学理论知识的基础上，将教学和科研置于应用性导向的基础之下。人才培养目标的制定以未来的劳动力市场需求为导向，应用科学大学所培养的学生不仅要具备扎实的理论知识来面对科技知识的创新，同时还要具备综合运用各种知识的实践操作技能来应对科学技术的进步和产业发展，成为具备各种专门职业技能的高级应用型、技术型人才（倪珍珍，2020）。

相较于其他发达国家立足于高等教育大众化的产业人才培养过程，日本重视应用型人才、产业类人才的培养，充分利用工学结合的产学研人才培养模式，培养社会所需要的高层次、高技能应用型人才。因此，为了更好地适应日本高新技术产业的发展，满足社会产业发展对相关人才的需求，日本的高等教育机构提出要重视受教育者"应用型、实践型"能力的培养。将善于创新研究的学术型人才和精于技术和能力的技能型人才进行交汇融合，培养既有扎实的理论知识和专业素养，又有娴熟的实践操作能力，同时还具有创新意识与创新精神的应用型人才（张照旭，2020）。

澳大利亚的产业人才培养依托高等教育、学历教育、职业教育等方式来完成。澳大利亚的学历教育是在国家的统一规划下发展的，高等教育由技术与继续教育（technical and further education，TAFE）、大学教育和研究生教育三种形式构成。这三类大学没有高低层次之分，同时具备一定的研究能力，而且都很重视应用型人才的培养（位钰凯，2023）。澳大利亚政府明确提出 TAFE 学院在教育过程中注重技术性的同时，更要重视教育过程的持续性与长久性。因此 TAFE 学院的办学目标为：以行业需求和社会发展为导向，以能力本位为标准，竭力满足学生的个人需求和终身发展，在提供理论学习的同时，提供具有技术性的职业教育培训，为行业的发展培养优秀的应用型人才。

二、专业设置：以市场需求和行业变化为导向

西方国家的高等教育在人才培养过程中以市场需求为导向，在专业设置上以行业变化为方向，以确保学科专业的发展与行业的变化紧密相连，避免出现人才供给与需求不匹配的现象。

美国高校的专业设置会结合 ABET 认证、行业发展、社会就业等因素，其中，ABET 认证一直为美国大学和学院中工程、技术、计算科学、能源等领域内的专业优化提供重要参考。目前，ABET 已对美国 500 多所高等学校的 2700 多个专业点进行了专业鉴定，涉及专业教育目标、专业的产出和评价、学科组成、师资建设、教学管理等（郄海霞，2021）。例如，针对可再生能源行业的专业教育，美国大多数高校的可再生能源工程专业、可持续能源、可持续与可再生能源、能源资源工程、能源系统、能源管理等专业均通

过了 ABET 工程专业认证，同时根据不同的学生群体、兴趣、就业需求等优化专业设置，力求专业设置与社会行业发展相接轨，实现所学即所用的教育目的。

英国的高等教育管理部门针对学科专业分类制定了完备的系统，高校所开设的学科专业均能在系统里查到，该专业分类系统有自己的一套形成机制，这并不意味着国家高等教育管理部门对学科专业分类进行直接控制和约束，不同的大学和学院可以根据学校资源优势条件、学科发展、社会市场的需求更新专业设置，为学生提供形式多样、内容丰富的专业课程。例如，英国雷丁大学基于"工学交替"的教育理念，结合社会和市场发展的动态不断优化学科专业，设置了工程技术、信息技术、可再生能源、电子工程等专业，以培养不同行业发展所需的人才（董维春，2023）。

德国的高等院校，在专业设置上贴合区域的主导产业和支柱产业，培养适应区域内经济发展需要的应用型人才。日新月异的科技变化，也加快了专业的淘汰速度，因此，在兼顾基础知识普遍适用性的同时，德国的高校也会根据社会经济的需要调整相关的专业设置（李鹏，2024）。例如，早期德国的应用科学大学在专业上以工程技术类为主，实施"工程师教育"，专业设置较为简单，但进入 20 世纪之后，信息技术在快速发展，社会需求的不断扩大，专业设置不断丰富，种类多样化，覆盖到生活领域中的方方面面，包括生物工程、电子商务、能源技术、环保工程等学科，以适应社会发展前沿和各行业的需要。

日本高校在其专业设置上有其独特之处，主要体现为专业设置并不强调学科的完整性，也不追求学科门类齐全。学校会根据市场导向与社会需求，在遵循实用性与针对性的原则下，不断调整和优化专业结构，将人才培养与市场需求紧密结合。例如，日本的丰桥技术科学大学立足于学校的办学定位和办学条件，摒弃全面覆盖的专业设置，只开设了建设工学专业、生产系统工学专业、机械系统工学专业、信息工学专业等工科类专业（胥郁，2024）。

基于此，让日本的学校更加明确办学定位，充分利用学校的资源和办学条件，确保学校具备发展专业所必需的条件，竭尽全力培养适应社会发展的高素质、应用型的产业人才。

澳大利亚的高校专业设置涉及生活领域中的方方面面，科学合理地进行专业设置对学校的发展至关重要。在专业设置方面，学校首要的考虑因素是行业的需求与社会的发展，因此，专业设置是以行业发展和市场需求为导向，以满足社会发展需求为目的。例如，新南威尔士大学提供了1000多种职业课程，覆盖生物技术、环保工程、可再生能源、工程科学等领域；与此同时，为保证专业结构的合理性与专业化，学校会专门聘请行业内的资深专家参与专业设计，并交由所属的教育主管部门进行审核，从专业开展的实际作用、发展前景、科学发展和实际要求出发，确定最后可以开设的专业（张欣亮，2024）。

三、课程设置：以促进学生全面发展为目标

国外的高等教育将课程体系建设视为多学科共同构成的"有机统一体"，课程设置在考虑专业联系性的同时，也注重学生的全面发展。因此，在课程设置上，强调通识教育与专业教育相结合，专业课程与选修课程并重（郭雅洁，2021）。

美国高校注重专业课程与选修课程相结合，注重跨学院、跨学科专业的课程学习，要求学生在完成本学院核心课程的前提下学习其他学院的选修课程，并且强调选修课程要占据毕业总学分的50%左右（高潇怡，2024）。专业课程与选修课程并重，专业教育与通识教育结合，形成全面而系统的知识结构，从而促进学生的全面发展。此外，为培养学生的创新意识与创新能力，美国高校根据不同层次的创新、创业教育阶段开设相关课程，例如，斯坦福大学的商学院专门为本科生设计一套符合学生认知及知识掌握能力的课程，

从浅到深，循序渐进；美国百森商学院在研究生培养阶段，设立小企业管理、创建新企业、创新评价、创建和运营新企业以及家族企业创业营销等课程（申潞娟，2024），培养有能力参与国际竞争的产业人才。

英国高校在课程体系构建方面，紧跟社会发展需求，不仅强调与行业发展的密切联系，也会注重学生的未来就业和发展。灵活且偏重实践性的课程，学校课程设置采用模块化课程模式，将课程分为选修模块与必修模块、讲授模块与实践模块（顾岩峰，2020）。在课程模块设计上，紧跟社会发展需求，不断优化课程体系，增强专业知识和理论体系的完整性。具体表现在三个方面：其一，高校注重以学生发展为导向建构"弹性"课程体系，强调激发学生适应未来社会发展与自主学习能力，充分赋予学生课程选择权。以拉夫堡大学的欧洲可再生能源硕士专业为例，课程体系设置涵盖核心模块、选修模块和实践模块三个部分，学生不但可以学习专业核心类课程，而且可以学习太阳能发电、风能、生物能、水能、光伏发电等领域的选修模块课程（龚舒慧，2020）。其二，课程设置强调知识的"专"和"深"，如清洁能源相关专业的模块课程通常会涵盖工程数学与数据分析、制造工程设计、动力学与流体力学、机电系统设计等专业基础类课程，让学生通过较为专业的课程学习，构建系统化的知识体系。其三，根据社会需求开展跨学科课程。随着科学技术不断进步，部分行业对科学技术、产品创新、项目管理等的依赖性逐渐增强，英国高校在开展基础课程时也会综合设置一些与热门行业密切相关的课程，例如，曼彻斯特大学设置了能源并网、太阳能光伏、电气工程等专业课程，以培养新能源、储能、电力等行业的专业人才，以满足社会需求（缪学超，2024）。

日本的高等教育体制由大学、短期大学（类似于中国的高职院校）、专修学校（类似于中国的技校）和高等专门学校（初中毕业后入读）四种类型构成，采用层次化、综合化的课程体系（贺书伟，2024）。根据学生的来源和知识层次的差异，学校设置 A、B、C 三种不同层次的课程，让学生均能掌握扎实的专业知识，避免出现知识上的断层，并且学校在课程设置中较为重视知识的迁移与交融，具有极强的综合性（胡茂波，2024）。为了实现培育应用型产业人才的目标，学校在课程设置中也注重贴合社会实际，及时根据社会的发展和行业的需求，调整教学课程设置，更新课程内容，将课程设置做到与时俱进。此外，在社会企业注重学生能力的导向下，学校与企业重视实践课程，并且共同参与实践课程的设置，设置面向社会、适合企业、提高学生动手实践能力的实践课程。

澳大利亚的高校课程开发与专业设置的流程大致相同，均是首先由行业资深企业参与制定课程开发的框架，其次由企业和学校共同讨论、制定课程的方案，最后交由州教育主管部门进行审核（舒美豪，2023）。澳大利亚大学教育中，本科阶段课程设置主要有几个方面的特点：其一，课程按照从易到难的顺序设置，让学生们在前期学习基础类的课程以打好基础，后期学习专业类课程，以加深对专业知识掌握，并锻炼专业技能。其二，基础类课程以公共必修课的形式设置，公共必修类课程涵盖丰富专业基础知识和人文社科类知识，目的是为学生的专业课学习和全面发展奠定基础。其三，课程内容设置方面，也注重内容知识的深度与知识面广度的互相结合，学生掌握专业知识的同时，也增强知识的宽厚基础。

四、教学方式：以学生为中心，灵活多样

以人为本、以学生为中心是西方国家的教育宗旨。为贯彻这一宗旨，美国、英国、德国等国家高校充分考虑学生的需求，根据学生的兴趣与能力，不仅赋予学生选择课程与专业的主动权，更设置了灵活多样的教学形式促进学生的全面发展，以培养满足社会需求和行业发展的产业人才。

（一）美国高校教学方式的特点

美国多种类型的高等教育机构共同承担了培育各类人才的职能，并在这

个过程中形成了独具特色的人才培养模式,并体现出以学生为中心、工学结合、理论与实践相结合、注重能力培养等特点。

1. 课堂教学体现"以学生为中心"的特点

"以学生为中心"的教学模式和理念贯穿到美国高校课堂教学过程的各个方面。首先,大多数美国高校实行完全学分制的学籍管理办法,赋予了学生自主选择专业、课程、上课教师及上课进程等权利,以保证所学课程知识是出于学生意愿和兴趣(束雅春,2020)。其次,"以学生为中心"的教育理念,体现在师生的关系上,是双主体和互动对话的关系。课堂上,通过不间断提问、启发式互动、小组讨论发言等方式,引导学生去思考去讨论,实现师生之间、生生之间的对话。通过师生互动,从而真正使学生能够在每一次课堂中在认知、思维等方面都有所提升,实现学生对本课堂教学内容的再发现再整理再陈述,最终内化为学生的知识和高级能力。最后,因材施教是落实"以学生为中心"教育理念的必然要求,因每个学生的个人学习习惯、能力、兴趣等不同,除了统一的课堂教学,学生可以享有个性化的辅导。例如,有些学生因特殊原因导致几次课程缺失或"落课",美国高校教师会主动要求给学生补课或者答疑,讲解教学大纲、课程规划及考核体系。

2. 科学有效的过程管理

(1)教学规划清晰明确。美国高校的课堂教学是基于学生具有相当的自学能力,学生需在课前、课后做较多的准备,对本课程所学知识有所了解和预习的基础上进行的,所以老师的教学规划显得尤为重要(马小红,2020)。新课程开始时,授课教师通常会给学生讲授教学大纲、参考书籍、课程规划、课程指南、详细的考核评价体系。在课程教学开始之前,学生可通过课程指南详细了解课程描述、授课教师、授课时间、辅导时间、课程目标、开设依据、选修这门课的前提条件、教学计划、作业布置、成绩评定方式等诸多课程信息，这样便于学生可对所学课程做到"心中有数"，从而合理安排课程学习。

（2）过程管理细致严格。在明确的课程规划的基础上，老师严格按照课程规划按部就班地进行每一节课，每一节课对学生进行点名并做详细记录，每一次的作业都收齐批改并一定在下次课评分反馈，对于大的作业项目老师会分阶段给学生进行重难点突破，重视每一个动作分解和过程。细致严格的过程管理使学生不会轻易掉队，让学生把精力集中在平时的每一节课上。基于此，不仅能有效地完成课程学习，帮助学生更好地掌握知识，也训练和提升了学生的学习规划、分析问题、论文撰写等方面的能力。

3. 贯穿始终的能力培养

美国高校课堂的能力培养体现在四个方面：

（1）互动的课堂教学方式。美国高校课堂教学大多采用以社会文化为基础的互动教学模式，在这种互动式教学中，主要采取师生对话、生生对话的方式将课堂主动权动态地转移到学生手中（叶晓梅，2022）。在具体的实施中，主要采取启发式互动、参与式互动、讨论式互动以及探究式互动等方式，加深了学生对新知识的理解以及创新思维能力的培养。

（2）课程报告（presentation）环节务实有效。美国高校课程报告环节的设置可充分调动学生积极性，鼓励团队协作，并锻炼学生的信息获取能力、报告展示及口头表达能力、逻辑思维能力及课堂掌控能力，激发学生开拓性和创造性。

（3）教材延伸内容，开拓思维。课堂教学过程中的每节课除了教材内容（或根本就没有教材），老师都会布置大量的与当节课堂内容相关的资料延伸阅读，以加深对所学课程的理解，此阅读内容在下次课的课前老师会专门抽时间与学生讨论，开拓学生的思维，延伸了课堂教学的广度，对于培养学生的自学能力起到了积极的作用。

(4) 课程论文撰写培养探索创新能力。在美国高校，每门课程进行到期中或即将小结时，教师会通过探究式互动方式，鼓励学生根据所学内容与学科实际进行大胆猜想、制订研究计划并开展科学研究或论文写作，以培养和提升学生们的科学探究能力、创新能力。

（二）英国高校教学方式的特点

英国高校在教学方式上，主要采用"理论学习+企业实践+理论再学习"的"三明治"教育模式，将科学研究与课堂教学融合在一起，注重打造"科研-教学"的联结体，以激发学生的学术研究、创新创业的潜力。

（1）密切关注社会现实问题，将社会前沿热点融入教学中。例如，曼彻斯特大学的可再生能源专业教育中会结合可再生能源领域的热点问题，通过案例教学、问题发现式教学等方式开展教学，以培养学生的社会适应能力和实践能力（王永林，2023）。

（2）实施研究导向的教学方式。爱丁堡大学的教师积极参与学术研究成果的转化，围绕专业教育，密切关注社会经济和产业发展中出现的现实问题，将这些现实问题带回课堂供学生钻研和讨论，锻炼和培养学生们分析问题和解决问题的能力（缪学超，2024）。

（3）搭建"研究现实问题"的平台。英国的沃里克大学通过为科研成果提供转化平台，吸引大批社会相关科技企业入驻校园，为学生提供了创新创业的机会。同时，注重搭建"研究现实问题"的交流平台（Research Exchange），为不同院系的师生进行学术讨论和合作研究提供平台，鼓励师生形成创新社区（冯凯瑞，2021）。

（三）德国高校教学方式的特点

德国高校在人才培养方面注重适用性、实践性和多元性，强调将高校教育和校外实践培养联系起来，将社会性也融入高校，理论知识教学与社会实际应用相结合，展现具有特色的多元人才培养模式。

1. 采用多元化培养模式

德国高校人才培养工作比较注重学生的个性特征、兴趣爱好和未来的职业发展方向。因此，德国一些高校通过多年的教育实践和经验建立了完善的高等教育体系，通过实施有针对性的、与学生心智特点相适应的课程体系、教育方式和实践体系等多元化培养模式，开展创新创业教育。德国高校的教学形式多样化，包括练习、研讨、实习等，其他课程还将练习课和实验课等融入其中。同时，德国教师极少使用统一的教材，经常会根据社会的发展变化开设新课程，将前瞻性知识融入课堂，体现了个性化培养的特点。此外，德国大学不强制要求同年级和同专业的学生一起上课和考试，而是充分尊重学生的个性和意愿，体现了德国人才的个性化培养方式（杨艳君，2024）。通过多元化培养模式，一方面，德国各高校可根据自身办学特征和现代产业市场需求探索不同的教育模式，例如，慕尼黑技术大学会根据学校的发展理念和学生职业发展方向设计创业教育课程，如风险投资、商业发展计划、产业的筹资与评估、创新企业家等课程主要为有创业内驱力的学生而设立。另一方面，德国职业教育"双元制"模式享誉世界，学生可以根据兴趣爱好和个人发展选择适合自己的学校，如职业高等学校或者综合性大学。职业学校主要目的是培养学生的技术特长，侧重于生存性创业教育；而综合性大学更强调对学生本专业的创新能力培养和创业思维的训练（陈晓欢，2018）。

2. "校企合作、工学结合"模式

德国"校企合作、工学结合"教育模式的核心是"以企业培训为主体，以校本培训为调节"。德国大多数新能源企业在校企合作中非常重视大学生的创业和创新项目，他们鼓励学生去发现、去创新、去尝试，并且对他们项目的失败非常包容，这在一定程度上降低了学生的心理负担，对学生的创新创业能力培养起到了一定积极作用。因此，通过"校企合作、工学结合"模式，更多的社会企业参与其中，支持高校的创新创业活动和人才培养，既提供大量的资金支持，又会不定期派企业的高级管理者和行业技术专家代表与高校的研究者、教师、学生等进行沟通和交流。在校企合作中，德国的银行和大型新能源企业长期以来坚持为大学生建立创业、创新专项基金，此外，实力雄厚的大型企业还会以公益项目、创业大赛、创新竞赛等形式来吸引高校师生参与其中。这样既实现了人才的培养，让学生具备了专业的理论基础和科研技术能力，增强了自身的实践能力，提高了前沿性技术水平，强化了知识与实践的相互转化，又为社会企业吸纳符合自身需求的人才提供了更大的便捷。

（四）日本教学方式的特点

日本人才培养过程中十分重视学生的动手实践能力，在教学模式上学校加强校企合作，重视学生的实践教学，实践教学时间占总学时的30%~40%（杨梅，2024）。实践教学也分为两种方式：一种是由企业占据主导地位。企业为学生的实践学习提供场所和专业指导教师，同时企业有第一时间选聘高质量学生的权利。另一种方式是学校占据主导地位。第一，组织学生进行理论知识与实践知识的学习，由校内教师和校外讲师合作完成；第二，讲师和教师会直接在课堂环境中进行现场实践教学指导，由学生进行操作，教师负责指导监督。在教学形式方面，也通过课程轮讲、小组讨论等多种形式来培养学生发现问题、解决问题的能力。

五、教育管理：注重校企合作，促进人才培养

（一）美国高校教育管理的特点

美国高校的教学管理主要体现了高度信息化的教学设施与管理平台、

便捷的师生互动渠道、特色化的教学效果与培养"产出"评价、校企合作等方面。

1. 高度信息化的教学设施与管理平台

美国在每间教室都配有智能化的教学设备，包括四面 LED 显示屏等展示系统，音频、视频录播系统等。根据课堂教学需要，每门课程可同步录制，上传至学校网络系统，让学生课后可随时复习课堂知识。同时，针对教学管理，美国大多数高校均配备了先进的信息化教学管理平台，学生与教师均可通过自己的账号登录到该平台，进行信息的交流与分享管理。基于信息化教学管理平台，学生可获取所有与学习相关的信息，作出自己的选择，联系老师、学习咨询、答疑解惑等（贺靖，2023）。通过便捷化的教学管理平台，教师可以将课程安排、课程规划、授课课件、参考资料等内容上传至该系统，学生们可以随时预习和复习学习内容；通过该平台，每一门课程、每一个班级都有相应的网络空间，师生之间、生生之间可以进行信息交流、互动和讨论，能有效地提升学习效果，为师生之间建构了便捷的互动渠道。

2. 特色化的教学效果与培养"产出"评价

教师在对课程教学和学生学习效果进行评价时，通常会遵循发展性原则，着眼于学生的学习进步与动态发展，多采用形成性的评价方法。在具体操作中，不过分强调考试成绩的评定，而是更多地关注学生的动态学习与全面发展：期末考试成绩在综合评价中的占比不大，教师不会用一次考试分数来评定学生，而是采用形式多样的平时作业、课堂表现、小组学习、课程报告（presentation）、结业论文、期中与期末考试以及课堂考勤等综合评定。学校和企业的实际需要的密切接轨，有利于充分了解社会经济发展对人才的需求，因此，美国大多数高校较为注重"培养产出"的评价，该评价通常是对学生毕业时应该掌握知识和能力的具体描述，包括学生通过本专业学习所掌握的专业知识、专业技能和综合素养。美国高校采用"培养产出"评价，主要是对学生毕业5年左右时间后要达到培养目标中的职业或专业成就进行跟踪和评价，以衡量学生毕业时是否达到了学习"产出"目标要求。以阿尔弗雷德大学的可再生能源工程专业为例，学生学习"产出"评价设置了专业素养、社会责任和职业发展等三个方面的指标，这些指标不仅与ABET工程认证标准基本一致，也结合专业特点和社会企业的要求标准，能够充分地评估高校人才培养的效果（程炎明，2022）。

3. 注重校企之间的"产学研"合作

培养适应社会发展和满足企业需求的产业人才，是高等教育的重要目标，大多数美国学校较为重视"校企合作"（co-operative education）。针对人才培养，美国校企之间的合作通常包括企业实践实训、专业训练、企业实习、产学研合作等（段世飞，2024）。校外实践实训，一般是指学生在学院进行一个学期的理论学习之后，在第二学期开始学院学习和企业实习交替进行的学习模式。从第二学期开始，成绩优秀的学生可以申请进入校企合作的企业进行实习训练，但是要经过学校和企业的双重面试才有资格进入企业进行学习。在此过程中学校会安排专业的教师针对实习课程与实习单位进行沟通，并对学生提供相应的面试指导。校企合作给学生提供了直接接触工作岗位的机会，获得了检验自己理论知识掌握程度的机会；并且给学生提供了直接和企业沟通的机会，为学生毕业之后和企业建立良好的关系打下基础；学生在企业实习的过程中更有助于培养学生的责任感、合作意识、承担精神、适应能力，为学生提前进入社会职场奠定基础。此外，美国高等教育中采用了以高校为创新中心、围绕大学衍生与兴建高新技术产业集群的模式，不断深化"产学研"合作，构建知识创新网络，培养学生的创新能力（薛正斌，2024）。

（二）英国高校的教育管理特点

英国高校在教育管理中的主要特点是"学术与创业双赢"。为贯彻落实

"适应时代发展需要"和"以学科为中心"的办学理念，英国部分高校不断创新和优化教育模式，建立学术与创收相互支持的管理机制，例如，沃里克大学建立了统管全校事务的联合战略委员会，实施校部集权化管理。联合战略委员会是由校务委员会和评议委员会组成的，职责是统领全校的学术、财务与校舍规划等管理工作（程晓宇，2023）。沃里克大学的创业集团与三大学术委员会（自然科学委员会、社会科学委员会、人文科学委员会）由联合战略委员会统一管理，其中创业集团主要负责创业与创收学校经费，而三大学术委员会则负责学术和科研，创业集团的资金收入先转移到联合战略委员会，再纳入学校内部的学术委员会，从而来支持三大学术委员会的学术发展（徐栩，2024）。

沃里克大学联合各种校部委员会，能高效地管理大学内部的学术与行政事务，充分利用创业能力强的院系的收入，去帮助和辅助那些创业能力弱的院系，使各个院系和学科能够齐头并进（王立朝，2023）。此外，沃里克大学在学术和创业管理上是高度分权的，即充分赋予学术人员、行政人员以及创业人员在各自领域内的自主决策权。正是这种集权式的分权管理，使沃里克大学在发展历程中能够吸引大量优秀学术人才加入。沃里克大学的学术与创收相互支持的运行管理机制在英国高校中具有一定代表性，其他高校的教育管理机制虽然与之有所区别，但其本质具有较大相似性。

（三）澳大利亚高校教育管理特点

在教育管理方面，澳大利亚高校具有几个方面的特点。

第一，注重网络平台的使用。澳大利亚高校在教学中大多运用"翻转课堂"模式、线下教育与线上学习相结合的模式开展课程教学，方便师生之间的互动交流，例如，阿德莱德大学作为一所综合型科研大学，教师们大多把时间和精力用于科学研究方面，该校每年均投入大量的资金加强"云服务""云平台"的建设，让教师们把课程教学内容放在网络平台上，充分利用

"云平台"网络模式开展互动式教学（陈颖，2022）。

第二，教学中体现出以"学生为本"的理念。例如，阿德莱德大学在教学中让本科学生与行业领域知名教授进行面对面地讨论与交流，让学生们了解专业领域的发展动态，拓展知识视野；教学中也为学生提供信息技术资源服务，引导学生利用信息技术来分析问题和解决问题；还有一些学校则是让学生参与课程设置、网上教学、学生管理、创业规划等学校公共事务的决策与管理等（曾希，2020）。

第三，注重校企协同，促进"产学研"合作。澳大利亚的大多数高校为用人单位培养合格的人才，因此，企业在很大程度上也参与了学校的教育管理。一方面，是企业直接参与学院的管理，包括专业设置、课程开发、培养目标的确立以及教学评价等；另一方面，通过企业代表直接参与学院的董事会，从企业需求和社会发展的实际情况出发，制定出与行业发展接轨的学院各项规定。高校通过和社会企业建立友好合作关系，不仅为学校教师提供了技术研修基地，也为学生提供了实践基地以及未来的就业机会，不断实现企业和学校的资源共享，优化两者的资源配置，也促进了澳大利亚高校教育的发展。此外，在产学研方面，一些澳大利亚的高校会加强与企业的合作，共同加大投入，为科研人员进行设施保障和政策支持，全力保障科研活动；同时，学校也会倡导"团队化"科研合作，让社会企业参与其中，围绕全球领域内所关注的热点、难点问题进行研究，将科研成果的应用转化当作科研成绩考核的重要标准。

（四）日本高校教育管理特点

"工程教育"认证的培养模式、以"研究室为中心"的培养模式和"本研一体化"的工科培养模式，是日本为应对新一轮科技革命和产业变革采取的有代表性的人才培养方式，也是当今日本高校工科教育革新的最新动向。例如，部分日本高校会依据工程教育认证机构（Japan Accreditation Board for Engineering Education，JABEE）的标准来制定和优化教育管理机制，培养应用型、产业型人才（葛慧玲，2021）。再如，一些日本高校在专业修士层次（相当于硕士层次）教育方面，采用以"研究室为中心"的方式，修士从入学开始到毕业结束一直隶属于所在的研究室（刘燕莉，2023），这些"研究室"的教授或副教授依据学科教学目标，结合自身研究方向，通过讲座、研讨（seminar）、实验等方式完成对学生的理论知识传授、专业技能和综合能力培养等育人工作，为社会经济和新能源行业发展培养高层次人才。

在人才培养过程中，日本高校教师会采用多样化的教学方式，除了讲座、实验等方式之外，教师们用得较多的教学方式是问题导向型教学方式（problem-based learning，PBL），该方式包括几个核心要素：设计问题；分析问题，即初始状态和目标状态；自主性探索学习等（骆革新，2023）。与传统的以"教师为中心"的教育方式不同，问题导向式学习更重视学生的主体性，在以问题为导向的教学和学习过程中，团队合作尤为重要。研究室的教员会根据专业理论知识、学生实习中遇到的难题、行业发展热点等设计具有一定难度的实践型问题，要求学生以小组的形式进行分析、探究和提出相应的解决方案，并要求形成详细的问题分析报告。问题导向型学习能够达到良好的学习效果，有利于学生获得灵活的专业知识和技能，掌握有效的问题解决思路，有利于提升自主性学习、协同合作等实践能力。

此外，日本尊重和重视应用型人才，充分利用工学结合的产学研人才培养模式，在培养应用型、专业型人才方面处于领先地位。产学研模式是在政府的指导下，以学校为主体，企业为辅助进行的，其目的就是促进日本经济的发展。通过企业向高校委托研究课题，提供财力、物力和人力的支持，不仅帮助企业进行技术研发，也能给学校提供学生进行实践学习的场所，在三方的通力合作下，促进应用型、产业型人才的培养。

第三节　国外产业人才培养经验借鉴与启示

美国、英国、德国、澳大利亚、日本等国家在高等教育和产业人才培养方面均有其特点，并且在人才培养目标、课程设置、教学方式、教育管理等方面进行了一定探索与实践，也积累了一些经验，对我国战略性新兴产业人才培养具有一定借鉴与启示。

一、培养目标以社会需求为导向，注重能力提升

其一，西方国家在产业人才培养方面，注重社会行业标准和产业发展的需求，一些外国高校会依据社会专业认证标准制定人才培养目标，例如，美国一些高校的工科专业教育会依据 ABET 的认证标准制定产业类人才的培养目标和方案；德国高校会依据工程师文凭认证委员会（CTI）的人才标准来制订教育计划，培养社会发展需要的工程类人才；日本高校则通常会依据该国的工程教育认证机构（JABEE）的体系标准制定方案，培养专业技术类人才等。此外，一些西方国家高校会依据不同行业的发展和企业需要，开设相关专业，培养相关人才，例如，德国高校针对可再生能源产业需求，开设可再生能源相关专业和课程，涵盖可持续能源技术、太阳能光伏、发电存储、电能转换、能源集成等，培养相关的专业型人才，体现了德国专业教育与行业发展的关联紧密性的特点。

其二，西方国家在培养产业人才方面，注重人才能力的建构与提升，以促进学生的全面发展为目标。例如，美国一些高校的可再生能源相关专业特点和课程介绍时，明确提出了要以培养学生的工程能力为着力点，满足新能源产业发展对工程师提出的要求；同时，人才培养中的工程能力包括分析解

决问题能力、实践能力、创新能力、沟通交流能力、管理能力、终身学习能力以及职业道德素质。德国、英国等欧洲国家在产业类人才培养方面主要采用"工程师"教育和"工学结合"的方式,从其专业教育目标、学生素质培养、终身学习、社会适应能力培养、质量认证等方面也可看出,欧洲国家高校的人才培养目标上不仅强调专业知识的传授,而且更加注重学生能力与职业道德的培养。

二、课程设置不断优化,注重人才全面发展

以社会发展需求为依据建构课程体系,是欧美国家高校的突出特点,并且注重实用性、系统性。通过对美国、英国、日本、澳大利亚等国家的人才培养过程可以看出,为了确保学生具备在工作岗位上的相关专业技能,学校从专业设置到课程安排都力求实现学生理论知识与实践技能的扎实掌握。不仅在培养目标、专业设置方面紧跟社会经济发展的需要,课程设置也充分结合社会经济、行业、市场发展的需求及认定标准,以应对日新月异的科技进步和行业的最新变化。

同时,部分西方高校在课程安排上也考虑企业的现实需要,根据学生兴趣和企业需求设置不同的课程模式供学生选择,保证学生基础课程的学习。通过科学的课程设计,实现知识之间的连通,为学生掌握相关专业知识做好充分的准备。在学制上要保证实习学期的实践性和高效性,让学生深入一线,进入企业,体会实际工作岗位的需求,规范学生实习期间的实习评价。除此之外,学校还可以搭建丰富的公共选修课平台,学生可以根据兴趣和能力,努力拓宽自己的知识面,促进全面发展。

三、教学方式多样化,强调以"学生为本"

欧美国家高等教育强调以"学生为本"的理念,围绕知识传授、综合素

质提升、能力培养等方面，采用多样化的教学方式。一是采用以"学"为主的教学方式，让课程教学先从学生们的自学开始，教师对学习过程、遇到的问题、注意事项给予指导与讲解，这种教学方式能调动学生的主动性，增强学生对"学习主人"的角色认同感，有利于提高教学的效率。二是结合专业和课程特点，综合采取多种教学方法。在教学方法的使用方面，外国高校注重采用多种类型的教学方法，例如，针对可再生能源专业特色，美国一些高校会采用任务型教学、启发式教学、案例教学、问题发现式教学、分组讨论学习法等方法以培养应用型的新能源专业人才；为了充分激发学生的学术研究、创新创业的潜力，英国高校注重"科研"与"教学"的联系，将以行业现实问题为研究对象的科学研究与课堂教学有机地融合在一起，以培养学生的科研能力和创新能力；德国高校通过工学结合、项目型教学、分段式实习等方式，在传授专业理论知识的同时，注重培养学生的社会实践能力。三是充分利用网络信息技术，丰富教学方式。美国大多数高校均配备了一定数量的智能化教学设备，而且拥有完备的展示、音频、视频、录播等系统，可以便利地实现同步课程录制、模拟实验、仿真实践等教学活动，让师生交流、学习咨询、答疑解惑更加便利，也丰富了课程教学方式。

四、教育评价系统化，注重培养"产出"质量

（一）注重培养"产出"质量的评价

学习"产出"评价，主要是对学生培养的质量进行跟踪与评价，以衡量学生毕业时是否达到了学习"产出"的目标要求。国外一些高校通常联合社会企业，从学生的专业技能、综合素养、社会责任、职业能力等方面进行综合评价高校人才培养的效果。

（二）课程学习评价公开公正

美国高校每门课程的首次课上，教师都会告诉学生本门课程的上课方式、评价方法和考核方式，清晰地告知各部分的评价时间以及占比情况，让学生对自己的课程学习和考核结果负责。同时，教师在每一次平时作业以及课堂展示结束以后，都会将评分告诉学生，让学生们清楚自己的课程学习效果和进展。清晰的课程评价方法和考核方式，保证了考核的公平性。

（三）遵循发展性原则，评价体系科学合理

外国高校教师对学生学习效果和课程成绩进行评价时会遵循发展性原则，着眼于学生的学习进步与动态发展，多采用形成性的评价方法。评价形式涵盖平时作业、课堂表现、小组学习、课程报告（presentation）、结业论文、期中与期末考试等类型，考评体系重视过程考核，较为科学合理。

（四）评价过程严谨

外国高校课堂看似松散多样化，实则考核细致严谨，所有公布给学生的考评内容均会在学期中严格执行。授课教师几乎每堂课都要点名，严格要求学生按时完成和上交作业，作业、小测、期中和期末的考核都会及时公布，每一个环节的考核得分都是客观评价，严厉严谨的评价过程，保障了课程学习的效果。

五、良好的多元协同机制，注重产学研合作

提升人力资本价值行之有效的做法是协调政府、产业、高校等各方资源，而政府、高校、产业也是产业人才培养的三大主体，通过良好的多元协同机制，有利于发挥多元主体在人才培养中的积极作用。具体来说，政府在人才

培养过程中起着宏观调控的作用，不仅为高校创造人才培养所需的各种条件，同时又对高校提出人才培养规格的要求。高校是人才培养的"责任主体"，在持续不断地从政府和产业中获取所需教育资源的同时，为政府和社会企业输送大批优秀的人才，也能为政府和社会企业的发展提供技术支撑和智力保障。产业是人才培养的需求与参与主体，在政府的调控下运用人才产生效益，同时对人才提出更高的要求。因此，通过政府、高校、产业之间的多方协同，产学研合作在推动技术创新、产业升级、人才培养和经济发展等方面具有重要意义。美国、德国、澳大利亚等国家高校在开展专业教育和人才培养中，特别重视产学研合作，借助校企之间的产学研合作，企业可以获得更好的技术支持，促进其技术水平的提高和产品市场竞争力的增加。同时，科研院所和高等学校也可以获得更多的资金、技术和人才支持，并将研究成果转化为实际生产力。此外，通过产学研合作，可以促进学校与企业之间的教育合作，共同培养人才、提高人才培养质量，推动人才培养发展，同时也有助于企业获得所需的专业人才，同时也为高校学生提供了宝贵的实习和就业机会。

六、良好的财政政策保障，注重人才培养投资

高等教育作为培养产业类人才、增强国家创新力的主体，必然需要大量资金投入和相关政策的支持。美国对高校产业人才培养给予大力资助，例如，通过政府部门的支持，麻省理工学院有1000多项基金，本科生至少可以获得1058万美元的奖学金（房欲飞，2024）。为培养科技类产业人才，美国教育系统中有专门的STEM（科学、技术、工程、数学）项目，并给予专项财政支持，旨在吸引高层次人才、培养和提升大学生在STEM方面的能力，从而助力社会经济和科技的发展。澳大利亚政府和高校为了推动学生创新创业能力的培养，开展了很多科研项目以及创新项目，并有配套的专项资金支持，例如，悉尼大学管理学院设置了"科技创新与创业专项种子基金"，创新孵

化和创业中心管理的资金超过 5000 万澳币,旨在培养学生创新创业能力。

美国、澳大利亚等国家通过加大财政投入的举措提升人力资本以促进各行业发展的经验告诉我们,提升人力资本价值行之有效的做法是协调政府、产业、高校各方资源。产业人才培养、产业人力资本价值提升,特别是其自主创新能力提升的研发要求高、投入强度大,需要良好的财政政策保障,政府、高校、企业等多方主体共同分担研发风险,保证研发得到有力的支持。

本 章 小 结

美国、英国、德国、澳大利亚、日本等国家在高等教育和产业人才培养方面均有其特点,如美国的"产业导向"教育模式、德国"双元制"培养模式、英国"工学交替"培养模式、日本"产学官"合作培养模式等,均引起了各国教育界的关注。本章梳理和分析了美国、英国、德国、澳大利亚、日本等国家在产业人才培养方面的实践经验,即培养目标以社会需求为导向,注重能力提升;课程设置不断优化,注重人才全面发展;教学方式多样化,强调以"学生为本";教育评价系统化,注重培养"产出"质量;良好的多元协同机制,注重产学研合作;良好的财政政策保障,注重人才培养投资等,这些实践经验与探索为我国战略性新兴产业人才培养提供了一定借鉴与参考。

| 第六章 |

战略性新兴产业人才培养路径与对策

第一节　战略性新兴产业人才培养机制

　　创新高校人才培养机制，是全面深化高等教育综合改革的重中之重，关系人才培养质量提升和高等教育内涵发展，也关系中华民族伟大复兴的中国梦的实现。新时代战略性新兴产业是知识密集型和创新密集型的产业，对人才能力和素质的要求越来越高。战略性新兴产业人才培养，不仅仅是高校的责任，也是政府和企业主体的责任。本章基于利益相关者理论、公共治理理论、多元主体协同理论等理论和观点，结合战略性新兴产业发展对相关人才的诉求，构建了政府、高校、企业联动的人才培养机制。

一、C-GUE 人才培养机制模型构建

在知识经济社会内部，政府、企业与大学是人才培养的利益相关者，是相互独立、相互联系、相互作用的三个核心社会机构，它们根据社会市场要求而联结起来，形成三种力量交叉影响的联动关系（吴开俊，2024）。结合战略性新兴产业人才培养现存问题及国外人才培养实践经验，本书构建了高校战略性新兴产业人才培养机制创新模型（见图 6-1）。该模型的核心思想在于：以战略性新兴产业人才培养为核心（core），建立政府（government）、高校（university）、企业（enterprise）联动的人才培养机制，简称 C-GUE 人才培养机制模型。

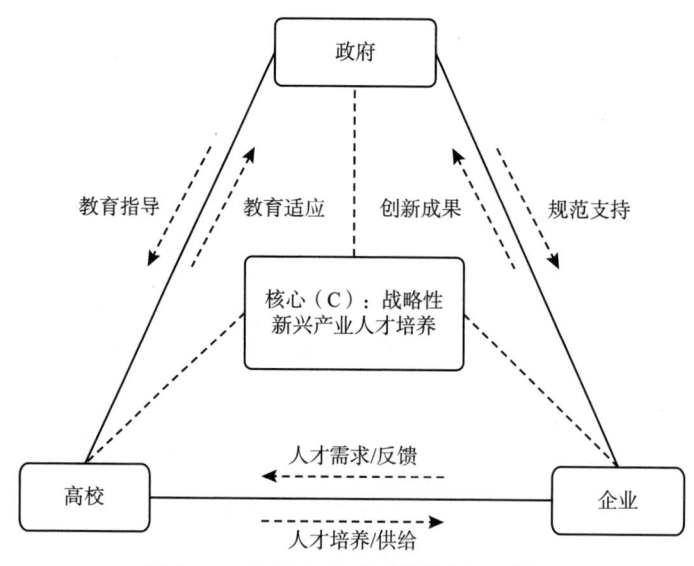

图 6-1　C-GUE 人才培养联动机制模型

战略性新兴产业人才培养需要与国家政策、社会经济发展、市场需求等

紧密联系，并保持动态适应。在战略性新兴产业人才培养的各个环节，高等院校是该模型的主体，并在政府管理部门的指导下，主动适应国家政策、产业发展、社会企业的要求；社会企业应积极发挥其联动作用，协同高校培养学生的专业技能、社会实践能力和创新能力，助力战略性新兴产业人才的培养，进一步提升国家战略性新兴产业竞争力，促进我国社会经济发展的动态良性循环。

基于该 C-GUE 人才培养联动机制模型，高校、政府、企业通过内部资源整合，不断产生合作政策、合作项目和合作组织。在高校的内循环系统中，输入的是学生、信息流与资源流，通过培养模式改革，产出是产业人才与科研成果；在企业的内循环系统中，输入的是新创意、新的科学技术和高水平人才，经过企业的"精加工"，产生的是走向市场、满足大众精神需求的创新产品；在政府内循环中，输入的是信息、产业市场运行情况、人才培养情况等，输出的是政策、法律、服务等。该模型中的三大主体不是孤立的，恰恰是在开展战略性新兴产业人才培养的活动环境中，必须按照一定的方式相互作用、协调同步，继而产生整体功能倍增的多元协同效应。

（一）核心（core）：战略性新兴产业人才培养

人才在推动战略性新兴产业发展中起着重要作用，战略性新兴产业人才培养的最终目的是向社会输送能够对战略性新兴产业发展起支撑作用的人才（权良媛，2025）。战略性新兴产业相关专业学生能否符合社会需求和企业人才标准，最终要看教学效果和社会效果。教学效果主要反映了学生的成绩和实际技能的掌握熟练程度，而社会效果主要反映了社会对高校教学效果的认可程度。因此，学生在创新能力（科研技术）、学习能力（文化知识与专业知识）、实践能力（专业技术）各方面展现出整体素质，是社会认可的关键因素。

（二）政府（government）

战略性新兴产业人才培养是一项非常艰巨而复杂的"工程"，并且是持续性的工作，建立和完善一种上通下达的行政机制体系是至关重要的，政府部门必然成为战略性新兴产业人才培养机制创新的重要主体。政府管理机构切实落实制度保障、观念引导、统筹规划及政策扶持，并且实行从中央到地方的联动机制，充分利用高校和社会企业的资源，建立战略性新兴产业人才培养的"立体化"教育机制，以推动人才培养工作的顺利实施。

（三）高校（university）

高校是战略性新兴产业人才教育体系的主要载体（郝思鹏，2024）。教学设施是学校进行人才培养的重要物质基础，战略性新兴产业人才培养更加需要不断增强学生的实践能力，运用人工智能、大数据等数字化信息化技术对战略性新兴产业新业态与新内容进行模拟实验、专业设计、实训等，能有效地培养学生的专业技能和丰富理论知识的学习。完善的教学器材、设备更利于学生学习新的技术，获得新技能。同时，为了更好、更全面地提升学生的实践能力，学校与战略性新兴产业的社会企事业单位，尤其与战略性新兴产业相关的机构、组织、企业等的合作交流，能为学生提供实践平台是十分重要的。师资力量在战略性新兴产业人才培养过程中起着不可忽视的作用，教学人员的水平决定着教学的质量。一支具有高素质、优质量的师资队伍，才可能培养出具备创新能力且富有高水平技能的战略性新兴产业人才。此外，高校现代化的教育体系、规范化的教学管理、系统化的专业训练为战略性新兴产业人才的规范培养提供了保证。

（四）企业（enterprise）

人才培养的关键在于人才的实践技能和社会适应能力，对人才进行相关专业知识传授后，更重要的是使他们能够掌握实际的生产、设计、管理等产业技能。因而，针对战略性新兴产业人才的培养，相关社会的企事业单位不仅要对人才需求作出准确的预测，也可以积极协同高校培养社会所需要的人才，以保证企业可持续健康发展有充足的人力资源。此外，战略性新兴产业相关企业也可以结合市场发展动态和自身特点，对本单位内的工作人员进行持续的培训，不断提升人才素质和技能，以适应战略性新兴产业发展的需要。

二、人才培养机制的主要特征

在战略性新兴产业人才培养过程中，建立或优化高校、政府和企业联动的人才培养机制是关键，这种机制具有以下特征。

（一）目标一致性

高校、政府、企业是三类性质不同的组织，对战略性新兴产业人才的培养具有不同维度的影响（季赛，2025）。战略性新兴产业人才培养是政府、高校和企业战略协同的契合点，协同育人组织建立在三方主体的共同利益基础之上，以"培养战略性新兴产业人才"为共同目标，将不同育人主体凝聚在一起，进行长期合作，实现各自的利益追求。

（二）主体互动性

在 C-GUE 机制作用下，政府、高校和企业之间的壁垒会逐步消除，三方合作育人模式得以充分实施，既提高了相关资源的利用效率，又体现了多方协同育人的效率模式。由此，高校、政府、企业之间呈现出一种新型的关系：互惠互利的网络型组织结构取代了层级节制的点状松散结构，"协调与互助"代替了"指挥与控制"，"鼓励和促进"代替了"限制与禁止"，认同和包容成为共同行动的基础，战略性新兴产业人才的培养成为三方共同的行动理念和价值追求。

（三）效果放大性

C-GUE 创新机制下，政府、高校和企业三方通过资源整合，能将各自优势与作用得以充分发挥，有利于推进战略性新兴产业人才的培养。政府着眼于整个国家战略性新兴产业竞争力的提升与发展，出台有利于培养大学生创新能力、社会适应能力的政策文件；高校根据战略性新兴产业对相关人才能力的新要求，不断深化人才培养模式改革，强化内涵建设，健全保障机制，培养适合社会和市场发展的各类人才；企业通过参与高校的人才培养方案制定、课程设置安排等，对战略性新兴产业人才在能力结构上提出具体的要求，以选留适应能力强、创新能力强的专业人才，从而降低人才招聘和培训的各项成本，同时通过薪酬激励、评价考核等方式促进战略性新兴产业人才的成长与发展。

三、人才培养机制的运行保障

为了保障 C-GUE 战略性新兴产业人才培养机制的有效运行，需要在政府、高校、企业三个层面不断深化协同互动，使之沿着常态化、制度化、成效化的方向持续发展。

（一）健全高校、政府、企业三方协同育人组织

健全高校、政府、企业三方协同育人组织，有利于保障产业人才的培养，因此，可以建立协同育人中心、大学生创新产业园、不同层级的协同育人联盟，也可以在战略性新兴产业相关专业的院系设立协同育人委员会，由政府、高校、企业相关人员担任中心主任，由具有教育、企业、行政等多重知识背景的人员担任委员，开展协同育人的保障工作。

具体来说，委员会可统一规划、统一商定有关战略性新兴产业人才培养过程中遇到的难点与痛点问题，进一步提高决策的科学化水平，减少任何一方单独抉择时的随意性和盲目性（王翠兰，2024）。此外，通过完善协同育人制度、明确机构工作职责，为协调各方行动、信息、资源提供组织制度保障。政府作为人才培养中的重要指导者和主体，要充分发挥运行机制的设计、监督与执行的职能，动态调整战略性新兴产业发展政策，保护各协同方的利益，协调各协同方的行为，不断优化协同育人政策环境。高校、企业的协同育人制度和措施，要以政府的政策、制度为依据而展开，并根据实际情况进行制度创新和调整。

（二）建立高校、政府、企业三方资源协同机制

在战略性新兴产业人才培养中，高校扮演着"关键角色"，必须积极有效地组织起协同育人系统中各类节点，整合各种优势资源的流入与投入，发挥各育人主体的资源优势，释放相关要素的活力，实现协同各方利益的最大化，逐步建立高校、政府、企业三方资源协同机制。

高校应根据战略性新兴产业市场需求，对人才培养方案、课程设置、教学方法、实践环节、教学评价等内容进行相应的调整，只有生产出"适销对路"的合格"人才"，才能增强对企业的吸引力（周健豪，2024）。在人才培养过程中，应增强学生社会实践和适应能力，建立稳定的校外实习基地，实现实习指导教师固定化。战略性新兴产业人才培养需要一支有着丰富的实战经验和渊博的理论知识的"双师型"导师队伍，应加强各方人才资源协同，吸引优秀企业高管、创业者、专业技术人才、政府相关人员到高校来，或者选派优秀教师到企业、政府机关去，均是两种不同方向的人才资源协同方式。

（三）完善高校、政府、企业三方合作激励机制

没有激励、约束机制的组织是不能持续健康发展的，战略性新兴产业人才培养协同组织的正常运转，需要构建长效动力机制和约束机制。协同育人

的动力包括外部动力和内部动力，外部动力源于社会市场不断变换的挑战和宏观经济环境刺激，内部动力源于战略性新兴产业人才培养各合作方对预期利益的追求，这种利益又分为内部边际收益和非物质利益。高校战略性新兴产业人才培养的利益相关者实际上就是一个利益共同体，只有形成共同体，才会有相近的价值、共同的目标、协调的行动并取得良好的效果。

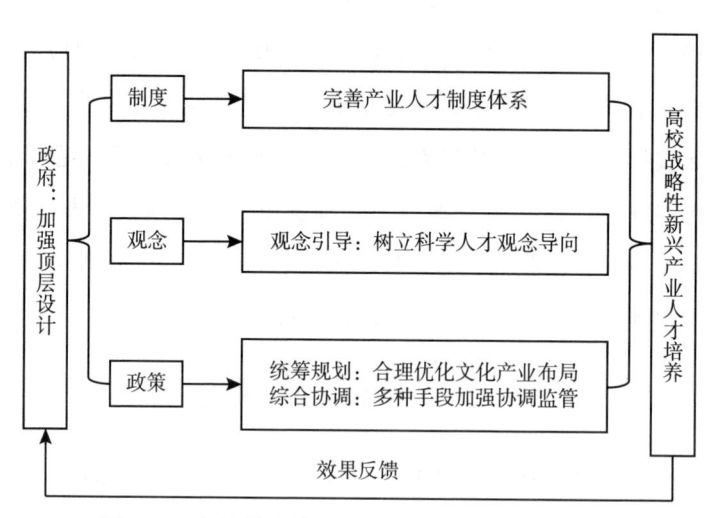

第二节　政府层面：加强战略性新兴产业人才培养的顶层设计

纵观国际社会，无论是发达国家还是发展中国家，都对战略性新兴产业人才培养高度关注，出台了一系列政策措施，并给予资金资助促进战略性新兴产业人才的成长与发展。国内高等院校若要培养兼具较强创新能力与较高综合素质的战略性新兴产业人才，政府应从制度层面、观念层面和政策层面入手，推进制度创新（见图6-2）。

图6-2　加强战略性新兴产业人才培养的顶层设计

第六章 战略性新兴产业人才培养路径与对策

一、建章立制：完善人才培养制度体系

基于新制度经济学的观点来看，政府管理的制度创新能有效地节约交易成本，对促进产业发展具有一定积极作用（朱进喜，2024）。通过转变、约束、规划和完善政府职能和行为，从"管理"转向"服务和引导"，从行政指令管理为主转向运用经济和法律手段为主的管理，有利于健全适应战略性新兴产业发展规律的人才制度体系。

（一）优化战略性新兴产业人才培养机制与法律法规

尽快完善战略性新兴产业管理人才培育的体制机制，妥善处理人才培养过程中政府与市场的关系，充分发挥政府的主导作用和市场在资源配置中的基础性作用，建立健全人才培养开发、配置使用、激励报偿、流动更新等制度框架，努力实现从政策推动向制度创新的转化。

当今世界，发达国家尤为重视产学研合作在教育体系中的地位和作用，通过制定相关法律以保障产学研合作成果的合理转化与利用。例如，美国的《拜杜法》《威德勒技术创新法》《国家合作法》，日本的《日本研究交流促进法》、韩国的《合作研究开发促进法》等（周晓，2024）。部分西方国家还为促进产学研发展出台不少激励计划，如美国的先进技术计划、法国的研究与创新计划，德国的"主题开发计划"等（孙竹，2022），这些计划的实施促使大学与企业进一步紧密合作，缩短科技成果转化时间，增强各国的科研实力和产品的科技含量（杨志国，2024）。

基于西方国家重视产学研合作的理念下，我国相关部门可出台相关法律法规，对战略性新兴产业领域的产学研合作进行顶层设计，完善政策法规，通过制度保障各项人才措施落到实处。例如，针对战略性新兴产业人才问题，形成主管部门牵头、其他相关部门全力配合、社会力量广泛参与的人才工作

新格局，加强工作协调，做好人才队伍建设及人才工作的宏观指导和建章立制，全面梳理和完善战略性新兴产业人才政策法规，形成层次清晰、覆盖面广、具有特色和可操作性的人才法规体系，推进人才工作的法治化和规范化。

（二）培育有利于战略性新兴产业人才发展的环境

政府部门可在制度上创造有利于战略性新兴产业人才培养的大环境，尽快出台相关政策，提供有利条件，为人才培养工作创造一个开放自主、互惠互利、优势互补的环境（牛萍，2021）。具体可从以下几个方面着手。

（1）构建良好的政策环境。政府相关部门可出台一系列政策措施，为战略性新兴产业的发展提供有力的支持。例如，可以制定人才特区政策，为高端人才提供优越的创新创业条件；同时，还应该加强对创新创业人才的资金支持，例如，提供担保贷款、贷款贴息等金融工具，帮助企业解决资金难题。

（2）强化创新能力。创新是引领产业发展的第一动力。因此，我们需要强化体系化基础研究、探索性基础研究和应用性基础研究，深化人才的"引、育、用、留"等方式创新，推动战略性新兴产业底层技术的持续突破，破解产业发展的"卡脖子"难题。

（3）推动产业生态建设。要打造以龙头企业为牵引的良好产业生态，发挥龙头企业的引领性、带动性和网络性，吸引更多经营主体进入，繁荣产业生态；同时，还要创新体制机制，激励高校科研院所、行业组织等积极主动参与和服务战略性新兴产业发展，打造多方主体共同参与、有效协作的产业生态。

（4）实施全球化战略。坚持自主发展，强化对原创技术、关键技术的优先突破，加大对科技人才的培养力度，夯实产业发展的底层技术根基和人才根基。同时，也要坚定走全球化发展道路，积极倡导战略性新兴产业的全球合作，推动全球范围内的技术、产业、市场开放，培育一批具有全球影响力的战略性新兴产业集群。通过上述措施的实施，我们可以有效地培育出有利于战略性新兴产业人才发展的环境，从而更好地推动这些产业的发展与技术进步。

(三) 坚决落实和确保高校的办学自主权

长久以来，高校的专业设置、人才培养、教育经费等方面会受到一定限制，一定程度上不利于培养具有创新精神和创新能力的高层次人才（谭正航，2024）。因此，只有高校的办学自主权得到充分的尊重，学术的传承与创新、人才培养模式的改革与探索才能得到充分的保障。一定范围内的办学自主权促使高校在日益激烈的市场竞争中形成特色鲜明的人才培养模式，以满足不同天赋与不同层次的个人对高等教育多样化的需求。战略性新兴产业相关专业是兼具理论与实践的学科，其人才培养不仅仅是理论教学，更是与我国战略性新兴产业发展实践紧密相连，在战略性新兴产业蓬勃发展与相关人才存在缺口的背景下，战略性新兴产业人才培养更应突破传统学科的教育内容与培养方式。

二、观念引导：树立科学人才观念导向

(一) 树立人力资本优先观念

引导社会形成重视人力资本优先发展的观念。从各国现代化发展进程来看，一般有两种不同路径模式：一种是人力资本优先发展的路径模式；另一种是物力资本优先发展的路径模式（杨思涵，2022）。事实证明，人力资本优先发展既能缩短发展时间，还能实现可持续发展，是更佳的选择。然而，目前战略性新兴产业企业尚未将人才资源视为战略资源、没有树立投资是获取人才和提升人才质量的必要条件的理念，应加强引导和宣传力度，使之真正认识到人力资本的增加是促进经济持续稳定增长的有效方法。

此外，在高校培养战略性新兴产业人才过程中，诸多因素造成人力资本理念缺失，例如，条块分割的教育体制和高校的行政管理制度等，在一定程度上不利于调动大学生自主创新的积极性。毋庸置疑，创新是战略性新兴产业的灵魂，正是因为战略性新兴产业人才较强的创新意识，才有了成千上万件的创新产品。因此，战略性新兴产业发展过程中，无论是对传统资源的利用，还是科学技术的发展与进步，都离不开相关人才的创新素质和创新能力的作用。

（二）树立科学人才观，加强能力建设

科学人才观是适应时代要求和经济社会发展需要的，具有与时俱进的特点（封世蓝，2024）。随着经济全球化和国际人才竞争的加剧，我国需要树立科学的人才观以适应这种形势。例如，在新型产业的国际竞争中，人才是掌握先进科技的关键因素，只有树立科学人才观，才能在全球市场竞争中占据有利地位。因此，结合战略性新兴产业发展的特点，综合运用网络、电视媒体、现场活动等多种宣传方式，加大对科学人才观念的宣传力度，强调在评人、育人、用人方面坚持科学人才观，同时提倡德才兼备，注重人才的职业道德建设。

能力建设是以促进个体的能力形成与发展，增强主体竞争力为目的的一系列活动，包括人力资本投入体系和制度保障（赵长禄，2023）。科学人才观为能力建设提供了理念基础，例如，树立了人人都可以成才的观念后，能力建设的对象就不再局限于少数特定人群，而是面向全体社会成员。这种观念的转变促使社会在教育、培训等能力建设方面作出相应的调整，制定更广泛、更包容的能力提升计划。加强能力建设是科学人才观在实际操作中的具体体现。如果说科学人才观是一种理论指导，那么能力建设就是将这种理论转化为实际成果的过程。例如，在以品德、知识、能力和业绩为衡量人才的主要标准的人才观下，能力建设就要围绕这些要素展开，通过教育、培训和实践等方式提升人才在这些方面的表现。

加强能力建设，从微观层面而言，依赖于个人的自主学习与钻研；从中观层面而言，依赖于组织或机构的管理与开发；从宏观层面而言，则依赖于社会整体的制度环境。对能力的考察和评价必须有全程性和持续性，除了显性能力，还要非常注重潜在能力的挖掘与培养。此外，社会应提供多元化的实践场景，如创业孵化基地、科研实践项目、社会公益项目等，这些不同类型的实践机会可以让人才在不同领域锻炼自己的能力，拓宽视野，增强适应能力和创新能力。

（三）设立创新创业基金，扶持大学生创新创业

创新的本质是一项经济行为。在市场经济的大环境下，如何建立健全市场对创新资源配置的作用机制，是解决现有创新体系和制度安排缺陷的关键所在，其核心是减少相关管理部门对创新资源的直接支配，政府职能由"管理"转向"引导"，通过减税优惠、加大补贴、出台相关政策等各种手段，改由社会企业特别是民营资本主导对创新创业活动进行资源配置，使创新创业活动回归到以市场为导向的本来面目（许敏，2024）。

战略性新兴产业人才的培养离不开良好的外部环境，应鼓励大学生参与到社会企业的经营活动中来，特别是进行创新、创业活动，不断提升其创新思维和创新能力。因此，为了鼓励大学生创新创业，可通过设立创新创业基金、专项财政补贴、创业奖励等扶持措施，大力推动大学生创新创业。例如，相关部门可设立专项的创新创业基金，推进创业计划进校园的活动，鼓励大学生参与创新创业活动。再如，对初次进入大学生科技企业孵化器、大学生创业企业给予房租补贴，并对创业取得优秀成绩的企业给予一定物质奖励。大学生是国家的未来和希望，是最具活力的群体，是社会城市保持生机和各行业竞争力的智力支撑，应鼓励战略性新兴产业人才积极参与到产业实践中来，充分利用创新资源进行创业活动，推动战略性新兴产业的可持续发展。

三、统筹规划：合理优化战略性新兴产业布局

新常态下，应深化对战略性新兴产业发展重要战略意义的认识，为战略性新兴产业发展提供支持，树立产业服务意识，同时应制定有效的符合国情的国家级战略规划，并实施有效管理，为战略性新兴产业人才培育提供保障。

（一）制定产业发展战略，编制不同层次的人才发展规划

（1）在对我国战略性新兴产业整体调研的基础上，认真研究产业布局，重点加强对战略性新兴产业资源禀赋较强地区的支持，充分发挥区域资源优势，培养一批具有较强竞争力的大型战略性新兴产业的企业或集团，组建跨国产业集群，促进战略性新兴产业相关企业的良性竞争（李赞，2024）。同时，深入研究战略性新兴产业的竞争力，掌握该产业的发展规律，充分挖掘产业相关资源，提升科技创新的水平，开发相关创新创意产品，推进战略性新兴产业向全球价值链高端跃升。

（2）重点挖掘和开发特色战略性新兴产业，编制地区产业人才规划。我国不同省份地区均有自己的特色资源，关键在于如何将相关资源转化成为产业资本，推动地方战略性新兴产业的发展，提高当地人民的经济收入。因此，地方省市相关部门在充分调研的基础上，打造战略性新兴产业园区，大力开发特色产业资源，同时因地制宜、因时制宜地编制"战略性新兴产业人才开发规划"，通过各项优惠政策，如税收优惠、土地补贴、人才引进等，引导战略性新兴产业人才创新创业。同时，对战略性新兴产业国际化发展进行研判，并充分整合高校、科研机构及非政府组织的资源，定期发布我国战略性新兴产业发展的现状及未来趋势的分析报告，助力行业领域相关企业进行分析和判断，不断优化企业自身的科技创新和经营管理，提升市场竞争力。

(二) 实施知识产权战略,维护产业人才的正当权益

知识产权战略中的专利保护等措施,能确保产业人才的创新成果得到保护(李宛蔓,2024)。例如,当产业人才研发出新技术、新产品时,通过申请专利,其技术成果在法律的保护下不会被他人随意剽窃或模仿,这是对他们创新努力的认可和尊重,从而激励他们持续创新,这体现了知识产权战略对人才创新成果保护的重要意义。战略性新兴产业包含生物、高端装备制造、新能源、新材料、新能源汽车等多个领域,该产业发展的源动力是"创新""创意",政府相关部门应加大知识产权保护力度,实施知识产权战略,维护产业人才正当权益,保障人才创新成果。

(1) 完善知识产权法律制度建设。一方面,加强立法针对性。根据不同产业的特点和人才需求,制定和完善相关的知识产权法律法规。例如,对于高新技术产业,应制定更严格、更细致的知识产权保护法规,以保护产业人才在前沿技术领域的创新成果。这为产业人才的正当权益提供了坚实的法律基础。另一方面,进行宣传与教育。通过举办知识产权宣传周、培训班等形式,提高产业人才的知识产权意识,让他们了解自己在知识产权方面的权益,以及如何运用法律手段来维护这些权益。同时,也有助于在整个产业内形成尊重知识产权的良好氛围,间接维护人才的正当权益。

(2) 加强知识产权保护。其一,打击侵权行为。加大对侵犯知识产权行为的打击力度,无论是企业还是个人的侵权行为都应依法严惩。对于产业人才来说,这能有效保护他们的创新成果不被侵犯,确保他们的权益得到维护。例如,在软件产业中,如果软件开发者的著作权得不到保护,他们的权益将受到严重损害,而打击侵权行为能避免这种情况的发生。其二,建立保护机制。建立健全知识产权保护的长效机制,包括知识产权审查、监管等环节。这可以确保知识产权的认定和保护过程公正、透明,使产业人才的权益在各个环节都能得到有效的保障。

（3）促进知识产权转化与运用。其一，搭建运营平台。建立知识产权运营平台，为产业人才的知识产权转化提供便利。通过这个平台，人才可以将自己的知识产权与市场需求对接，实现知识产权的价值转化，从而获得相应的经济利益等正当权益。例如，高校和科研机构中的产业人才可以通过运营平台将自己的科研成果转化为实际生产力，在这个过程中获取回报。其二，支持创新创业。支持以知识产权为核心的创新创业活动，为产业人才提供更多的发展机会。在创新创业过程中，人才可以更好地发挥自己的知识产权优势，同时也能在这个过程中不断提升自己的知识产权运用能力，实现自身权益的维护和拓展。

总体来看，当知识产权战略得到有效实施时，会在战略性新兴产业内部营造尊重知识、尊重人才的氛围。这有助于吸引更多的人才投身于相关产业，同时也为现有人才提供了更多的发展机会，如技术交流、合作研发等。在这种积极的环境下，人才能够不断提升自己的能力，实现自身价值的最大化，其正当权益也在这个过程中得到维护和发展。

（三）编制产业需求目录，积极整合高校学科教育资源

建立战略性新兴产业人才需求预测、预报制度，编制战略性新兴产业人才需求目录（金俊俊，2024）。从战略性新兴产业发展的实际出发，做好国家和地方战略性新兴产业人才需求预测和人才素质结构分析。通过编制需求目录，向相关高校提供战略性新兴产业人才供需信息指导，引导国内高校调整针对战略性新兴产业发展不同水平地区的招生计划和专业设置，逐渐优化人才培养模式、明确人才培养规格，结合战略性新兴产业发展需要开展相关专业教学和科研活动，逐步发挥产业需求目录对人才培养和开发的导向作用，强化以战略性新兴产业发展实践作为相关人才培养工作出发点的意识。此外，管理部门可以逐步制定系统的、符合国情和行业特点的战略性新兴产业相关专业教育标准及评价办法，建立和完善战略性新兴产业相关专业办学准入及

退出机制，加之已有的教学评估机制，共同作用，抑制不符合客观需求的盲目扩张的弊端。通过以上措施，控制高等院校等办学主体的规模、调整结构、整合教育资源，提高教育水平，促进战略性新兴产业相关专业教育的内涵式发展。

四、综合协调：多种手段加强协调监管

从发达国家产业人才培养的相关措施来看，政策、法规和拨款是政府影响和引导产业人才培养的重要手段。例如，德国成立创新产业委员会，并设立产业专门人才库，积极加强与外国人才的交流；美国相关部门每年对创新相关人才进行财政补贴，确立"人才立国"战略，同时发布一系列"创新计划"，增强知识密集型产业人才的集聚效应（王再进，2024）。在战略性新兴产业人才培养与发展过程中，应强化政府的主导地位，同时扮演好"协调者""引导者"等角色，为战略性新兴产业人才培养提供政策支持与资金资助。具体有以下几个方面。

（一）转变政府管理职能，搭建沟通平台

政府的宏观调控与管理，可以通过出台相关政策、制定法律法规及加大财政拨款等方式来引导高等教育的改革发展（何思颖，2023）。具体到战略性新兴产业人才培养，应通过相关教育主管部门的宏观指导，促使高等院校将人才培养放在重要的位置，进一步理顺科研成果与专业教学、学科建设与人才培养的关系，让培养高层次人才成为高校的宗旨。此外，通过加强政府的宏观引导，减少不必要的行政干预，让不同高校结合各自的优势与特色，优化和调整学科专业，做好人才培养工作。

针对战略性新兴产业相关专业，应结合战略性新兴产业发展实际，让院系自主决定人才培养理念、教育内容与培养方式。同时，充分发挥政府在整

合资源，推动合作与对话方面的优势，为开设战略性新兴产业相关专业的院校及社会企业之间进行人才培养与教育合作"牵线搭桥"，指导、推动高校与企业之间开展不同层次、不同形式的教育合作和交流，并为其提供相关便利和保障。

（二）加大产业人才培养的经费投入力度

由于新材料、新能源、生物、高端装备制造等战略性新兴产业人才的综合性、复合性，人才培养过程相比其他领域的人才而言，需要的培养周期更长，经费投入更大。当前，高校人才培养的资金投入主要依靠中央财政拨款，具体到战略性新兴产业相关专业教育，政府管理部门可以进行有针对性的资助，同时拓宽教育资金的来源渠道。除固定的政府拨款外，多途径吸引社会公益资金，鼓励各地政府设立战略性新兴产业人才培养专项资金，在高校设立专门的奖学金、助学金，吸引学生报考战略性新兴产业相关专业，同时鼓励相关社会企业进行人才的教育培训，积极支持战略性新兴产业人才创新创业。

此外，相关部门还应畅通战略性新兴产业人才专项资金的申请渠道，完善资金申请制度，做到"专款专用"，为优秀的战略性新兴产业人才提供创意、创新启动资金，并对相关高校提供专项培养资金，提高人才创业积极性（刘禹民，2024）。同时，建立健全战略性新兴产业人才培养相关资金预算、审核、拨付和监督机制，简化产业人才扶持的资金审批流程，使科技创意创新向产业产品转化的过程更为通畅。

（三）加强产业人才扶持力度与教育质量监督

一方面，教育的公共事业性，决定政府拨款在整个高等教育经费投入中占据重要位置，为使战略性新兴产业相关学科专业的健康发展，政府管理部门在保障战略性新兴产业人才培养所需经费补助的同时，改善高校的教学设备和相关基础设施条件，保证战略性新兴产业人才培养顺利开展。此外，还可通过其他措施加强产业人才的扶持力度，例如，鼓励战略性新兴产业相关专业学生赴海外交流学习，拓宽国际视野，提升国际化能力；管理部门举办创新、创意大赛，对获奖者给予一定物质奖励，并提供就业机会；建立健全战略性新兴产业人才认证体系，针对不同层次的战略性新兴产业人才给予不同的人才认证标准，逐步实现对人才的规范化管理，方便社会企业引进人才和培养人才。

另一方面，教育管理部门应组织教育界、产业界和用人单位等机构定期对高校战略性新兴产业人才培养的办学水平进行评估，对教育成绩显著的高校给予物质和荣誉上的奖励或支持。教育主管部门还可以从更高层次上把握战略性新兴产业人才培养的评估方向，制定有关评估的政策与法规。同时，充分发挥非政府产业组织和非营利机构在战略性新兴产业人才培养中的重要作用，建立交流平台、培训机构、经费资助、各类基金会等融为一体的产业人才管理协会，充分调动各方的积极性，共建科学、合理、有效的产业人才培养体系。

第三节　高校层面：革新战略性新兴产业人才培养模式

高校是战略性新兴产业人才培养的重要基地，应不断更新人才培养理念，从人才培养目标、课程体系、教学方法、评价方式、师资队伍、校园文化建设等方面推进人才培养的革新。

一、人才培养目标优化设置

（一）人才培养总体目标

人才培养目标是通过教育"培养什么人"的总要求，知识、能力和素质是人才组成的"要素",人才的培养目标也将基于人才的三要素进行构建。

有关战略性新兴产业人才的培养目标,建议在知识、素质和能力的人才三要素基础上进行拓展,增加对学生研究技能与服务意识的培养,即知识、能力、素质、研究技能和社会服务意识(见表6-1)等方面。通过培养和提高研究技能,有利于学生学术研究能力的提高,为今后从事研究型工作打好基础;通过培养学生的社会服务意识,为今后走向社会,从事岗位工作做准备。

表6-1　　　　　　　战略性新兴产业人才培养目标构成

分类	主要内容
知识	工具性知识:文献检索、外语、计算机、学习方法、思维判断方法等
	专业知识:专业理论、专业知识、专业技能
	综合型知识:复合型人才公共能力、通用素质必备的理论或操作性知识
能力	公共能力:学习能力、思考能力、交流沟通能力、信息处理能力等
	专业能力:专业学科知识能力、专业技能、跨学科学习能力等
	发展能力:社会适应能力、合作能力、创新创造能力、解决问题能力等
素质	基础通用素质:基本技能(口述、表达、阅读等),思维技能(分析事物规律、发现问题,解决问题),品质(责任感、敬业精神、社会道德)
	专业素质:专业兴趣、专业情感、专业信念等
	综合素质:有政治觉悟、道德修养,有审美意识,德智体美劳全面发展
研究技能	选择课题、调查搜集信息资料、科学分析、归纳创新、撰写分析报告等技能;接受学术训练、开展基础研究和技术创新、完成独立研究等
社会服务意识	社会责任感,勇于承担社会义务;有社会服务观念、热爱集体、乐于奉献;服务于国家和社会,维护社会集体利益等

资料来源:根据人才要素结构拓展整理。

(二)构建合理的知识结构

其一,学生们的专业基础扎实,知识结构合理,无论在校期间还是毕业以后，对本专业知识、专业技能就能比较容易理解和掌握，从而使自己在实际业务活动中能快速地吸收本专业的最新知识，也能灵敏地把握本专业的新的发展方向，使专业研究或科技创新更加富有成效。因此，人才培养过程中，有必要让学生打好专业基础，构建扎实、合理的知识结构。

其二，处理好"广博"与"专精"的关系。科技发展的历史表明，凡是成功者往往是兴趣广泛、学识渊博的人，他们的创新创意往往与博学多识分不开。广博的科学知识使人易于触类旁通，产生丰富的想象或遐想，进而迸发创意思维（董行茜，2024）。但是，追求知识的广博性必须与专精相结合，才能真正提高一个人的知识水平和综合能力。

（三）注重综合素质的培养

长期以来，专才教育在本科人才培养过程中一直有较深的影响，国内大多高校在知识结构组织方面往往侧重于学生知识和技能的培养，而对综合素质的培养则重视不够。随着社会经济和新兴产业发展，专才培养模式已不能完全满足社会行业发展的实际需要，用人单位越来越倾向于招聘既懂专业技术，又具有较高综合素质的人才。因此，高校在战略性新兴产业人才培养过程中，不仅要注重专业技能的培养，也需要重视学生人文素养、社会责任、身体素质、适应能力等非专业技术方面的培养，尤其要强化学生实践能力、创新意识、创新能力的培养，从多角度、多方面入手，对学生进行综合素质的培养，以实现知识、能力和素质综合发展的目的。

（四）重视学生个性的发展

我国大多数高校在人才培养目标上强调个体全面发展，但对人才素质要求存在模式化和理想化的现象，忽视了学生个性的发展。在经济和科技快速发展的新时代，学生个性的自由发展与共性发展相结合，更有利于个体的全面发展。一些国外高校在人才培养管理中也体现出了这一特点，例如，美国南卡罗来纳大学在课程设置与选课方面，会着重以行业市场状况和用人单位招聘需要为导向，不但结合学科专业设置必修基础课程，也会强调文理学科渗透，增设跨学科类的学习课程，鼓励学生进行跨学科学习和研究（杨顺，2024）。兴趣是最好的"老师"，人才培养，也需要突出"以人为本"的教育理念，让学生都能找到自己的学习兴趣，结合个体兴趣、爱好来获取相关知识，这要求高校在人才培养目标制定时也要重视学生个性的发展，采用不同培养方式，以满足学生职业自主发展的需求。

（五）重视复合型人才的培养

战略性新兴产业基于新技术、新业态、新模式发展起来，具有创新性的特点。例如，新一代信息技术、高端装备制造、新能源等产业不断涌现新的技术和理念，需要人才具备创新思维。创新不是单一学科知识能够支撑的，往往需要多学科知识的融合。例如，在新能源汽车领域，既需要了解电池技术（涉及化学知识），又要掌握汽车工程原理（机械知识），还要熟悉智能驾驶相关的信息技术，这就要求复合型人才能够整合不同学科知识，为产业创新提供动力。

复合型人才具备多种知识和技能，能够从不同角度思考技术问题。在战略性新兴产业中，如量子计算领域，复合型人才可以结合物理学、数学和计算机科学等多方面知识，对量子算法、量子硬件等方面进行创新，从而推动整个产业的技术进步。因此，国内高校可根据战略性新兴产业需求，调整学科专业设置，增设相关新兴专业。例如，为了满足人工智能产业发展需求，高校增设人工智能专业，并且在课程设置上融合计算机科学、数学、神经科学等多学科内容，培养适应产业发展需要的高素质复合型人才。

二、人才培养课程设置

课程内容设置是人才培养工作的基础，其内容设置要涵盖知识、能力、素质等部分，让学生通过课程内容学习具备较宽广的知识基础，具备较强的综合素质与社会适应能力。因此，教学内容和课程设置要讲究一定的科学性和合理性，要不断优化教学知识结构和课程设置体系，变传统的"知识本位"为"能力本位"，以培养"一专多能"的综合型人才。

（一）注重基础理论知识的学习

现代科学技术发展迅速，各种专业知识的课程学习量在不断增加，但相关基础理论是相对稳定的，大量知识也是从稳定的基础理论中派生而来（刘鑫，2024）。同时，专业知识理论为整个学科知识体系搭建了框架。例如，在机电工程领域，机械原理、电路原理等理论知识是后续深入学习和理解复杂机电系统的基础，没有这些基础理论的支撑，学生很难对诸如自动化生产线、智能机电设备等复杂系统有透彻的理解。

在校大学生要在短短的本科学习阶段掌握多个专业的知识和技能是相对困难的，学生掌握了基础的科学理论知识，能有利于理解所属学科的思维方法，从而有利于在今后的学习和工作中进行知识迁移和拓展应用。基础理论知识的学习是人才培养的基础，对学生思维意识培养、宽厚知识基础的形成、学习能力的培养等起到重要基础作用，也是保障高校本科基础教育质量重要环节，因此要重视基础理论知识的学习和相关课程设置。

（二）注重文理结合和跨专业课程设置

文理渗透是当前教育改革的趋势之一，基于"文理交叉"理念的课程设置，有利于解决学生的知识面狭窄、社会适应性不强等问题。因此，针对战略性新兴产业人才的培养，有必要优化现有的高等教育课程体系，开设文理学科交叉类课程，以改变以往"自然科学、社会科学、工程技术、人文艺术等学科的人为分割、存在偏斜"的现象。

设置跨专业课程，有利于建立相对平衡、合理的课程体系。在跨专业课程设置方面，建议围绕知识、素质和能力构建"通识课程+核心课程+拓展课程+方向课程"的课程结构体系，这样便于"文理交叉"类或多学科专业交叉的课程组织与建设，鼓励学生们跨专业学习各类不同课程，拓宽知识基础，为未来的学习和工作奠定良好基础。相对平衡合理的综合型课程体系，将有助于高校传授各类科学知识，也有助于培养学生基于各类知识的融会贯通以形成创造性思维意识，从而提高个体创新能力。

（三）结合学科特色，增设综合类课程

综合类课程，通常利用集成方法进行组合，是本科教育课程结构改革的关键，也有利于产业人才的培养。构建综合类课程的目的，是通过课程范围内合理的综合知识体系，不但能帮助学生解决学习与专业知识建构中的问题，而且有利于学生形成多角度的认知方式和整体性思维，便于探究意识与态度的形成。

战略性新兴产业往往涉及多个学科领域的知识融合。例如，新能源产业，不仅需要物理学中的能量转换原理知识，还涉及化学中的材料科学知识，以及工程学中的系统构建知识等。通过综合类课程，可以将这些分散在不同学科中的知识整合起来，为学生提供全面的知识体系，有助于培养适应战略性新兴产业发展的跨学科工程科技人才。此外，综合类课程能够拓宽学生的视野，增强他们的综合分析和解决问题的能力。在战略性新兴产业中，很多问题不是单一学科知识能够解决的。例如，在人工智能与医疗的结合领域，既需要了解人工智能算法，又要掌握医学知识。综合类课程可以使学生具备从多个角度思考和解决这类复杂问题的能力，提高他们的综合素质，从而更好地满足战略性新兴产业对人才的要求。

（四）开设创新类、研究型等课程

开设研究型、创新类课程，是高校教学与科研工作相结合的一种较好模式，能将本科阶段的人才培养纳入到科研工作中，不仅能提高学生利用专业知识分析问题的能力，而且有利于培养学生的创新能力和社会实践能力。

（1）针对战略性新兴产业人才培养，可开设前沿技术探索课程。例如，设置"新兴技术趋势与展望"课程，内容涵盖对类脑智能、量子信息、基因技术等前沿技术的基础原理、发展现状以及潜在应用的介绍与探讨。创新类课程有助于学生站在科技前沿，拓宽创新视野，激发创新思维，同时，这些前沿技术是战略性新兴产业发展的重要驱动力，对这些技术的了解能够为学生在相关产业领域的创新提供理论基础。

（2）针对战略性新兴产业人才培养，可以开设产业关键技术、发展战略研究型课程，对培养学生的问题分析能力、问题解决能力、社会适应能力等起到积极的作用。例如，新能源汽车的电池技术、航空航天的发动机技术等，开设专门的研发课程，内容包括关键技术的技术难点、研发流程、实验设计与数据分析等；通过类似的研究类课程，学生能够深入了解产业关键技术的研发过程，掌握研发方法，为将来从事相关研究工作奠定基础。再如，设立"战略性新兴产业战略研究"相关课程，从宏观层面研究产业发展战略。包括分析全球主要发达国家在战略性新兴产业领域的布局态势、国家对产业发展的规划部署要求等内容。学生通过学习该课程，能够站在产业战略高度进行研究分析，为企业和政府在战略性新兴产业的决策提供参考依据，同时也有助于从宏观战略视角挖掘创新研究方向。

三、人才培养教学方法

教师是完成教育教学任务的主要执行者，也是教育教学过程的管理者，在人才培养过程中，教师的教学方式对个人的知识接受、素质和能力提升也具有重要影响。对此，高校教师可结合人才培养的目标和要求，积极探索或创新教学方法，采用多样化的教学方式，以提高教学的效果和质量。

（一）针对知识传授、素质和能力培养选择适宜的教学方法

每种教学方法均有其特点和优势，例如：课堂讲授法、讲解法、读书指导法、演示法等有利于传授知识；练习法、实验法、实习法有助于培养和提升专业技能；而问题发现式教学法和探究式教学法则更有助于学生的创新思维、意识的培养，并能锻炼学生发现问题和解决问题的能力。战略性新兴产业人才是推动未来产业发展的重要力量，他们不仅需要具备深厚的专业知识和技能，还要有前瞻视野、创新能力和领导力。战略性新兴产业人才培养是一项系统工程，对我国高等院校提出了较高的要求，面对人才结构中的素质、知识与能力的不同要求，教师们需要选择适宜的教学方式与方法（见表6-2）。

表6-2　　知识、素质、能力培养的基本要求及常用教学方法

分类	基本要求	常用教学方式、方法
知识方面	熟悉专业基础知识；较宽的知识面、宽厚基础、能掌握多门学科专业知识	课堂讲述法、讲解法、讨论法、读书指导法、演示法、基于MOOC平台的混合式教学法等
素质方面	身体健康、身体素质好、心理素质较好、爱岗敬业、良好的团队合作精神和职业道德素养等	练习法、实验法、实习法、案例教学法、实践教学法、行动教学法、团队教学法等
能力方面	沟通能力、组织能力、处理问题的能力、团队协作能力、人际交往能力、写作表达能力、创新意识、外语类应用能力等	示范教学法、实习作业法、问题发现教学法、探究教学法、任务型教学法、人工智能模拟实验等

（二）探索多样化的教学方法

多样化的教学方法，通常是在教育过程中，依据教学内容、教学情境和教学对象的不同特点，采取灵活的教学方法，它是教学上灵活性、多样性和变化性的表现，有助于教师保持良好的课堂教学环境和气氛，调动和维持学

生的积极性，以保证教学的有效性（陈卓君，2024）。

课堂讲授法在部分高校的日常教学中仍占据主导地位，该教学方法在激发学生的学习兴趣方面则相对较差，学生们的学习主动性会受到一定的影响，这种相对单一的教学方式，也会制约着课堂教学和知识传授的总体效果。多元化的教学方式已成为高等教育的主题，针对战略性新兴产业人才的培养，可实践"多元化"的教学方法，以促进不同领域、不同层次教学目标的有效达成，例如，采用多媒体教学以丰富教学环境，增加日常教学中的趣味性；采用情景教学，丰富课堂活动，培养学生的交际、组织、协调、实践等能力；课堂教学中，实施主动探索式教学，有利于调动学生积极性，有助于培养学生自主学习的习惯。

（三）注重因材施教与个性差异化教学

"因材施教"是人才培养中的一个重要的原则，它对教师、家长、学校以及教育公平的实现均具有重要的意义（张晓文，2024）。学生个体在原有知识基础、爱好兴趣、学习认知习惯等方面均存在一定差异，因此在人才培养过程中，教师有必要依据因材施教的原则，结合学生们的原有基础、学习能力、认知水平、兴趣爱好等方面的差异，开展有针对性的教学，以便调动学生的积极性，发挥个人特长。除此之外，学生的认知水平、学习能力以及个体素质也会受到个体认知规律的影响，基于学生个性化差异选择合适的教学方法尤为关键，根据教学情境和教学进度的状况，灵活地选择适宜的教学方法，不但能激发学生的学习兴趣，也能为人才培养工作的顺利进行提供保障。

四、人才培养教学评价

人才培养教学评价是对人才培养过程中的教学环节进行的评估，旨在衡量教学质量、教学效果以及教学目标的达成情况等多方面内容。人才培养教学评价的目的在于发现教学过程中的优点与不足，从而为教学的持续改进提供依据，以不断提升人才培养的质量（王庆锋，2024）。人才培养教学评价，通常依据国家标准、认证标准、高校定位、社会需求等因素，针对战略性新兴产业人才的培养，国内高校可基于"以人为本"的原则，以多元化、多角度为出发点，积极探索多样化的教学评价方式。

（一）基于"以人为本"的原则开展教学评价

（1）从学生们的感受出发开展教学评价。学生是学习的主体，对教学的评价也需要根据学生们的感受和体验来进行，多角度地了解学生的学习感受，从而有利于教学的改进与完善。例如，在教学中，可通过观察学生在课堂上的言行、举止、表情等，以便从侧面去了解学生对教学的感受；课堂教学结束后，也可直接与学生进行交流，了解学生对课堂教学的收获、存在问题、对教学的建议等；在平时，可采用调查问卷的形式，向不同层次的学生了解有关学校教学的模式、方法与效果等方面的感受和看法，并客观地总结学生的感受，作为教学评价的一项重要依据。只有充分地了解学生对人才培养和教学工作的感受，方能真正从学生们的实际出发，以便树立"以学生为本"的正确教学观和开展高效率的教学活动。

（2）从学生全面发展的视角评价教学。随着战略性新兴产业的快速发展，相关用人单位对人才的知识、素质和能力等要求在不断提高，为了适应将来日益激烈的竞争，学生应力求在品德、才智、素质等方面的全面发展，这不仅是个体发展的要求，也是适应未来工作的需要。因此，高校教学评价也应基于学生全面发展的原则来进行，不仅要评价学生获得专业知识与技能的情况，也要关注学生在情感、素质、价值观、能力等方面的发展状况。基于全面发展的原则开展教学评价，能更贴近社会发展要求和个体的需要，有利于培养出适合社会和时代发展所需的有知识、有能力、身心健康、素质相对较高的综合型人才。

(二) 基于多元化原则开展教学评价

战略性新兴产业包括节能环保、新一代信息技术、生物产业、高端装备制造、新能源、新材料、新能源汽车等领域，相关的产业人才培养是一项复杂的教学工作，以学习成绩和考试分数为主的传统教学评价模式中教学评价不科学、不完整的弊端日益凸显，有必要对人才培养的教学评价方式进行优化，建构多元化的教学评价体系。

(1) 构建多样化的评价内容。针对教学工作的评价内容除了传授学科知识的目标以外，还应包括学生的道德品质、个性与情感、能力的培养与提高等内容。具体为：首先，道德品质包括：爱国家、爱人民、有社会集体意识、遵纪守法、自律、有公共道德意识、有社会责任感等。其次，个性与情感包括：对工作、学习、生活有着积极的情绪与情感；积极、乐观地对待挫折；有勤奋、自律、自强不息等优秀品质。最后，能力培养方面则涵盖：组织协调能力、沟通能力、团队协作能力、交际能力、学习能力、写作能力、外语类听说读写能力等。评价内容的多样化，有利于全方位地评价学生个体和促进其全面发展。

(2) 多元化的评价主体。学生是学习的主体，在高校教学和人才培养中是重要参与者，所以要改变过去仅由教师来评价学生的模式，将教师评价与学生自评相结合，让学生充分参与到教学评价工作中。在人才培养中，社会企业、行业组织、政府机构的人才标准反馈意见也尤为重要，尤其是社会用人单位对毕业生的能力、专业知识、专业技能、道德修养等评价是比较客观的，这些评价反馈对高校人才培养目标、课程设置、教学内容、教学方法等优化与改革有重要参考作用。因此，教学评价的主体不能局限于高校教学管理部门、教师和学生，社会组织机构、企业、学生家长等不同层次的群体也可以成为教学评价的主体（见表6-3）。社会组织机构、企业、学生家长等主体参与人才培养评价，能最大限度地发挥社会的评价与监督效应，能更全面地反映高校教学中实际存在的问题，从而有利于改进高校教学和人才培养工作。

表6-3　　　　　　　　　　　人才培养教学评价

评价主体	评价主要内容
政府教育部门	本科教育方针和政策、专业设置情况、人才培养模式、教学资源条件、基础设施、师资队伍状况、科研成果、社会认同度、社会产出等
学校教学管理者	课程设置情况、教学方法、教学手段、对教学工作完成的情况、对人才培养目标完成情况、教学条件、对学生管理情况、教学保障、毕业生声誉、教育成果转化、社会效益等
高校教师	人才培养目标制定、教学管理工作、学生学习态度、学生学习效果、教材建设情况、教学条件、学生能力状况等
社会组织机构及企业	学校声誉、毕业生专业技能、毕业生综合素质、毕业生能力、人才培养总体效果、科研产出等
毕业生、在校学生	培养规格制定、开设专业情况、课程内容设置、教学方法、教师的教学工作、教学保障条件、学校学习环境、校园文化等

（3）多样化的评价方式。教学评价活动是一项相对复杂的工作，涉及教育过程的方方面面，任何一种评价方式都不是万能的，在教学评价中可根据评价的目标、对象和性质，灵活地选择不同的评价方式，甚至是采用多种评价方式以提高评价的可信度。例如，开放式的质性评价方法、自评与互评相结合、多层次互评相结合、形成性评价与终结性评价相结合、定性评价与定量评价相结合等不同的评价方式（李俊峰，2024）。此外，随着教学评价研究的发展，评价的方式与手段也越来越丰富，如对比政策文件、访谈与座谈会、问卷调查、第三方调研等均是常用的评价方法，针对战略性新兴产业人才培养的评价，可以将各种评价方式在教学实践中结合起来，结合培养目标灵活使用，将是今后教学评价工作值得关注的方向。

五、人才培养的师资建设

教师在培养人才中起着较为关键作用，教师队伍素质直接决定着大学办学能力和水平，教师自身知识的保鲜度和超前度，对高校学生培养目标的实现起着决定性的作用。在战略性新兴产业人才培养中，师资队伍的素质影响着所培养人才是否能满足产业需求，而合理的师资体系，是人才培养质量的重要保障。针对战略性新兴产业人才的培养，高校应打破原有的师资队伍建设路径模式，建立一支包括大学教师、企业家、优秀创业者等在内的师资队伍。

（一）多元化的师资引进

在师资引进方面，要根据战略性新兴产业人才培养的需求，积极拓宽渠道，引进具有不同背景和专长的教师。其一，学校相关部门要深入探讨，制定更加具备吸引力的优惠政策，例如，对符合条件的战略性新兴产业紧缺师资人才，在户籍、医疗、住房、出行、配偶安置、子女入学等方面给予政策倾斜，吸引优秀的新兴产业人才加入教师团队，同时要为优秀人才提供良好的工作环境，优化校内设施，构建良好的创作环境。其二，对于新兴技术领域，高校可加强与企业的合作，引进在相关领域有研究成果或实践经验的人才。其三，教学过程中，学校可以采取兼职和双聘的模式，扩大教师团队数量，合理吸引企业中的优秀人才为学生开展专业讲座和就业指导，这对缓解教师压力有重要作用，同时也能够推动学生综合能力的提升。

（二）加强知识更新和人才培养

其一，为在校教师提供深造机会。为适应战略性新兴产业发展对人才培养、科学研究、师资队伍素质等方面的要求，高校可以为青年教师提供攻读博士学位和进修访问的机会，例如，派出新能源、信息技术等相关学科或专业的青年教师到国内外名校攻读博士、做访问学者或博士后研究。其二，挂职锻炼与培训。针对新进青年教师实践知识薄弱的情况，可以派青年教师到政府机关挂职锻炼，同时组织教师参加各类培训，如新能源材料知识培训、新能源科技培训、人工智能模拟设计培训等，提高科研成果转化率，增强教师知识的实用性。

(三) 增强实践能力培养

第一，鼓励高校教师到社会企业实践。在战略性新兴产业相关的专业教育中，鼓励高校教师积极到社会企业实践，增强专业实践能力。例如，高校的电力经济与管理专业，"涉电"专业教师必须有到电厂或电力企业实践的经历，而"非电"专业教师要通过学校举办的电力基础知识培训；再如，鼓励电力专业教师组成"产学研"团队，联合新能源或绿色电力企业工程技术人员攻关。第二，加强前沿技术与教学技能训练。高校可采取"内练外训"形式，聘请战略性新兴产业相关企业干部和校内有技术特长的教师，对专业课教师进行前沿技术和实验实训教学相关的技能训练，同时选派教师到高校或企业接受培训，提高教师教学和科研水平，使其成为"三师型"教师。

六、人才培养的教学管理

(一) 注重产业人才需求，深化教育改革

战略性新兴产业的发展对教育提出了新的要求，需要教育系统从培养目标、课程设置、教学评价、产学研合作等方面进行深刻的改革，以培养适应这些产业需求的高素质人才。因此，高校在战略性新兴产业人才培养过程中，充分考虑产业发展特点和社会企业的人才需求标准和建议，做好相关调研和分析工作，在此基础上制定长、短期教育发展规划和战略性新兴产业人才的培养计划。例如，目前国内新能源汽车产业发展较快，一些企业或机构近几年在不断投资新能源汽车产业的相关项目，对新能源汽车产业相关的专业技术人才、高层次研发人才、高素质经营管理人才、国际市场营销人才等的需求量在不断增加，而国内部分高校在新能源汽车产业相关人才的培养方面明显存在一定滞后性。对此，国内高等教育可结合新能源汽车产业发展特点和人才需求状况深化教育改革，通过开设新专业、优化目前学科专业设置、跨学科专业教育、开展复合型人才培养等方式，培养战略性新兴产业发展所需要的各类人才。

（二）扩大联合办学范围，加强产学研合作

校企双方在联合办学过程中，要尽可能充分地利用好各种资源，扩大联合办学范围。其一，高校可选派专业教师、行业专家、研究人员到社会企业挂职，参与企业的新产品研发、技术培训、生产管理优化等，为企业提供科学技术革新的服务支持。其二，社会企业也可以选派其管理人员、技术人员、项目负责人员等赴高校从事兼职授课工作，为学生讲授行业内社会知识、前沿动态问题、从业经验等内容；此外，企业也可以为高校提供实习场所，在办学场地、设备、资金等方面为高校提供一定的支持，以实现资源的共享。其三，按照"订单式"合作办学模式所培养的人才，通常比较接近用人单位的人才要求及标准，高校可优先为企业输送所需的毕业生，用人单位也可为毕业生的就业与创业提供支持。其四，加强产学研合作是推动科技创新和产业发展的重要手段，对培养学生的创新能力和社会适应能力具有积极作用。因此，高校需要加强与社会企业的联系与合作，通过建构产学研合作平台、创新合作模式、推动科研与成果转化等方式，深化产学研合作。

(三) 强化能力训练与培养，规范实习管理

在战略性新兴产业人才的培养中，强化专业技能训练、突出能力培养是一项重要的内容。为此，高校需要不断强化对学生能力的训练与培养，例如，工学、力学、理学等学科专业要根据人才培养计划，开设一系列技能训练和能力培养的项目，对学生开展强化技能的训练；充分发挥社会企业的资源优势和协助作用，定期组织学生到联合办学单位进行现场教学，理论与实践紧密地结合，增加学生学习的兴趣，培养学生在实践中发现问题、解决问题的能力；积极拓展校外实习基地，定期组织学生们到社会联合办学的单位进行社会实习，以培养和提高学生的综合素质、独立工作能力、技术操作水平、合作能力、职业能力等。

此外，学生在实习期间，高校难以集中进行管理，很容易造成"放任自流"的现象，达不到预期的实践效果。因此，高校可与实习单位共同建立规范化的实习管理办法，以便加强对学生工作实习的管理，例如，制定《学生实习管理条例》，学生在顶岗实习期间要遵守员工管理制度，委派专任教师负责管理学生实习，高校定期与实习单位进行交流学生的实习情况等。通过规范实习管理，让学生切实地完成社会实践和顶岗实习，加深对所学知识的理解，并能在实际工作中做到"活学活用"，从而有利于学生综合素质的培养和实际工作能力的提高。

(四) 大力培育创新创业文化

校园文化能陶冶学生的情操，帮助学生全面提高素质，对学生的学习和健康成长有较大影响，也为人才培养提供良好的环境。因此，高校要积极营造良好的、崇尚科学创新精神的校园文化，同时举办各类与战略性新兴产业有关的专业特色活动，有利于教学与实践活动相互结合，激发学生们的学习

热情，巩固所学的专业知识，强化专业技能。

具体来说，在培育创新创业文化过程中，一方面，高校要充分发挥创新文化的引领作用，积极面向学生进行知识传授，开展素质和能力培养，为战略性新兴产业发展培养各类人才；另一方面，从促进创新的角度来看，大学创新文化不仅要有尊重学术、尊重教师与学术人员，民主管理、平等竞争、创新制胜等支持学生创新的因素，还要有为创新者提供方便、创造机会，容忍创新失败等因素。例如，在高校教学过程中，可将具体产业项目引入实际的案例教学中，促使学生在"学中干、干中学"，提升学生的实践应用能力。同时提出了专业创新创业建设指标，采取各种措施，多管齐下，强化战略性新兴产业的实践教学内容。

（五）优化教学基础设施，提高实效性和服务意识

高校优化基础设施建设是一个系统工程，需要从多个方面进行综合考虑和规划。通过全面提升校园环境、合理规划功能区、融合环境与人文、现代化改造基础设施、争取资金与政策支持，高校可以为师生提供更好的学习和生活环境，促进学校的长远发展。例如，高校图书馆与专业实验室的建设，是高校教学、科研和管理水平高低的标志，也是高校整体办学水平的重要标志之一，因此，要不断加强和优化图书馆、实验室、校内实训基地等基础设施的建设，以满足高校教学、科研和人才培养等方面的需求，从而为产业人才培养提供良好条件。此外，随着社会进入信息化时代，新型人才培养信息化系统已成为时代的必然选择，有必要充分发挥人工智能、数字化信息技术、大数据、云计算等的赋能作用，以高校的校园网为基础持续优化教育信息化管理和网络教学系统平台，为推进跨学科教学和产业类人才的培养提供良好条件。

（六）拓展海外办学模式，实施科学化管理

国际化，已成为当今高等教育发展的趋势之一，高等教育国际化并不仅

仅指学生出国留学和中外合作办学，它涉及多种教育形式，在海外创办学校也是一种比较常见的模式。截至目前，我国高校"走出去"并开展境外办学的先例相对较少，高校可参考"孔子学院"的教育模式，在扩大吸收共建国家留学人员的同时，利用好各种资源和渠道，与"一带一路"共建国家的教育机构或院校进行合作，实践海外办学模式，共建大学或开办分校，培养国际化的人才。

国内高等院校"走出去"，开展海外办学可采用如下两种模式。第一，境外合办大学模式。我国的高校可以与海外某高校进行合作，依靠两所高校的办学资源和优势，共同在海外创办一所新型的国际院校；在教育要求方面，通常要达到两所合作高校的教学要求和标准，并接受两国高等教育机构的认证；学习年限方面，两所大学可以采取"2+2""2+1+1""1+2+2"的学制管理方式，学生成绩合格并达到毕业要求后，可获得合作办学国家承认的毕业证书和学位证书。第二，境外设立分校模式。国内高等院校可以在境外建立分校，直接招收海外学生，开展涉外人才的培养。学生们在本国的分校接受国际教育，学习各类专业课程，在成绩合格并达到毕业要求和规定后，可以获得我国高等院校的相应毕业证书和学位证书。我国高等院校在境外设立分校时，可以依靠自身的资源和力量单独建立分校，也可与当地政府的教育管理部门进行合作建立分校。

国内高校"走出去"开展海外办学，国际化的教育管理与高效率的外事工作是一项重要保障，也是在办学过程中"国际化教学"与国际化人才培养的一项重要保障，建议可从以下几个方面来做好教育管理的保障工作。

首先，院系是学校发展的重要基础单位，因此要充分调动本校院、系的积极性，以形成学校为主导，各学院为主体，各学科为基础，科研专家、教师为主角的多领域、多层次、多形式的国际教育交流与合作的格局。

其次，完善关于国际合作办学、海外独立办学、学术会议、科研引智工作、留学生教育、教师出境交流学习等方面的相关规定和管理办法，使涉外教育管理及外事工作程序规范化，以更好地保障国际交流与办学工作。

最后，根据学校海外办学需要，可增设专门的外事工作及管理岗位，补充涉外管理干部，建立、健全涉外办学与国际教育合作的专兼职管理队伍。通过开设英语口语学习培训班、组织涉外管理人员开展业务培训、选送涉外管理干部出国研修等措施，以提高涉外管理队伍的整体素质。

第四节 企业层面：完善战略性新兴产业人才成长机制与评价

一般人力资本理论认为，教育、培训等能够有效提高员工的生产效率，而生产效率是人力资本水平高低的重要体现（刘华，2024），因此，本书认为教育、培训等手段是促进人力资本成长的重要方面。同时，社会企业的激励机制也能从侧面激发员工的工作积极性、创造性，提高员工的工作效率。社会企业作为战略性新兴产业的市场主体和人才需求的主体，是以生产相关产品为主要目的的社会营利组织，尤其是新技术、新工艺、新产品的开发，需要有效的人力资本给予支撑。战略性新兴产业相关企业人力资本成长需要通过企业培训、投资、企校合作等方式，将储存在员工大脑中的知识、技能、经验以及创新思维等要素转化为现实创意产品，进而体现为个人价值、企业经营绩效、企业形象等。战略性新兴产业相关企业人力资本成长机制主要有激励机制、投资机制、考核机制等（见图6-3）。

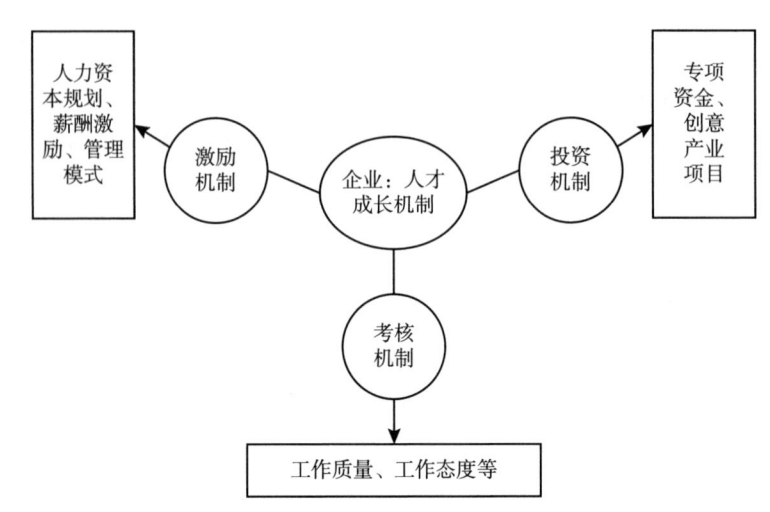

图 6-3 战略性新兴产业人才的成长机制

一、激励管理：建立全方位人才激励机制

对企业员工创意、创新的肯定，很大程度上需要通过相应的激励机制来体现；企业对人力资源激励程度的高低以及激励机制运行是否有效，也决定着企业未来发展的进程和方向（李思飚，2024）。通常来看，对企业员工的激励方式与手段主要划分为薪酬体系的激励、参与管理激励、培训激励以及情感激励等，企业在设计企业激励机制时，要强化多种激励措施的有效结合（刘圣银，2024）。

（一）提供系统的人才培训制度

为满足战略性新兴产业人才对新事物的创意灵感与思路以及加强前沿知识的学习，社会企业可以为企业员工、企业人才提供更多外出沟通、交流及研究的机会与渠道，例如，参加知名高校战略性新兴产业的高级培训班等，通过内外部的不断学习，建立符合战略性新兴产业人才特点的人才培训体系，鼓励战略性新兴产业人才自主创新，逐步实现职业生涯规划中的各项目标。

（二）完善企业员工的薪酬激励制度

企业可建立符合战略性新兴产业特点的灵活补偿机制，将战略性新兴产业人才的专业知识、工作责任感、创造性贡献等与企业的物质奖励、精神奖励结合起来，同时鼓励拥有特殊才能和自主知识产权的人才，以知识产权、无形资产作为企业参股和利润分配的依据，增强战略性新兴产业人才的归属感（薛晓康，2024）。

（三）采用灵活多样的管理模式

社会企业需要多鼓励员工融入团队活动，密切与团队的合作，包括鼓励员工参与到企业文化中去增强团队凝聚力，增强员工的企业认同感，如举办公司年会、奖励员工旅游、参加创意培训等活动。在制度设计上，不拘泥于固定工作时间与固定工作场所，实行项目制的弹性工作方式，为员工创造良好的工作氛围。此外，有必要建立健全产业人才认证体系，针对不同层次、不同领域的战略性新兴产业人才给予不同的人才认证标准，逐步实现对人才的规范化管理，方便社会相关企业有针对性地进行人才引进与培养。

二、利益共享：构建风险共担的投资机制

新能源、新材料、新能源汽车等战略性新兴产业领域的创新人才培养和创新成果的转化，是高风险和高收益同时并存的活动。在不同的产学合作模式作用下，高校与社会企业之间会形成不同的利益分配模式，两者之间明确权责关系，保障双方均能从中受益是维系产学合作的前提。产学研合作主要有三种模式，包括委托开发模式、合作开发模式和共建实体的模式（周统建，2024）。委托开发模式可以按恒定利益进行财产分配；合作开发模式则是需要高校与社会企业两者在前期共同承担投入风险，当创新成果转化为新产

品获利时再进行利益划分；共建实体模式主要为按股分利（赵树娟，2024）。战略性新兴产业人才培养注重创新能力与创新思维，只有建立起"政府－高校－企业"等多方风险共担的投资机制，才能形成合力，应对各种风险与挑战。

首先，建立政府部门主导的产业投融资机制。国外实践经验表明，产业投融资的起步阶段主要依靠政府部门的财政支持。因此，相关部门可以出台战略性新兴产业投资管理相关办法，对战略性新兴产业投资财政性资金进行集中管理、统筹分配，为产业创新、创业提供保障（熊平旭，2023）。现阶段战略性新兴产业投资的财政性资金多分散于各级不同政府部门，专项资金的管理意见难以统一，资金利用效率难以得到有效的发挥，对战略性新兴产业人才进行创新创业活动不利。相关部门可通过制订科学合理的战略性新兴产业投资计划，统筹资金的分配情况，实现效用最大化。同时，为社会相关企业投资贷款提供便利和优惠，相关政府部门通过创建创业"孵化器"、成立战略性新兴产业风险投资基金等措施鼓励产业的创新活动与创业行为，并完善战略性新兴产业投融资的相关咨询服务，设立专门的产业投融资评估与咨询机构，构建科学合理的评估标准，为战略性新兴产业投融资项目的选择提供依据（陈博，2024）。

其次，建立企业与高校共担风险的投资机制。企业是科技创新的主体，创新成果市场适应性风险通常主要由社会企业来承担，对此，战略性新兴产业的相关企业可采取将高校、科研机构的创新成果与市场成果转化绑定，减少先期技术或专利转让费用，并在利益分配中采取提成、技术入股、技术持股等方式，加强产学研合作，减少企业独自承担风险的压力。

最后，政府相关部门也可设立产学研合作的专项资金，对具有较大潜力的绿色电力、固态电池、新能源汽车等战略性新兴产业的创新项目、科技项目给予重点扶持，对部分风险较大、周期较长、企业投入困难的技术项目，提供一定的配套资金，保障战略性新兴产业相关项目的顺利开展。此外，相关部门还可以加强对产学研合作相关机构或企业的监督，对相关项目资金进行有效监管，促进战略性新兴产业的健康发展。

三、人才考核：健全人力资源的考核机制

从系统论视角来看，战略性新兴产业人才来"源"于高等教育机构、职业培训机构、行业内部培养、自由职业者等供给侧，"流"向战略性新兴产业相关企业的需求侧（林驰，2023）。需求侧与供给侧是高等教育的"一体两面"，应良性互动并协调发展，绝不能将"两侧"割裂开来。良好的战略性新兴产业人才考核机制将成为"两侧"互动的桥梁，更能有效引导、推动"源"头供给侧结构性改革，有效供给"流"向战略性新兴产业需求侧，谋求"两侧"动态平衡、同频共振（王鸾翔，2023）。

第一，完善人才考核制度。高校人才培养质量的高低，社会企业的考核评价不可或缺。从人力资源个体层面上看，社会用人单位的人力资本成长表现为员工素质、员工收入水平、员工晋升等方面（刘佳，2024）。通过对人力资本的投资，提升了人力资源在创意、知识、技能以及文化底蕴等方面的专业素养，有助于员工创造性地研发新产品、新技术、开展创意策划等活动。随着人力资源对企业发展的突出表现，企业可通过薪金或者股权激励的方式奖励劳动者，不仅使员工的收入水平不断提升，也有助于增强其责任感与工作的积极性。人力资源会赢得更高层次或更好的岗位，特别是通过职级的晋升，进一步提升员工荣誉感、参与度以及对企业的归属感与使命感。

此外，为了更好地完成人才考核，可将素质匹配思想引入人力资源考核体系，运用素质模型，完善绩效考核的规章细则，保障人力资本考核的公平性。例如，综合素质匹配的理念，选择合理的绩效考核方法，企业不仅关注当前的绩效、过去的业绩，更重要的是关注人力资本成长的未来潜力；完善绩效考核结果沟通机制，保证人力资本考核的高效性（惠瑞军，2025）。因

此，战略性新兴产业相关企业应不断完善考评制度，激发员工内在的创新意识、创造能力，最终提高企业的整体创新水平，保证人力资本考核的科学性。

第二，积极参与高校人才培养的质量管理。针对产教融合，相关教育部门也多次指出，要支持、引导企业深度参与职业学校、高等学校教育教学改革，通过多种方式参与学校专业规划、教材开发、教学设计、课程设置、实习实训等，将企业需求融入人才培养环节（陈鹏，2024）。然而，在实践中社会企业极少能够参与到高校人才培养方案的制定中来，更不用说全程参与人才培养的质量管理，社会企业通常是"就业后评价"，这类评价往往是与高校人才培养脱节的，对产业人才培养的质量提升作用不明显。因此，战略性新兴产业相关企业应该加强与高校、科研院所、政府部门等单位之间的联系，以多种方式参与到战略性新兴产业相关学科专业规划、教材开发、教学设计、课程设置、毕业答辩、实习实训等环节，共同培养社会企业所需要的人才。

本章小结

创新高校人才培养机制，是全面深化高等教育综合改革的重中之重，关系人才培养质量提升和高等教育内涵发展。战略性新兴产业人才培养，不仅仅是高校的责任，政府和企业主体不可或缺。本章基于利益相关者理论、公共治理理论、多元主体协同理论等理论和观点，结合战略性新兴产业发展对相关人才的诉求，构建了政府、高校、企业联动的人才培养机制。政府部门要加强对战略性新兴产业人才培养的顶层设计，高校层面需要不断革新战略性新兴产业人才培养模式，企业需要积极参与校企协同育人工作，协同教育机构完善战略性新兴产业人才成长机制与评价。

第七章
战略性新兴产业人才培养相关探索

第一节 "知行合一"教育理念下高校工程教育革新研究

高校工程教育是通过系统化的理论学习和实践训练，培养学生在工程科学、技术、设计和管理等方面的知识与技能，旨在解决现实问题的专门教育类型（肖先勇，2024）。高校工程教育通过专业认证体系持续提升教育质量，有利于推动教学与实践深度融合。"知行合一"教育理念是传统教育思想的延续和升华，注重理论知识向实际技能的转化，这与高校工程教育强调实践性的特点较为契合。因此，探索"知行合一"教育理念下高校工程教育革新问题，有利于战略性新兴产业人才的培养。

一、"知行合一"与高校教育的关系

当前随着世界经济发展速度的不断加快，各国之间的竞争变得越来越激烈，国家之间竞争的本质是人才的竞争，尤其是在经济全球化的实践过程中，对创新型人才、知识型人才、工程技术类人才的需求不断增加。高等教育是人才培养的重要途径，高校教育对大学生来说至关重要，关系到国家的未来和民族的希望。在高校教育中，贯彻"知行合一"的理念对于人才培养工作具有积极的意义。"知行合一"教育理念中，"知"与"行"之间属于辩证关系，人才培养工作要贯彻"知"与"行"之间的互动，让"知"与"行"能够相互影响、相互促进，让高校教育工作具有更高的实效性（杨志娟，2021）。传统教育大多采用课堂教学的方式，高校教师在课堂上讲授相关理论知识，学生们在课堂上被动接受，这种"重理论、轻实践"教学方式，通常无法解决学生在实践中遇到的一些问题，学生的实践动手能力离社会企业的要求也存在一定距离。"重理论、轻实践"的课堂教学方式实效性较差，学生对专业理论知识学习缺乏足够的兴趣，主要的原因就是在教学过程中没有贯彻"知行合一"的教学理念，也就是没有将理论的学习应用到实践中。

人类社会的整个发展过程是实践与认识之间循环往复、无限发展的过程，而实践活动是"知"与"行"相互联系的"桥梁"（郭元祥，2023），通过实践活动，学生可以将所学的知识运用到实践之中，并在实践中检验所学习到的知识，进而不断获取新的认识。由此看出，在高校教育中贯彻"知行合一"理念，需要将"知"和"行"放在辩证的角度去看待，要明确认识的最终结果是要指导实践，只有将认识应用到实践当中才能发挥其应有的价值，单纯地接受认识只是理论学习的过程，还没有表现在实际行动上，只有通过行为、行动获得的认识才能够达到认识和实践的统一。

"知行合一"教育理念注重认识与实践的辩证统一,只有经过实践检验的认识才是真理,只有知行统一,才能避免高校育人工作陷入纯粹的理论知识教学中,才能促进理论教育指导新的实践。"知行合一"教育理念是传统教育思想的延续和升华,是教育发展内生动力的延续,是对中国教育智慧的挖掘和发扬,是现代社会发展和人民素质的提升对教育提出的基本要求,是树立文化自信的重要途径。

二、"知行合一"理念融入高校工程教育的理论基础

"知行合一"是哲学领域中的一个基本理念,经过历史和社会发展的洗礼,该理念的内涵与外延得到了进一步的丰富与完善,奠定了其融入高校教育的理论基础。"知行合一"理念与工程教育的融合存在一定可能性与必然性,其中可能性体现在两者的内在结构一致,均包括"知"与"行"两部分;而必然性则体现在两者具备融合性改革的理论基础,两者的协同发展可以为高校工程教育提供发展的新视野。

(一)"知行合一"理念是高校工程教育发展的重要思想源泉

"知行合一"理念是高校工程教育发展的主要哲学依据。春秋孔孟时代,"知行观"开始萌芽,也可以窥见"知行合一"的思想,例如,孔子提出"行有余力,则以学文",强调"行"的实践价值高于"知";荀子提出"知之不若行之"的观点,突出了"行"的价值,"知"是"行"的基础(罗建晖,2020)。发展至宋朝时期,著名学者朱熹明确地指出"知"与"行"之间是相辅相成、相资为用的关系,直至明朝时期,学者王阳明首次明确提出"知行合一"的一体化理念,实践育人指导理念得到了丰富与完善(吴红莉,2024)。

从现代大学教育的视角看,只有将专业知识和技能转化为实践,才算真

正实现了"知行合一"。教育具有长期性与继承性,"知行观"所推崇的"知行合一"理念,强调知识教育与生产实践相结合,正是高校育人工作中需要长期坚持的理念。随着经济的不断发展,社会对人才培养需求不断变革的背景下,"知行合一"理念不仅指向专业知识学习与社会实践的统一,而且也指向正确价值观念与实践活动的统一。"知行合一"理念,强化实践教学体验的育人质量,突出以"行"阐释"知"的理念,是教育史上的重要育人理念,也为高校工程教育的实施提供了有力的理论支撑与保障。

(二)"知行合一"理念与高校工程教育存在内在契合性

"知行合一"所蕴含的教育思想与高校工程教育存在高度的内在契合性,两者在理论结构与育人功能上具有异曲同工之妙。工程教育(higher education in engineering)是由高等院校或系科为主实施的以传授工程类学科专业知识,培养从事工程技术相关工作人才的高等教育(王悦,2023);工程类人才,是指工作目标是工程实践,主要从事利用国内外现有科研成果进行新产品、新材料、新工艺、新技术及高技术开发的人才,对受教育者的专业技能、实践能力、适应能力等要求相对较高。工程类人才的培养,并非单纯的专业实践活动,而是专业理论与实践教育的相辅相成,工程教育就是要做到"知行合一"。古代社会,"六艺"的倡导与盛行是古代"知行观"的具体表现,是专业理论知识传授与实践教学的一体化教育;学者王阳明所倡导的"知行合一"理念所聚焦的认知、践行等观点与工程教育的育人理念不谋而合(王觅泉,2024)。

尽管"知"与"行"在不同历史发展时期具有不同的阐释,但"行"具备重要的育人价值是其共同特点,实践性始终是"知行合一"理念的根本属性。高校工程教育是实践观发展而来的一种育人形式,实践性是其本质特征,旨在培养社会生产实践活动所需的高水平人才。无论从"知行合一"的基本特征,还是其发展目标,"知行合一"理念均与高校工程教育所倡导的实践主题相符合,而高校工程教育所倡导的实践育人与"知行合一"理念所重视的"行"存在高度契合。

(三)"知行合一"理念是高校工程教育发展的重要指导原则

"知行合一"理念源于中国传统教育思想,不仅能为高校工程教育提供理论支撑,而且对工程教育实践活动有重要的指导意义。

其一,"知行合一"是工程教育实践工作的指导原则。高校开展工程教育和培养相关专业人才,应坚持理论与实践相结合的原则,引导学生将所学的专业知识运用于实践活动中,帮助学生对专业理论知识有更深刻的思维认知,潜移默化地培养学生的职业观念,助力学生真正做到"知行合一"。

其二,"知行合一"能为高校解决实践育人中的问题提供新的思考或途径。"知行合一"作为实践哲学的代表性思想,是认识论与方法论的有机统一,也包含着丰富的实践教育理念,能为高校解决实践育人工作中的问题提供新的思考路径(宋丹,2022)。当前,针对工程教育,高校在实践育人工作取得了一些有益的成果。例如,实践育人观念日益进步、实践育人的内容安排逐渐丰富、实践育人的形式趋于多样化等,但实践育人仍然是高校人才培养工作中的薄弱一环,学生们的实际动手能力培养存在不足,与高素质拔尖人才、创新型人才的要求还有一定的差距。基于"知行合一"的理念,高校在实践育人中要做到"知"与"行"的有机统一,加强与社会企业的联系,构建完善的实践育人合作机制,切实提高实践育人的有效性,真正做到"知行合一"。

三、我国高校工程教育总体概况与存在问题

我国是世界工程教育第一大国,普通高校工科专业招生数、在校生数量、毕业生人数都远远超过了世界其他国家。截至目前,国内拥有工科类专业90

多个，工科专业布点 1.8 万多个，正在接受工程教育的学生群体规模庞大，培养了一批又一批的高层次工程人才，为工程科技创新与发展注入了较强的活力（王章豹，2023）。在人才培养方面，我国工程教育注重理工结合，围绕经济社会发展的需求设定培养目标，课程内容设置、实践实训、教学评价等遵循工科专业教育的理念与特点实施通识教育和专业教育，为我国工程建设提供了大量的后备人才力量。国际发展方面，我国于 2016 年正式加入国际工程教育"华盛顿协议组织"，国内工程教育毕业生与国际学位互认，有了走向世界的通行证，对于提升工科教育的规模起到了积极意义（张炜，2022）。随着世界各国对高等教育重视程度的不断提升，我国工程教育也在不断创新发展，并且在新工科建设方面进行了积极探索，如新工科理念的形成、新工科研究与实践项目的推进、新工科专业的蓬勃兴起等，旨在促进高校工程教育的与时俱进。

我国高校具有全球最多的工科生源，工科毕业生是国内高等教育的最大体量，工程教育取得了显著成就，但仍存在一些问题，例如，工程教育创新、人才培养质量等指标与世界水平相距甚远；"工科理科化"教育现象突出，工程教育中的评价体系及运行方式带有明显的"理科化"特点，注重用理论科学的方法解决工程问题，忽视实践创新；教学方式方面，国内部分高校的工程实践教学模式缺乏与时俱进，从而导致大多数学生只会考试、做题、校内实验，一旦面对社会实践或专业问题的解决时便会感到茫然，不知所措，不能很好地将理论联系实际。

总体来看，我国工程教育在工科教育规模、专业设置、人才培养等方面取得了显著成就，但在创新发展、实践能力培养、教学方式、人才培养评价等方面仍存在一些问题，使学校人才培养质量不能符合企业要求，甚至出现工科毕业生在企业实际工作中难以适应的现象。"知"与"行"是人们认识世界过程中密切关联的两个方面，"知"是指人对客观事物的了解，对客观世界的认识；"行"是指人的行为、行动，是人的生命活动和社会实践（邢在阳，2022）。基于"知行合一"理念看，理论教学与社会实践的脱节是我国工程教育的主要问题，因此国内高校可采用"知行合一"的教育理念，结合本校学生的特点，优化理论与实践相结合的教学模式，提高学生的工程实践能力。

四、国外工程教育的实践与启示

美国、德国、英国等国家以"卓越"的高等工程教育质量享誉全球，并且在工程教育方面积累了丰富的经验，目前，以 OBE 和 CDIO 为代表性的工程教育模式，在"卓越工程师"人才培养方面引起了普遍关注，其工程实践教育的特点与思想，为我国探索"知行合一"理念在高校工程教育中的应用具有一定启示作用。

（一）OBE 工程教育模式

OBE 工程教育，又称为"成果导向教育""目标导向教育"，是以"成果产出、学生为中心、持续改进"为中心的工程教育模式，该模式的结构流程包括定义学习产出、实现学习产出、评估学习产出和使用学习产出等四个环节。随着社会经济和高等教育的不断发展，OBE 工程教育作为一种以学习成果为导向的逆向能动思维理念，在美国、英国、德国等国家得到一定发展，这些国家在结合本国国情、本土文化等基础上逐渐形成了各自的工程教育体系。例如，在培养目标设置方面，美国的高校提出要培养具有扎实的专业工程科学知识、良好的交流技巧、合作的能力以及具备终身学习习惯的合格工程人才（任令涛，2022）；英国的高校提出，通过工程教育加强工业化训练，培养适合市场发展的、具有开发能力的专业工程师（吴波，2023）；德国的高校则是以培养学生拥有解决复杂工程问题的能力为目标，向学生传授专业所需的必要知识、方法和技能，为学生走向社会、步入工作岗位奠定良好基础（胡德鑫，2022）。

美国、英国、德国等国家在采用不同工程教育认证体系的基础上（见表7-1），不仅促使人才培养目标发生了变化，还使以培养目标为中心的一系列教学活动与评价标准发生了变化，以匹配高校工程教育的理念和模式。例如，在课程设置、教学方式、评价标准等方面，美国、英国、德国、南非等国家均有详细的规划，具体见表7-2。

表7-1　　　部分西方国家工程教育认证标准与培养目标界定

国别	认证标准	培养目标
美国	ABET	培养具有扎实的专业工程科学知识、良好的交流技巧、合作的能力以及具备终身学习习惯的合格工程类人才，为工程及其他行业工作奠定坚实基础
英国	ECUK	以服务于本国市场经济为依据，加强工业化训练，培养适合本国市场发展的具有开发能力的专业工程师
德国	ASIN	为学生走向社会、步入工作岗位奠定良好基础，向学生传授专业所需的必要知识、方法和技能等，以培养学生拥有解决复杂工程问题的能力
南非	SAQA	以适应经济发展为基准，通过加强与企业的联系，培养具有实际能力的技术型的应用人才

资料来源：根据调研资料整理。

表7-2　　　部分西方国家工程教育课程教学与评价标准

国别	课程设置	教学方式	评价标准
美国	①核心课程：自然科学/社会科学 ②主修课程：跨学科/本专业 ③选修课程：依据自身需要选择	个性化教学 科研式培养	①随社会发展而适时更新 ②注重学习成果产出、学生学习过程、学生工程能力、资源体制改进
英国	"三明治"教育模式： 一年级：自然科学课程 二年级：专业基础课程 三年级：企业45周的专业实习 四年级：专业工商管理课程	课题式教学 讲解工程方法 训练学生思维 加强创造力培养	①期末考试成绩：闭卷考试、课题实验 ②课程作业：报告会、实例研究 ③综合评价

续表

国别	课程设置	教学方式	评价标准
德国	将企业工作任务作为课程知识，分为基础学习阶段、专业学习阶段两个学习阶段，两阶段均由学校与社会企业共同完成	"一站式"完备培养	①以学术评估为基准 ②教育目标与教育输入 ③学习成果与教育输出
南非	强调理论、实践和反思的整合；注重结果、评价与教育过程的整合；强调课程结构或课程内容的整合；强调教育与培训一体化的整合	教育培训一体化	依据不同的年级或培训阶段建立了相应的评估标准

资料来源：根据调研资料整理。

（二）CDIO 工程教育模式

CDIO 工程教育模式是近年来国际工程教育改革的最新成果，并获得了产业界的认可。该模式是以社会环境的发展为关注点，鼓励学生发展实践能力和创新能力，突出学习的自主性与经验性，以应用能力的获取为最终目标（覃丽君，2023）。

经过长时间的探索与完善，CDIO 工程教育模式形成了环环相扣的四个环节，分别是构思（conceive）、设计（design）、实现（implement）、运作（operate）等（常德显，2024），这一模式（见图7-1）以项目为载体，通过学校与社会企业的共同合作，旨在培养学生的学术专业知识、良好的职业道德，以及培养学生运用所学知识解决问题的能力、终身学习能力、团队协作能力、沟通交流能力，这种教育模式已成为一种相对成熟的模式，对培养高级工程师具有积极的意义。

迄今为止，已有几十所世界知名的高校加入了 CDIO 国际组织，这些大学采用 CDIO 工程教育理念和教学大纲开展工程教学实践，通过构思、设计、实施、运作等环节强调从科技研发到整体运行的整套流程，主张学生以主动积极的心态通过联系实践与课程之间的知识获取典型的工程能力，不断提升专业技术能力、知识应用能力、团队交流能力、大系统掌控能力等。CDIO 教育模式完善了知识与能力之间的关系，以产品从研发到运行的生命周期为载体，让学生以主动的、实践的、与课程有机联系的方式学习掌握知识，能较好地解决了理论知识与实践能力失衡的问题，取得了良好的效果。

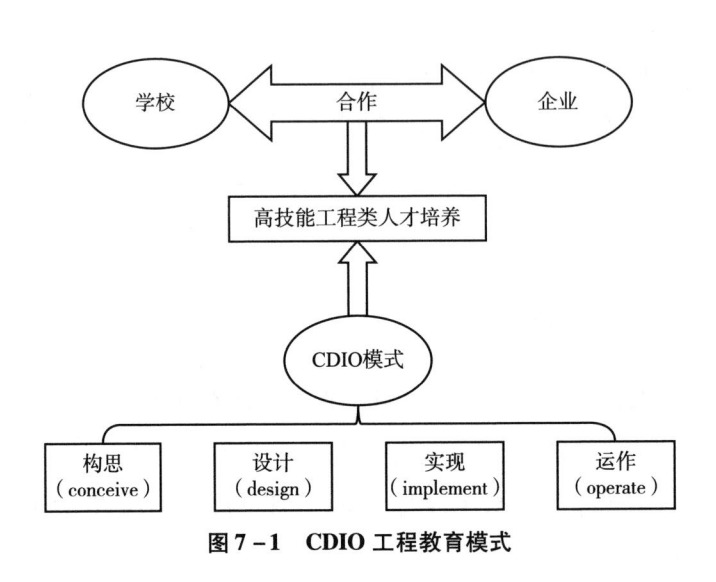

图 7-1　CDIO 工程教育模式

（三）国外工程教育的特点及启示

通过梳理 OBE 成果导向模式与 CDIO 工程教育思想来看，国外工程教育模式是一种思想观念，更是一种模式，其适用领域范围比较广泛；针对工程人才培养，国外工程教育模式以一套完整认证标准体系作为支撑去设置具体目标活动，并且具有完整、系统的流程体系，彼此之间紧密衔接，环环相扣；同时，国外工程教育模式是以学生实际应用能力发展为突破口，进行整体化设计组织，倾向于实际问题的解决，具有较强的实践性。

国外工程教育模式为我国开展工程教育提供了一定借鉴与启示，例如，工程教育模式的设计要遵循系统性、完整性、循环性等原则；工程教育模式的设计要符合本土化实际国情，符合国家社会的发展需求；工程教育模式的设计要以实际问题的解决为原则，必须具备强烈的实用性；工程教育模式的设计应以能力为本位，具体各项能力应参照工程领域需求等。

五、高校工程教育中贯彻"知行合一"的途径

"知行合一"教育理念是传统教育思想的延续和升华，是教育发展内生动力的延续，是现代社会发展和人民素质的提升对教育提出的基本要求，也能为高校工程教育提供新的思考。

（一）构建多方协同的驱动机制

培养社会生产所需的高水平工程人才，应紧紧围绕行业发展对人才的需求，深化产教融合，也需要政府机构、社会企业、高等院校等多元主体的共同参与。目前，社会企业参与高等教育的积极性总体不高，根本在于其利益无法得到保障，有必要建构或优化以政府机构、行业组织、社会企业、高等院校等为主体的利益驱动机制，以实现多主体协同育人的目标。同时，高等院校应秉承"校企合作"双赢的原则，提供充足的高素质工程类人才，支撑社会企业的人力资源结构不断优化升级，推动校企合作。此外，学生作为协同育人的核心单元之一，其利益诉求也应当被充分考虑，在校企共同推进协同育人工作时，需要对学生在社会企业的学习内容以及应享有的权利和应履行的义务进行明确界定，从制度上保障学生的合法权益。

（二）校企协同优化课程建设

课程建设在人才培养过程中起到重要的基础作用，高校可加强与社会企业的联系及合作，共同打造适合产业发展、行业需求的模块化专业群课程体系，完善课证融通的"通识+基础+核心+拓展"的基本框架，深入企业调研，紧跟社会经济和产业发展，构建切实满足行业、企业需求的课程模块。

此外，校企双方应当联合创建基于当前市场的教学环境，打造集实境化、开放式、多功能于一体的实践教学场所，依托教师工作室、专项实训室、学生创业工坊、信息化网络教学平台，将行业、企业的最新技术、工艺、规范纳入教学标准和教学内容，使教学标准对标职业资格证书要求获得的职业岗位能力，实现"产业—职业—专业—学业—事业"的无缝对接。

（三）创新教学方式方法

实践性始终是"知行合一"理念的根本属性，理论与实践的相互结合，不仅有利于培养学生的专业技能和社会适应能力，也能激发学生主动创新意识，因此，有必要围绕实践育人的理念，不断创新教学方式方法。针对工程类人才的培养，在教学中要转变以课堂讲授和课后作业为主的教学模式，不断整合跨学科教育资源，借助差异化教学、案例式教学、问题发现式教学等方式，创新课堂教学和学生创新能力培养的模式，拓宽学生多学科知识面的同时，做到课上理论与课下实践相结合，推进课上点评与课下指导协同，营造师生互动、生生互动、主动创新的氛围，形成数据驱动、"人技结合"、跨界开放的教育生态（崔野，2024）。例如，案例式教学中，可通过多渠道整合案例资源，将行业发展、企业实践管理、教师科研成果、学生设计成果等多渠道的案例融入日常教学（见图7-2），让专业知识从抽象到具体，拉近与社会实际和行业发展的距离，启发学生的创新思维，加强研究能力、创新能力、实践能力的培养。

（四）优化教学管理模式

高校和企业应当坚持"教、学、做"一体化，真正做到教中学、学中做，构建"教、学、做"一体化模式，坚持实用为主、够用为度的原则，有效实现理论知识和实践知识在学生头脑中的整合。按照项目导向，建设基于教师分工协作的模块化教学专业群，依托学校与企业共建校企合作工程人才培养联盟，与行业高端企业签订工程人才联合培养协议，企业提供岗位需求，以学生为主体进行岗位意向初选。打破学生原有自然班进行重组，成立"订单班""定向班""企业冠名班"等"方向班"，按照企业岗位需求定制"方向班"的工程人才培养方案，企业深度融入工程人才培养过程。

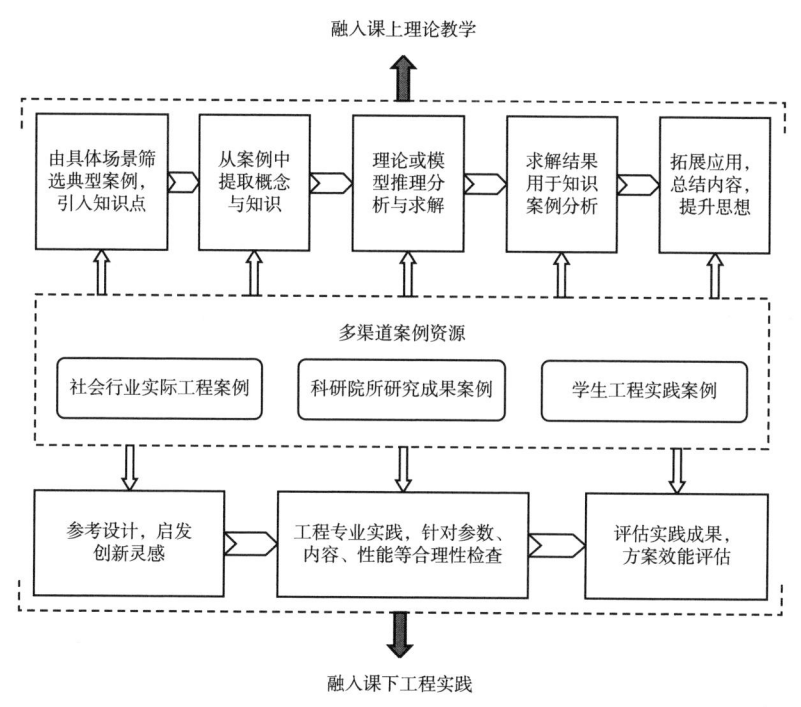

图 7-2 多渠道案例融入式教学

（五）建立多元化评价体系

质量保障机制的构建是确保高校工程人才培养质量的必要措施，高校应当采用过程性考核与结果性考核相结合的原则，建立或完善学生培养考核评价体系。评价体系不仅仅包括对学生的考核，也包括对产业导师的考核，对学生的考核主体应当包括行业组织、社会企业、高等院校或第三方机构，考核内容包括知识掌握程度、实际操作水平、工作表现、工作任务完成情况等，最终将考核结果作为定期检查与反馈的依据，并以此来完善与重构工程类人才的培养方案。

(六) 组建双师型教学团队

双师型教学团队是保证协同育人的关键因素，为了能够有效组建双师型教学团队，促进产业导师和学校导师之间的紧密合作，高校和社会企业应当构建专业梯度发展格局，聘请产业导师到学校任教，通过内培外引、双向挂职的方式，打造由"'教授+大师+巧匠'领衔，'专业教师+行业专家'融合"的"双师型"教学团队。在"双师型"团队的建设中，产业导师的遴选标准尤为重要，产业导师除了要进行技能的传授，还需要承担学生的职业启蒙工作。因此，产业导师除了要具备一定授课能力，能够将技术传授给学生外，还应当具备对学生职业规划进行指导的能力。

第二节 数智时代战略性新兴产业创新型人才培养探索

创新型人才是国家民族发展的力量与源泉，也是当今世界最重要的"战略资源"。建设创新型国家，需大力培养"创新型"人才，当今世界许多国家已将"创新型"人才的开发与培养作为具有战略意义的任务来抓（钟秉林，2021）。以大数据、人工智能等为代表的互联网相关技术的快速发展，在推动教育信息化发展中产生了积极的影响（郑庆华，2024）。高等教育与互联网技术的融合，不仅可为高校人才培养模式创新与优化提供有力的技术工具支持，也为规模化培养创新型人才提供了新路径（胡小勇，2022）。因此，本书立足互联网时代创新人才培养的逻辑理路，探索战略性新兴产业创新型人才培养模式与路径，具有一定的现实意义。

一、数智时代背景下创新型人才培养逻辑理路

(一) 创新型人才培养含义

"创新型"人才通常是指具有创新的意识、精神、思维、知识和能力并具有良好的创新人格,能够通过自身的创造性劳动取得一定创新成果,在某一行业、某一领域、某一工作中为社会发展和人类进步作出了较大贡献的人(王新凤,2023)。相比于普通人才,"创新型"人才往往具有广博而扎实的知识、较高的专业水平和综合素质,当前仅仅掌握单一领域的专业知识,将无法有效解决复杂问题。基于创新型人才的定义与特点,跨学科教育在创新型人才的培养中具有一定优势,不仅能丰富学生视野、拓宽专业知识结构,还能训练和培养学生的批判性思维、发散性思维和聚合性思维(罗明强,2023),提升他们的自我学习和探索能力,对综合性思考问题和解决问题起到积极作用。

(二) 数智时代下创新型人才培养机理

以大数据、人工智能等为代表的互联网相关技术的发展,在推动教育信息化发展、规模化培养人才、丰富教学方式等方面产生了积极的影响。例如,人工智能(AI)技术有利于推进教育的数字化发展,让学生在学习过程中不再受限于时间和空间;在人才培养方面,可充分发挥人工智能的赋能作用,将 AI 技术与教学活动充分融合,促进高等教育工作的整体优化。基于此,互联网时代背景下,创新型人才培养的逻辑理路可理解为:以创新型人才培养为目标,依托以新媒体和新技术为核心的互联网信息技术工具,充分发挥其在智能适应学习、教师专业成长、产学研转化、教学质量评价、教育精细化管理等方面的赋能作用,编制创新人才培养体系实施方案,最终打造互联网

信息技术赋能创新人才培养的融合机制，具体如图7-3所示。

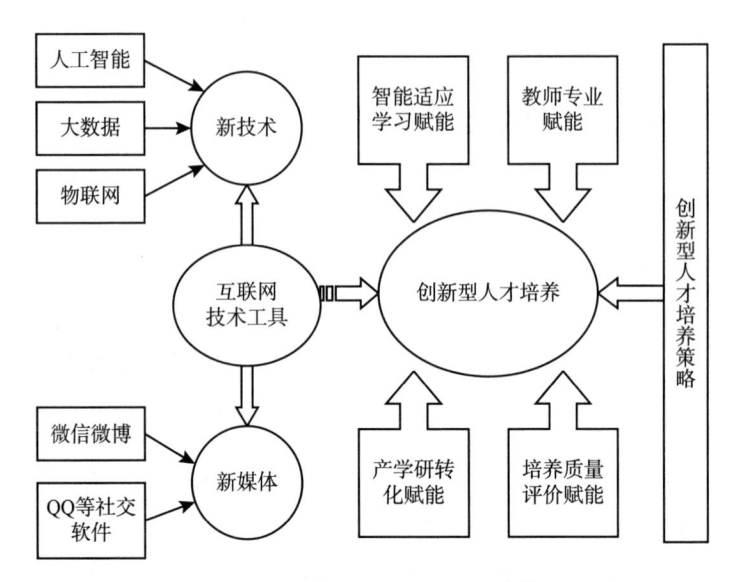

图7-3 数智时代下创新型人才培养机理

(三) 数智时代创新型人才培养现实依据

1. 创新教育技术，推动高等教育发展

技术是实现教育目的的重要手段，其革新和进步对于推动教育管理具有重要影响。随着互联网不断发展，相关技术在教育领域也会不断渗透与应用，不仅推动教育信息化技术的发展，也会助推高等教育改革。人工智能技术的飞速发展，让大规模线上教育成为可能，也潜移默化地改变着学生们获取知识和内化知识的途径与方式。借助AI技术，学生被赋予极大的自主权，可根据个人兴趣和需要自由地选择学习内容与方式，这也促进了智能化学习、探究式学习、自我完善式学习、研讨式教学等多样化教学的发展。高等教育的发展有其自身规律，互联网相关技术与教学活动、育人工作的协作和融合属于赋能流程，能引导教师不断优化自身教学方式，能为学生"提升自我"创造良好的赋能机会，是对教育工作整体改良的促进，也会对高等教育的发展起到推动作用。

2. 落实因材施教，推动人才培养理念转变

关注学生的成长与发展是教育的核心议题，创新型人才近年来也越发受到社会的重视和关注。相比于通识教育和专业人才的培养，创新型人才的培养有其特殊性，更加注重学思结合、知行统一、因材施教、综合能力提升等，尤其是在教学中要讲究因材施教的原则，通过实施个性化教学以培养创新型人才的创新思维与能力。然而，在现实教育教学工作中，由于深受班级授课制、标准化考试、试卷式考核、量化式教师评价等影响，因材施教、个性化教学、差异化教学等方式难以实现（姜建，2024），即便是在传统教学模式进行适当改革、学生个体差异获得尊重、"以人为本"教学观念得到重视的当下，高校老师还要承担一些非教学任务、时间精力所限，很难有针对性地对学生进行充分的学业指导。

随着互联网技术的发展，教育信息化、数字化也在不断发展，以体现学生个性化、差异化为目标的自适应学习系统和软硬件兼备的智能教学设备逐渐在人才培养中出现，如大数据、人工智能等技术将会成为有效推动教育、教学改革的重要引擎和工具（李木洲，2024）。依托于数字化信息平台，借助于互联网相关技术支撑，多元化教育资源得到了有效整合，能为学生进行个性化学习、补充式学习、适宜性学习创造良好条件，有利于实施因材施教，在培养学生创新思维与能力等方面起到良好的辅助作用。

3. 丰富教学手段，助推创新型人才培养

创新型人才培养，对受教育者知识综合应用、系统思维、解决问题能力等都提出了一定要求。创新教学手段是关键，增强实验教学和创新实践，对

培养学生创新意识和提升创新能力起到积极作用，但在一些高校很多专业课程实验和实践活动存在"做不起、做不了"的难题，如一些生物学、工程类、新能源、航空飞行设计等专业领域，存在软硬件不完善、分析工具周期过长、硬件标准化不统一等问题，再加上缺乏完善的数字化协同设计平台，无法为学生开展专业实践和创新设计提供有效的支撑。这无形中不仅增加了人才培养中创新实践的"门槛"和教学难度，也会对学生课程学习积极性和创新主动性造成一定的负面影响。随着人工智能技术的发展，以MOOC（慕课）、超运算、大数据为代表的智能化教育平台逐渐进入人们的视野，丰富了人才培养的手段和方式。这些智能化教育平台借助互联网信息技术实现了多元化、海量教育资源的汇集和整合，呈现出"数字化+高算力+深度学习+小任务"的应用形态和特点，这为一些专业课程实验教学、综合设计和创新实践提供了多种便利和可能，丰富了知识应用、问题解决探索、实验模拟的手段，对学生创新思维培养、创新性解决问题、创新实践起到了较好的支撑，也对创新型人才培养起到了积极作用。

4. 依托数据情感分析，丰富教育评价多样化

借助互联网相关技术，能及时处理教学场景中的数据信息，可开展情感认知、思想变化、学习动态等教学全过程的评价与分析，并能及时有针对性地作出反馈，有利于解决传统教学评价中数据单一化、反馈不及时、脱离教学场景等问题，丰富了教育评价的多样化形式。

（1）利用大数据分析技术实现教学全过程评价。目前国内大多数高等院校的教学评价仍采用试卷考试、布置作业、分数成绩等相对固定化、单一化的方式，无法全面、客观地评价学生情况。依托大数据处理和人工智能技术，可以快速、高效地采集与分析碎片化、高频率、广范围的教学数据，能更加方便快捷地追踪学生的学习路径和动态化过程，实现教学全过程诊断与教育评价的目标。

（2）依托情感数据分析，开展及时有效的评价。目前针对学生课堂表现评价的数据采集和来源，大多为学生的自我报告、个体反馈和教师主观评分等，带有明显的主观色彩，缺乏客观的评价。人工智能在数据采集分析方面具有一定优势，依托其自然语言处理技术和数字化视觉技术，能获得学生情感、态度、表情、举止变化等基本状况与反馈数据，能有效地分析课堂教学中学生的情感与学习状态（张进良，2023），也能使教学评价的结果更加客观，从而推动"促进学习"的"伴随式评价"的实现。

二、高校创新型人才培养存在的问题

针对创新人才的培养，笔者借助调查研究法、个案研究法等方法对国内部分普通高校进行了调研与分析，发现普通高校在数字化育人、跨学科专业教育、课程设置、评价与监测管理、师资队伍建设、国际合作等方面仍存在一些问题。

（一）创新人才培养与"数字"融合不足

（1）当前教育领域，学历教育理念仍属于主流观念，教学理念和教学模式数字化不足，人才培养同质化倾向过于明显，有必要结合当下数字经济和智能化发展革新教育理念，以培养出更多符合新时代需求的人才。

（2）智能化教学理念在教育界开始受到关注，但针对"数字化+专业"高素质人才、数字化创新人才、跨学科创新人才等的培养，国内部分高校缺乏有针对性的配套人才培养方案。当前，大多数高校仍围绕传统的专业类别来制定人才培养方案和开展高等教育，常常忽略新兴行业和社会人才市场的需求，尤其忽略了人工智能的发展对社会较多行业发展的影响。

（3）近年来，数字赋能在各行各业中得到了一定体现，数字化转型、AI技术赋能将会成为各行业创新改革与发展的重要推动力，但国内部分普通高校在育人工作数字化建设和智能化融合方面存在一定不足，导致学生数字化技能水平难以满足创新型人才的需求。当下无论是产业化转型升级，还是数字化建设，均已表现出对数字化人才、创新型人才的需求量不断增加的趋势，然而数字化人才和高素质创新型人才总体数量与规模却难以满足社会实际发展的需求，人才供给缺口问题仍较为突出。

（二）高校跨学科教育面临现实困境

跨学科专业教育在培养创新型人才方面具有一定优势，但目前来看，部分国内普通高校在跨学科专业教育方面仍面临一些困境。

（1）学科专业设置与调整缺乏灵活性。学科专业是教育和人才培养的重要"载体"，高等教育专业设置要严格依据管理部门通过的学科专业目录和审批程序，高校在专业设置与调整中没有自主权，也缺乏积极性。因此，高校通常不能及时根据社会经济发展和行业需要调整学科专业，这对跨学科专业设置和人才培养造成一定制约和影响。

（2）跨学科人才培养"复合"不足。针对跨学科人才培养，国内一些高校实施"学分制"人才培养方式，结合不同学科和专业的特点设置了一定数量的公共必修课和选修课供学生学习，但是这些课程设置更多的是形式上的跨学科，并未根据跨学科的逻辑特点与专业内在联系形成标准的课程体系，时常出现不同跨学科专业之间"复而不合"的现象。此外，学生在跨学科专业学习过程中，也因为知识缺乏深度关联而出现知识掌握分散和碎片化的状态，导致专业知识结构的逻辑性欠缺和创新性思维系统性不足。

（3）跨学科教育资源配置不平衡。当前，国内大多数普通高校在学院、学科和专业之间有着明显的划分，在以学科为主导的专业设置背景下，不同学院或学科之间的教育资源共享不足，导致跨学科教育产生一定壁垒，进而影响跨学科人才培养，如跨学科专业组织课程教学时，不同学院可能会受到校级教学管理部门制度或相关学科专业师资的制约。对教师而言，无论是教师人事制度还是学术评价制度,都隶属于单一的学科专业或组织,在参与跨学科教育和研究方面也常常会受到一定限制。因此,以学科分化为基础的资源分配制度导致跨学科教育资源配置不平衡,影响了跨学科专业教育的发展和创新人才培养。

(三)课程学习方式与教学方式存在不足

课程设置和教学方式等环节在创新型人才培养中起着重要的支撑作用,从部分高校创新人才培养现状来看,课程设置与教学方式还存在一些不足。

(1)"异质化"课程学习存在不足。针对创新型人才培养问题,是为其提供"同质化"课程学习还是"异质化"课程学习,教育界一直存在争议。一些高校设置了若干跨学科专业的"异质化"课程以满足学生差异化学习的需求,学生也有自由选课的权利。但在该模式下,部分学生的选课行为并非总是出于对学业规划和学习高质量发展的"理性分析",而仅仅是出于个人兴趣,再加上缺乏系统性引导与干预,致使学习效率较低。

(2)课程教学方法有待优化。长期以来,传统教学思想观念始终影响着课程教学,最突出的表现是教师在课堂教学中强调知识的传授和知识的完整性,也会更多地注重"讲授"和"填鸭式"教学,而容易忽视学生的主动性、积极性和创造性,进而影响了学生独立性发挥和创造性培养。此外,大多高校的科研任务较重,教师常常因忙于科研导致投入教学方法革新探索或优化中的时间不足,也会影响着创新型人才的培养。

(3)实践教学薄弱。从实践教学方面看,一些普通高校在人才培养中仍将理论知识传授和课堂教学放在首位,而把能力培养和实践教学当作理论知识传授的补充形式,对实践教学重视不够。也有一些普通高校在人才培养中注重加大实践教学,但主要是通过毕业实习、专业实训、课程模拟实践等形式进行,实践教学仍存在诸多问题,例如,思想观念上重理论、轻实践,课程理论性强、实践内容偏少，课程资源内容单一、缺乏实践实操性参考资料，教师实践教学水平参差不齐、实践教学设施和机制不健全等。

（四）人才培养评价与监测管理存在不足

在人工智能背景下，针对创新人才培养的考核评价体系相对单一，培养监测管理也存在滞后性，人才培养考核评价模式亟待优化（管佳，2022）。从人才培养评价角度来看，当前部分普通高校大多采用成果导向评价方式，通过学生的作业完成情况、考试分数、期末成绩等固定化方式考核，无法动态地了解和评估学生的学习状况、思想变化、教学过程等内容，也容易忽略学生分析问题和解决问题能力的考核。人才培养过程中，教育不仅直接对学生发挥作用，还通过学生的周围环境、师生关系、世界观和价值观等其他因素发挥作用，因此基于全局观、整体观的视角来审视创新人才培养成效有一定的必要性。但从人才培养中的监测管理看，部分普通高校欠缺完备的智能监测体系，无法从学习习惯、兴趣特点、社会背景、素质基础等方面对学生学习开展实时、系统的考察与评价，难以甄别出不同要素在个体能力提升和成长发展中的作用（吴祖峰，2022）。学生的学习生活环境，个体的世界观、价值观、思维方式、方法论等一系列的因素均对创新型人才的成长发挥着重要的影响，倘若能通过数字化信息技术构建有效的监测管理体系，对学生的学习效果进行全流程实时监测与量化评价，对偏离培养方案或进度滞后的学生及时提醒本人及其指导教师，并根据监测评价结果动态调整学习内容或培养方案，则更有利于创新型人才的培养。

（五）"数字化+"师资力量存在不足

当下以互联网、大数据、人工智能为代表的新一代信息技术正前所未有地重构经济发展的"新图景"，数字经济的发展需要大量富有创新意识的"数字化"人才给予支持（孙典，2024）。而当前"数字化"人才缺口较大，人工智能、大数据、物联网等领域的相关人才亟待补充。数字经济发展所需人才的缺口需要新型的教育途径来填补，数字化教育是解决人才缺口最有效的方法，这就要求高等教育加强信息技术应用，不断推动教育模式的数字化转型与发展。

然而，普通高校在推进教育数字化的过程中，仍面临不少困境，其中一个关键问题在于"数字化+"师资力量存在不足，国内部分高等院校缺少熟练使用数字技术和拥有相关教学经验的教师，这给课程教学和人才培养造成一定影响（李木洲，2024）。部分普通高校看到了人工智能人才培养与社会需求还存在差距，但是在设立人工智能专业或"AI+"专业时遇到的最大痛点是相关师资力量不足，并且课程设置相对陈旧，与社会实际发展需要存在一定偏差（杨俊锋，2024）。因此，数字经济和人工智能快速发展背景下，针对创新型人才培养，教师作为高等教育发展的关键因素，"数字化+"类型的师资队伍建设显得尤为重要。广大教师需要加强对信息技术应用的学习，提升信息化教学能力，高校也需要加强"数字化+"师资队伍的建设，为创新型人才培养工作提供保障。

三、数智时代下创新型人才培养对策

随着人工智能、数字化信息技术与教育的融合发展不断深入，数据、算法、算力、智能等已经成为支撑教学的关键要素，而教育的侧重点正在逐渐转向数字时代所需的创新思维和数字素养等高阶思维和能力，而非仅仅局限于传授工业时代所需的知识技能。这一转变正在重新定义高校创新型人才的培养理念，也驱动着高校在培育创新型人才的各环节进行系统的变革与重塑。

（一）培养目标：从理论知识教育转向智慧教育

数智时代，各国之间为获取高新知识及其应用技术的竞争日趋激烈，为了迎接这一挑战，高校需要培养能适应数字化、智能化发展的创新型人才。

（1）要突出人工智能作为创新型人才的必备核心素养。随着人工智能、大数据应用的不断普及，国家对人工智能、新一代信息技术等领域相关的人才需求不断增加（史秋衡，2023）。创新型人才的培养可以从知识教育转向智慧教育，突出以数字思维的培养为根基、数字素养的锻造为拓展，为培养复合型、创新型人才奠定良好基础。

（2）要提升学生探索未知的能力。面对未来的不确定性，数智时代需要培养具有探索未知能力的创新型人才。对此，高校应当注重培养学生的创新意识和创新能力，引导学生敢于挑战现有的学科边界和技术极限，培养他们勇于探索未知领域的态度和能力，尤其要突出培养学生数字思维、数字素养、智算技能、解决数智时代问题的数字能力，以应对未来日益复杂的社会和科技挑战（眭依凡，2024）。

（3）要适应全球科技创新的要求。数智能时代培养的创新型人才需要具备全球视野和胜任力，高校应当通过强化国际交流合作，适当借鉴外国教学理念和方法，促进国际人才的流动和合作，培养具有国际视野、国际竞争力的创新型人才，以适应全球科技创新的人才需求。

（二）招生选拔方式：从传统模式转向智能化

目前，高校拔尖创新人才的生源主要有两类：一类是通过普通高考直招，一般会根据学科的要求限定学生选考科目，最终根据各科目高考总分排序录取，往往存在只看分数、无法综合考查考生能力素质等问题。另一类是新生入校后通过笔试、面试等传统形式选拔，往往存在过于依赖于考官的主观评价，容易出现主观性评价偏差，学生的创新能力难以量化等问题，导致选拔不够精准，出现错选、漏选的情况。

人工智能、大数据、数字化技术等合理运用，有利于提升创新人才培养过程中的招生、选拔的精准性（谢丽娜，2022）。一方面，智能化技术能够基于大数据和算法对考生的个人信息、创新表现、潜在特质等多方面数据进行全面而客观的分析，提高选拔的公平性和准确性，从而更好地培养和挖掘人才（张海生，2023）。另一方面，可以充分利用数字化信息技术优化创新型人才选拔方式，例如，在笔试方面，不仅可以通过大数据分析和机器学习算法，实现对考生答卷的快速准确评估，还可以通过分析学生的答题情况、学习能力等信息，提供针对性强、个性化定制的试题，从而更好地评估学生的综合能力和潜力。再如，在面试层面，人工智能技术可以通过语音识别、情感分析等功能，对面试过程进行全程监控，并根据科学算法评估考生的表达能力、沟通能力、逻辑思维等关键能力，这样不仅可以减少评价偏差，还可以为考生提供更加客观、公正的评价。

（三）课程设置：从专业导向转向学科交叉

课程设置作为人才培养的核心环节，需要与社会需求、行业发展、知识更新发展保持同步，方能确保学生获得最新、最全面、最科学的知识和技能。特别是在数字智能时代，新兴职业领域如数据科学、新一代信息技术、硬件工程师、人工智能、高端装备制造、新能源、新材料等对人才的需求不断增长，因此课程设置应该紧密关注这些领域的专业知识和技能。

（1）基于与时俱进理念，优化专业课程内容。专业课程设置方面，在传承经典课程知识的同时，也要注重促进"学以致用"，强调"传承创新"。例如，针对新能源创新型人才培养，教学内容须紧扣新能源行业发展与需求，将新能源产业界真实应用、迫切需要的新技术、前沿动态、典型案例等融入教学，拓展教学内容的广度与深度；教师也可借助信息化技术，融合动画、视频、链接等多媒体素材，围绕学生认知能力，编写教材及云教材，将烦琐枯燥的书本知识结合实际场景案例进行展示，提升知识理解与运用。

（2）推动学科交叉融合，优化课程体系。未来的创新型人才需要具有多学科交叉的背景，而学科交叉则是实现科学知识系统整合的有效手段，是孕育科技创新的现实路径,也是创新型人才培养方式内涵式发展的"催化剂"(申国昌,2023)。因此,针对创新能力培养的目标,高校可充分利用数字化信息技术推进不同专业课程的交叉融合,为学生的跨学科知识学习提供便利条件。学生通过跨学科课程的学习,不断吸收其他领域的新思想、新方法和新技术,不断开拓思维,从不同视角分析专业问题,锻炼和提升创新能力。

(四)教学方式:从大同式转向个性化

随着人工智能、数字化信息技术的迅速发展,传统教学方式正面临前所未有的挑战,整个社会已逐渐迈入"数字化学习时代"(许锋华,2023)。在这个时代背景下,高校教育需要积极调整教学形式和内容,以更好地迎合数字智能时代对创新型人才培养的新要求。

(1)要突出"个性化"。人工智能相关工具可以精准掌握学生个体的学习进度和短板弱项,教师可以据此给予个性化的指导,帮助学生在全面发展的同时发挥特色优势,形成个性化发展。例如,在创新人才培养中,开展探究式教学进行因材施教,通过智能化信息技术帮助学生制定个性化学习规划,引导学生充分利用人工智能工具、互联网信息平台开展自主化学习,结合"问题解决式"教学方法,强化学生个人的学习效果(屈玉东,2023)。

(2)要强化创新思维训练。创新思维训练是一种重要的能力培养方式,它能够帮助学生突破常规思维的界限,以超常规甚至反常规的方法、视角去思考问题,提出与众不同的解决方案,从而产生新颖的、独到的思维成果。因此,针对创新型人才培养,高校可采用逆向思维训练、发散思维训练、联想思维训练等方法培养学生的创新思维能力;此外,教师在教学中可通过创设思维情境,启迪创新思维,通过理论和实践相结合的课程训练,有效培养创新型人才的创新思维,提高学生的创新能力和实践能力。

(3)要凸显"国际化"。一方面,可以通过数字化信息技术突破时间和空间的限制,学生可以在线与国外的优秀学生进行跨文化交流与合作,共同解决问题，增进了解并建立了友谊；可以通过虚拟技术，让学生足不出户体验异国文化，了解不同文化的差异，促进文化间的互通。另一方面，创造条件组织学生到跨国新兴产业的相关企业进行沉浸式体验和学习，激发学生的求知欲和创新力。

（五）评价机制：从结果导向转向多元导向

作为人才培养的风向标，评价制度是至关重要的工具。尤其在数字化智能时代，评价制度扮演着更为关键的角色，它更加专注于提升拔尖创新人才培养的质量。

（1）要重构评价理念，从单一的学科认知到系统的认知转变。数字化智能时代，教学评价制度不仅要评估学生的学习成绩，更重要的是要激励师生运用智能技术，关注师生人机协同的素养和能力，从而促进教学和学习的内在动力。这种内驱力的培养不仅可以提高教学效果，还可以为学生未来在数字化信息技术、人工智能领域的发展奠定良好基础。

（2）要重构评价内容，要特别重视创新型人才的创造力评价，可以综合借助大数据、云计算或人工智能等技术手段，建立专门的数字化平台，通过学生—导师双向反馈机制，对学生创造力进行全程化的测量、评估和管理。

（3）要重构评价方式，可以利用智能化信息技术，建立长周期评价和短周期评价有机结合的评价机制，根据德、智、体、美、劳等全方面素质的发展进行综合评价动态调整、灵活处理、刚性约束（于妍，2022）。例如，通过大数据、人工智能等手段，设计学业测评工具和数字化评估系统，教学管理部门可对学生的学习动机、学习策略、模式习惯、发展目标等进行实时监测，以实现对学生学习过程和结果的精细化考核，克服教师对学生学习情况主观性评估的弊端。

第三节　战略性新兴产业技术技能型人才培养探索

我国战略性新兴产业近年来在国家和地方政府的宏观政策支持下，实现了快速发展，特别是在新能源、人工智能等重点领域已经成为全球范围领跑者。科技创新对我国战略性新兴产业的发展起到积极的推动作用，在相关科研创新成果转化为产品过程中，不仅需要优秀的科研人才和工程师，也需要大批能够使用高端设备，实现产品转化的高素质技术技能人才。

当前，战略性新兴产业包括新一代信息技术、新能源、高端装备制造、新能源汽车等多个产业领域，其在发展过程中仍然存在一些问题，如高素质技术技能人才短缺，这一问题已成为制约战略性新兴产业发展的重要因素之一（陈丽君，2024）。作为一个制造业大国，大批的技术技能人才是重要的基础和支撑，需要大力培育支撑中国制造、中国创造的高技能人才队伍。因此，探索更加有效的高技能人才培养模式与路径，具有重要的现实意义。

一、战略性新兴产业技术技能类人才培养存在的问题

（一）人才的培养主体缺位

高素质的技术技能人才培养周期长、见效慢。社会企业本应是技术技能人才培养的主体，但由于战略性新兴产业发展迅速，其从成立到发展壮大仅用了十多年的时间，缺乏与产业相关人才培养的坚实基础。同时，战略性新兴产业中普遍存在"重使用、轻培养"的倾向，对于需要较长时间才能见效的技术技能类人才培养奉行"拿来主义"（曾国熊，2023）。此外，社会企业因担心辛苦培养的人才会流失，导致宁可高薪引进，也不愿意费时费力去培

养人才的现象普遍存在，例如，部分半导体企业一直在高薪招聘集成电路制造的技能类人才，耗费了较多人力资源的成本支出。总体来看，在这种氛围的影响下，战略性新兴产业技术技能人才培养仍存在主体缺位的现象。

（二）技工院校的培养能力不足

技工类院校是技术技能类人才培养的主要场所。然而，部分技工院校在专业设置、教学实训设备、师资配备、实训基地建设等方面未能跟上战略性新兴产业发展的步伐，致使为战略性新兴产业发展培养和输送技术技能类人才的能力不足。例如，以我国南方地区的某市为例，全市的生物技术、新能源材料等产业近年来发展较快，目前全市有12所中高等职业技术类院校，能够培养战略性新兴产业高技能人才的院校仅有3所，年培养能力仅有数百人，远不能满足区域产业发展的需要（袁春香，2024）。

（三）技能人才的培养机制不够完善

新一代信息技术、生物技术、高端设备制造业、新能源产业、新材料等战略性新兴产业中，知识密集型企业较多，与专业知识、专业技术有较高的关联，也对相关的人才资源有较强的依赖，其人才培养需要得到强有力、系统性的多方支持。目前，尚未形成比较成熟的、互利共赢的校企合作培养机制和经费保障机制，培养资源的整合和利用不足，相关社会企业与技工院校未能充分进行"产教融合"，甚至在人才培养标准制定、培养方案设计、课程体系建设、人才评价等方面，校企合作尚停留在较浅的层面，未能做到深层次的合作。

（四）人才培养与实际吻合度低

当前，随着科学技术的不断发展，如新一代信息技术、生物技术、高端装备制造、新能源等战略性新兴产业对技术技能类人才的要求起点高、标准高，技工院校在学制层次、学生技能水平、综合素质培养等方面总体未能达到战略性新兴产业的要求。此外，通过调研发现，一些技工院校毕业生所掌握的专业技术技能水平与社会企业需求和聘用标准差距较大、匹配度偏低，致使部分企业接收技工院校的毕业生后，还需要投入大量的精力和资金对其进行"再培训"，对企业的生产和加工制造效率造成了一定影响（吕建强，2025）。

二、战略性新兴产业技术技能人才的培养要求

战略性新兴产业是现代技术进步和生产革新的产物，生产技术起点相对较高，产品的更新换代迅速。与传统产业相比，战略性新兴产业具有技术含量高、附加值高、资源密集等特点，这些均对技术技能类人才的培养产生了深远的影响。总体来看，战略性新兴产业技术技能人才的培养要求主要体现在"起点高、标准高、前瞻性、专业性"等四个方面。

（一）与产业需求精准对接

1. 深入了解产业需求

战略性新兴产业发展迅速且多变，需要培养的技术技能人才必须能够紧跟产业发展的步伐。例如，在人工智能领域，新的算法、应用场景不断涌现，要求技术类人才能够及时掌握行业的最新需求，以便快速适应岗位要求。国内中西部地区在发展战略性新兴产业过程中存在专业技术人才需求缺口较大的现象，这也说明技术技能类的人才培养必须先精准把握产业的特点和发展现状；同时，如高端装备制造、新能源、新能源材料等产业领域，对专业技术人才具有各自不同的技术要求，需要深入了解产业的需求。

2. 构建动态培养体系

由于战略性新兴产业的技术和市场需求处于不断的动态变化之中，人才

培养体系不能一成不变。以新一代信息技术产业为例，网络技术从 4G 到 5G 的升级，就要求相关互联网信息或通信相关专业在课程设置、教学内容等方面及时更新，要将最新的技术成果纳入教学（朱洪雷，2025）。例如，南京信息职业技术学院根据信息技术产业的发展调整专业设置，其电子信息工程、现代通信技术等专业对应了江苏的战略性新兴产业人才培养需求，不断优化人才培养体系以适应这种动态变化，为国内职业技术院校的专业技术人才培养探索提供了一定借鉴与参考。

（二）知识与技能并重

1. 扎实的理论知识基础

战略性新兴产业多属于知识技术密集型产业，如新能源、生物制药、新一代信息技术、新能源汽车等领域，技术技能型人才需要掌握深厚的专业理论知识。例如，在生物制药产业中，对于药物研发原理、基因工程理论等知识的掌握是开展工作的基础。

2. 熟练的实践操作技能

技术技能型人才仅仅有专业的理论知识远远不够，还需要熟练的实践操作技能。在高端装备制造产业中，技术技能人才要能够熟练操作数控机床等先进设备，进行精密部件的加工制造；在新能源汽车产业，人才要掌握电池组装、汽车电路检修等实际操作技能（罗英俊，2024）。

（三）培养良好的创新能力

1. 鼓励创新型思维

在新一代信息技术、生物、高端装备制造、新能源、新材料等战略性新兴产业中，科技创新是推动产业发展的核心动力。在培养技术技能人才时，教师要鼓励学生们打破传统的思维定式，勇于提出新的想法和解决方案，强化创新思维的训练。例如，在新能源材料的研发领域，需要人才不断探索新的材料合成方法和应用领域。

2. 培养创新实践能力

通过实践项目、创新竞赛等方式，让技术技能型人才在实际操作中锻炼和提升创新能力。例如，组织学生参加机器人创新设计大赛、创新创业项目、数字信息技术推广活动等，通过这些实践活动，推动学生们将创新思维转化为实际的成果，培养创新实践能力。

（四）注重综合素质的提升

1. 跨学科知识储备

战略性新兴产业往往涉及多个学科领域的交叉融合。例如，智能制造产业涉及机械工程、电子信息、自动化控制、人工智能等多学科或领域，需求相关人才具有一定的跨学科知识储备。因此，通常情况下，战略性新兴产业技术技能人才也需要具备跨学科的知识储备，才能更好地应对复杂的社会工作和企业任务。

2. 团队协作能力

在战略性新兴产业项目推进过程中，通常需要不同专业背景的人员组成团队开展协同工作。例如，在软件开发项目中，需要程序员、测试员、设计师等不同职位的人员进行密切配合，因此技术技能人才要具备良好的团队协作能力，学会沟通、协调和合作（潘清，2025）。

3. 适应能力和学习能力

战略性新兴产业的快速发展，要求技术技能型人才能够快速适应新的工作环境、符合技术要求和熟悉业务流程，例如，技术技能型人才的培养要具有前瞻性，要能适应产业数字化、智能化的转型趋势，能面向不同行业的数据驱动、人机协同、跨界融合以及共创分享的智能形态。因此，针对战略性新兴产业技术技能型人才的培养，要注重学习能力的提升，持续学习新知识、新技能，以保持自身的竞争力。

三、战略性新兴产业技术技能型人才培养探索

高等院校是培养战略性新兴产业高技能类人才的"主力军"，在技能人才培养工作中起着基础性作用。针对战略性新兴产业需求特点，高等院校需要进一步深化"产教融合""校企合作"，积极探索一条"共创、共建、共享、共融"的高技能人才培养路径（见图7-4），构建紧密对接产业链、创新链的人才培养体系，实现与战略性新兴产业发展需求的精准对接。

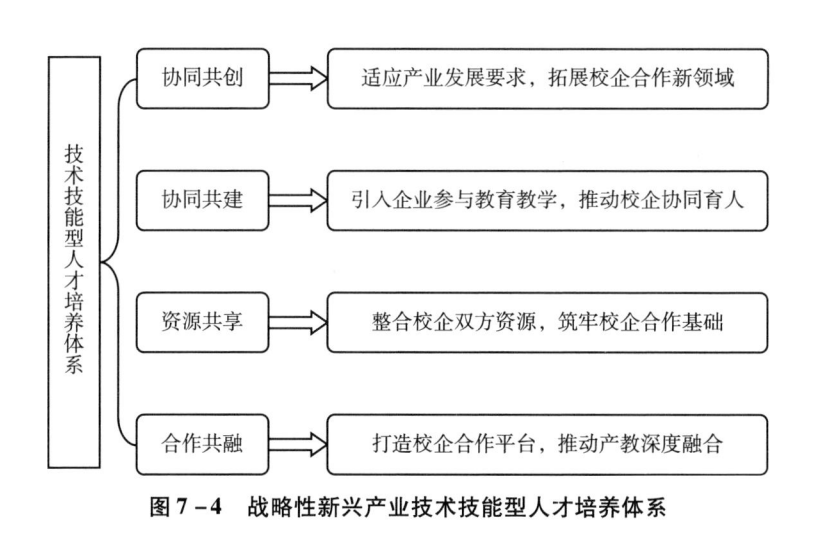

技术技能型人才培养体系		
	协同共创 →	适应产业发展要求，拓展校企合作新领域
	协同共建 →	引入企业参与教育教学，推动校企协同育人
	资源共享 →	整合校企双方资源，筑牢校企合作基础
	合作共融 →	打造校企合作平台，推动产教深度融合

图7-4 战略性新兴产业技术技能型人才培养体系

（一）协同共创：适应产业发展要求，拓展校企合作新领域

1. 校企协同优化专业布局

为实现人才培养与产业发展需求的精准对接，需建立紧密对接产业链的专业体系，从源头上解决战略性新兴产业相关的技术技能型人才供给不足、质量不高的问题。因此，国内学校可从提高人才培养的针对性、有效性的角度出发，与战略性新兴产业企业建立起定期沟通交流机制，加强对产业人才的调研和需求分析，结合学校实际，优化专业设置，全力推动产业急需专业的建设，将学校传统专业逐步改造升级为新能源、智能制造、新一代信息技术等战略性新兴产业相关的专业群，并围绕专业群的需要做好相关教育资源的协同，提高了服务战略性新兴产业人才培养的能力。

2. 校企协同推动合作创新

珠海市技师学院积极与企业开展创新项目合作，组织联合攻关，根据企业生产需要有针对性地培养、输送技术技能类人才。例如，学校与高端制造装备企业合作，开设人才培养"订单班"，安排师生参与高端设备的研发与制造，采用企业新型"学徒制"联合培养高端装备生产人才。再如，学校可以与新兴产业领域的高新企业合建校内研发基地，将校企合作的创新成果交由企业进行产品生产，以此来探索创新型技能人才的培养。此外，学校还可支持师生参与企业研发的项目并参加各类创新、创业大赛，帮助学生在大赛过程中提升创新能力，通过这一模式培养学生的创新创业技能。

（二）协同共建：引入企业参与教育教学，推动校企协同育人

1. 校企协同共建产业学院

产业学院是技术技能人才培养的重要载体之一，通过校企协同共建产业

学院,能够准确把握未来人才需求趋势,更好地服务地方经济社会发展(吴飞,2025)。针对战略性新兴产业技术技能型人才的培养,高等院校可与新兴产业的行业组织和企业合作,成立产业学院,吸引企业参与学校的教育教学改革,将企业需求融入人才培养环节,推行面向企业真实生产环境的"任务式"培养模式。例如,职业技术类学院与新能源汽车类企业开展教育合作,校企双方共建生产型"教学工厂",共同开展招生和教学,采用"双元制"模式培养高技能人才。

2. 引企入校建设育人载体

学生到校外实习是影响校企合作培养人才工作深入开展的主要因素,同时也存在安全保障难、教学管理难等问题。将优质企业引入学校,双方共建生产型实训基地可以有效解决这些难题。

一是共建校内教学基地。学校可加强与企业的联系,将企业引入校内设立职业培训中心,建立真实生产环境的实训室,同时鼓励企业安排技术骨干来校授课,共同培养人才。

二是共建技师工作站。吸引社会企业的技术人才和技能大师入校组建技师工作站,搭建战略性新兴产业相关的重点技术交流学习平台,助力企业产品转型升级的同时,共同推动校企协同育人。

三是共建专业型工作室。学校可与新兴产业相关的知名企业共建专业型的工作室,将企业生产任务作为学生校内实训的项目,开展"工学一体化"育人,推动人才培养与企业需求无缝对接。

(三)资源共享:整合校企双方资源,筑牢校企合作基础

1. 双向互动共享资源

战略性新兴产业领域的企业大部分属于知识技术密集型企业,对培养技

术技能型人才提出了较高的要求，需要一批掌握先进技术技能的教师以及价值不菲的专业类实训设备，无论是学校还是企业都难以独自承担。对此，可以通过几种途径为技能类人才培养提供教育资源和所需基础。

（1）通过共建企业工作室吸引行业领域的技术专家驻校任教、组织教师参与企业技术技能攻关、教师脱产到企业实践等方式，共同打造"双师型"教师队伍。

（2）通过校企共建实习实训基地等方式，实现双方设备资源共享，减少资金重复投入。

（3）建设互联网线上和线下学习平台，通过分享线上教学资源等方式，帮助师生更好地学习掌握新兴产业技术技能，降低战略性新兴产业技能人才培养的难度。

2. 校企合作育人

传统教学模式难以满足战略性新兴产业技能人才培养高起点、高标准的要求，而采用企业"新型学徒制"和"现代学徒制"的方式，赋予学生、学徒"双重身份"，通过学校、企业的"双主体"合作育人，能够较好地培养技术技能类人才（程俊，2025）。例如，职业技术院校可与新兴产业相关企业合作，共同开展企业新型学徒制培训，并开设"订单班"，校企双方共同完善教学标准、共设"工学结合一体化"课程，以技能为主对学生实施联合培养。同时，让战略性新兴产业相关企业负责与生产技术技能相关的课程授课，并为"订单班"学生提供奖学金和学习补贴，提高了学生学习的积极性和教育的有效性。

（四）合作共融：打造校企合作平台，推动产教深度融合

1. 校企协同以赛促融

职业技能竞赛既是检验教育教学水平的重要载体，又是职业技术类院校

与行业企业合作的重要平台，对战略性新兴产业技术技能人才培养具有积极意义。职业技术院校可将职业技能大赛作为"抓手"，紧密联系新兴产业企业和行业，联合承办新兴产业急需技能工种的各级各类技能竞赛，以赛促学、以赛促教（万军，2025）。例如，职业技术学院可与高端设备类企业共同承办工业机器人焊接职业技能大赛，让学校师生与来自不同企业的参赛选手同台竞技、切磋交流，不仅提高了学生的职业技能水平，并为校企合作奠定了基础。

2. 校企合力共建职教集团

"产教集团"是促进产教融合和实现校企协同育人的重要载体，也是拓宽职业技术类人才培养的方向（方翰青，2025）。例如，国内高等院校可牵头集聚一些知名的战略性新兴产业企业，组建现代制造业职教集团，充分发挥其社会服务、资源共享、技术技能积累、体制机制创新等功能，开设新能源技术学徒制班、新能源汽车制造定向班、高端装备订单班等企业需求的技术技能型人才培养定制班，形成了资源共享、优势互补、合作共赢的良好生态圈。

第四节 多元主体协同视域下新能源产业人才培养探索

一、新能源产业人才培养意义

全球能源结构转变，新能源产业成为世界经济增长新引擎。新能源产业的发展不仅对环境具有显著的正面影响，也为全球贡献了巨大的价值和机遇，同时在全球市场上具有巨大的需求和潜力。中国是最大的新能源市场，国内新能源产业如太阳能、风能、核能、新能源汽车等在快速发展，需要大量具备专业知识和技能的从业人员，而培养新能源人才可以满足产业发展的人才需求，能够推动新能源产业的可持续发展。

我国高度重视新能源产业发展，制定了一系列政策鼓励新能源产业人才培养。新能源产业人才培养，除了满足相关产业发展需求之外，还具有以下几个方面的意义。

（1）有利于培养未来科技领导者。新能源技术涵盖了物理学、化学、材料科学、电子工程等多个学科领域，对从业人员的综合素质要求较高（谌伟民，2024），通过培养新能源相关人才，可以为我国培养未来科技领导者，提升我国在全球新能源领域的竞争力。

（2）促进科技创新和产业升级。新能源人才培养有助于推动科技创新和产业升级，提升我国在全球新能源领域的地位。通过培养具备创新精神和实践能力的新能源人才，可以推动我国新能源技术的不断创新和合理应用，促进新能源产业的升级和转型。

（3）提升公众对新能源的认知。通过培养新能源人才，可以提升公众对新能源的认知和了解，增强社会对新能源产业的支持和关注，推动新能源产业的持续发展（颜怡，2024）。

（4）培养未来新能源产业骨干。新能源人才培养可以为我国新能源产业培养未来的骨干人才，提升我国新能源产业的竞争力和创新能力，推动我国新能源产业的国际化进程（潘明章，2023）。

（5）推动绿色能源革命。新能源产业是应对气候变化的重要途径，新能源人才培养有助于推动绿色能源革命，降低温室气体排放，实现我国能源结构的转型和升级。通过培养具备专业知识和技能的新能源人才，可以推动我国新能源技术的创新和应用，降低对传统化石能源的依赖，实现我国能源结构的绿色转型。

综上所述，新能源产业人才培养对于推动产业进步、促进科技创新、提升国际竞争力以及实现可持续发展目标具有重要意义。

二、新能源产业人才的需求现状

近年来，由于不可再生能源的过度开发，全球面临着能源转型，众多国家纷纷致力于新能源的发展。我国为了大力发展新能源，提出了"碳中和""碳达峰"两个阶段的碳减排目标（简称"双碳"战略目标），并针对光伏、风电、新能源汽车、储能电池等产业推出了一些支持政策，并取得了显著成效。截至目前，我国新能源汽车产销量在全球处于逐步领先地位，光伏、风电等新能源发电装机规模在快速增长，储能电池、新能源材料、电解质等核心技术的研发领域实现了较大突破，生产加工制造效率显著提升，产业链布局不断增加。

随着我国新能源产业的快速发展，对新能源相关人才的总体需求量在不断增加，同时，由于我国新能源技术的不断进步和国际市场竞争环境的变化，国内新能源相关企业对人才的需求也出现了明显的变化，主要表现在以下几个方面。

（1）部分新能源企业对高层次研发人才需求在逐渐增加，以帮助企业应对行业领域核心技术持续创新问题，实现新能源发展中的高端化、精细化、绿色化、智能化等方面的突破，做好科技创新的智力支持工作（池娇，2024）。

（2）新能源产业涉及技术创新、能源存储、工艺制造、机械装备等领域，需要大量具备扎实的专业知识、较强动手实践能力的技术类人才（彭卓寅，2023），如安全工程师、工艺设计师、电气工程师、技术操作人员等岗位，越来越受新能源类企业的青睐。

（3）我国新能源产业目前在光伏、新能源电动汽车、储能、汽车动力电池等领域具有一些优势，已涌现出像宁德时代、比亚迪、隆基绿能、协鑫集团等知名的新能源企业，这些企业开展对外技术交流、项目投资合作、国际市场销售、跨国经营管理等业务，迫切需要通晓国际规则惯例、精通外语、熟悉新能源专业知识的国际型新能源人才。

（4）新能源行业涉及的学科专业范围较为广泛，针对新能源人才的教育背景和专业知识要求，社会用人单位在招聘时倾向于那些掌握多门学科专业知识、具备宽广的知识面、各类知识融会贯通的复合型人才。此外，综合素质和职业能力也是新能源企业在评价人才是否能胜任工作的重要标准，那些拥有良好的职业道德、敬业精神和综合素质，同时具备较强的组织管理能力、沟通表达能力、解决问题能力和社会适应能力的人才，也越来越受新能源企业的欢迎。

总体来看，我国新能源产业的快速发展，对新能源相关人才的需求数量在不断增加。同时，在新能源技术不断进步与国际市场环境不断变化的大背景下，新能源企业也面临着激烈的市场竞争，如高素质专业型人才、高层次研发类人才、创新引领型人才、国际型管理类人才、复合型人才等类型的人才，越来越受新能源相关企业的认可和青睐，这也为国内高等教育改革和高校新能源人才培养工作提供了一定参考。

三、多元主体协同视域下新能源产业人才培养探索

（一）优化多方协同机制，打造"政产学研"协作平台

新能源产业发展日新月异的今天，对新能源相关高层次管理人才、创新型人才、高素质技术人才、产品研发人才的需求在不断增加，新能源产业人才的培养是需要高校统筹现有资源，协同政府部门、行业机构、社会企业等各方共同完成。然而无论是在人才培养协同，还是"产、学、研、用"等合作方面，出现组织管理效率较低等问题（阎光才，2024），例如，在人才培

养过程中，依旧未能打破传统教育模式中以学校为主体的管理模式，政府、行业和企业的作用没有得到充分发挥；人才培养过程中各方的权、责、利不明确，缺乏激励与问责机制；行业协会难以充分发挥"桥梁"作用，企业参与人才培养的责任和意识不强等。

针对新能源产业人才培养，充分结合政府关于促进新能源产业发展的政策，以及行业协会对整体产业发展的需求，基于企业对新能源科技创新和人力资源的需求，优化利益驱动机制，积极打造资源聚集的"多位一体"教育平台。例如，在政府管理部门的指导下通过与新能源行业领军企业共同建设产教融合创新平台、科教融合创新平台、创新创业融合平台等多层次、多类型、立体化的合作平台，建立健全"战略认同、利益共赢、优势互补、资源共享"的"政产学研"平台机制（杨文斌，2023），促进教育与产业发展相结合，打造"教育服务产业、科研支撑产业、人才融入产业"的互动"双赢"机制。

（二）强化校企双方协同，优化人才培养课程设置

课程是学校为实现培养目标而选择的教育内容，是人才培养的核心单元（王一琛，2023），高校在新能源人才培养工作中，可加强与社会企业的联系与合作，结合当前新能源产业发展现状，优化人才培养课程建设，突出新能源特色。

（1）针对新能源人才培养，在核心课程设计方面，高校可协同社会企业不断强化与新能源产业的关联，例如，结合新能源发展，开设《储能材料与技术》《能源材料化学》《光伏电站设计》《材料分析技术》《材料力学》《能源经济与政策》等专业必修课，引导学生重点掌握热、电、化学能、机械能等新能源转换与利用的原理，并熟悉新能源装置及系统、风能、太阳能、生物质能、动力电池等方面的系统装置、运行维护、制造工艺等方面的专业知识，以及在学科专业知识体系中结合目前行业热点并融入智能电网、氢能、动力电池等新兴交叉领域的知识。

（2）以模块化形式优化专业选修课。针对人才培养工作，高校可联合企

业根据太阳能、风能、生物质能、氢能、电动汽车等新能源产业的发展需要,优化专业选修课设置。不同新能源领域的侧重点有一定差异,如太阳能侧重于物理与材料,风能侧重于机械与电气,而生物质能则侧重于化学与热能,建议高校以模块的形式(见表7-3)来设置专业选修课,让学生根据个体的爱好和兴趣选修不同模块的课程,学习和掌握有关的专业知识与技能。

表7-3　　　　　　部分新能源领域专业选修课模块化设计

模块	内容
太阳能利用模块	光伏电站设计、光伏电站运行与控制、太阳电池物理与化学、太阳能电池材料、人工光合作用等
储能与节能模块	储能材料与技术、氢能与燃料电池技术、功能材料与电子节能器件、能源化学、能源催化材料等
功能材料模块	碳纳米功能材料、纳米表界面、固体与半导体物理、有机光电功能材料、功能配合物化学、结构化学等
分析开发模块	材料分析技术、化学信息与模拟、原子光谱分析法、应用化学分析、化学信息学、电分析化学等
其他模块	风能、能源经济与政策、能源化学与专业英语、综合化学实验、高分子物理、高分子理论等

资料来源:根据调研资料整理。

(三)围绕能力提升目标,强化"实践"型育人

新能源产业是一个复杂的资源环境"复合体",具有多学科专业交叉的特点,所涉及的各种技术之间既有联系又有一定区别,因此,企业所需要的新能源人才不仅要具备扎实的专业知识,也要具备较强的实践能力、适应能力和职业能力(罗明强,2023)。为此,高校在人才培养中要重视对学生实践能力的培养,从实践课程设置、实践教学支持专项、实践教学平台、实践教学基地建设等方面着手,强化"实践"育人。

(1)优化实习实践课程,设立实践教学支持专项。实践、实习类课程是

培养学生动手能力和提高实践能力的"载体",因此,高校可结合新能源产业特色,调整和优化实习实践课程设置,例如,开展企业生产与管理的实习、新能源技术综合实验、新能源风电机组控制与优化设计、风电场仿真模拟实习、创业研究与训练等。此外,学校也可结合新能源专业特点举办创新创业项目大赛、学科竞赛、科研项目产出比赛等,强化学生实践能力和解决复杂工程问题的能力,提升学生综合素质(刘奕琳,2023)。

(2)依托各类实践、实训平台,建构专业技能和能力培养体系,旨在培养和提升学生的专业技能、实践能力、职业能力(见图7-5)。例如,依托专业基础类实验平台,高校教师开展专业基础实验教学,培养学生基本实践能力、锻炼学生的实际动手能力;基于专业技术平台,开展各类专业实训,培养学生的专业技能、专业技术能力;依托工程训练平台,开展专业工程训练,提升系统构建能力;基于创新训练平台,建立由"创意、创新、创业、创客"四创融合递进模式构成的创新训练平台,培养学生的创新思维,提升学生的创新能力;基于新能源企业的实习平台,在企业开展各类生产与专业性实习,提升职业能力、社会适应能力。

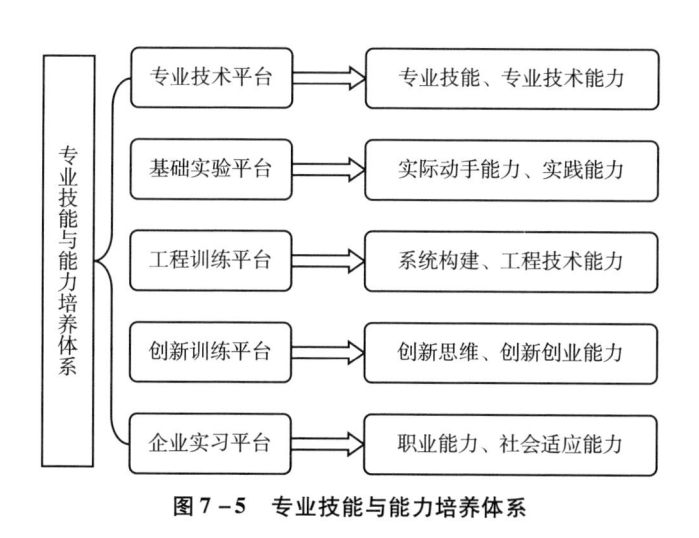

图7-5 专业技能与能力培养体系

（3）加强校企合作，拓展国内外实习、实践基地。一方面，加强与国内新能源类企业的合作，可采用实习基地共建的方式，积极打造校外实习实训基地，实现专业理论学习与具体实践相结合，培养企业所需要的新能源人才。另一方面，国外实习、实践对培养国际化人才能起到积极作用，高校在新能源人才培养中，可加强与海外新能源相关企业的交流与合作，拓展海外实习实践基地，拓宽学生的国际视野，提升学生的语言能力和跨文化交际能力。

（四）基于多元主体协同，建构多元化评价体系

教学评价是高校人才培养管理的重要环节之一，对教学工作的评价是否恰当，会对教育工作和人才培养有一定影响。针对新能源产业人才的培养，高校可基于"以人为本"的原则，以多元化、多角度为出发点，来实施多元化教学评价。

（1）基于"以人为本"的原则开展教学评价。学生是学习的主体，对教学评价也要根据学生的感受和体验来进行，多角度地了解学生的学习感受，从而有利于教学的改进与完善（汪洋，2023）。随着现代新能源产业的快速发展和市场竞争的加剧，用人单位对人才的知识、素质和能力等要求在不断提高，基于全面发展的原则，能使教学评价更贴近社会发展和个体需要，更有利于培养出适合企业和产业发展所需的有知识、有能力、身心健康、素质相对较高的综合型人才。

（2）基于多元化原则开展教学评价。以学习成绩和考试分数为主的传统教学评价模式中教学评价不科学、不完整的弊端日益凸显，有必要对教学评价方式进行优化，基于多元化原则建构多元化的教学评价体系（段婧婧，2023）。例如，从知识、素质、能力等方面构建多样化的评价体系，优化评价内容与主体，采用开放式评价、多层次互评、形成性评价、终结性评价等多种评价方式以提高评价的可信度。

（3）基于信息技术推进教育评价数字化。在人工智能时代，高等教育也

呈现数字化发展趋势，革新传统以课程知识和技能为主的结果性评价体系，推进教育评价数字化和实施多元化评价是行之有效的策略。基于大数据与人工智能技术，能有效发挥机器智能在详尽评测指标获取与度量方面的优势，有利于开展教学过程的跟踪与评价，高校可充分利用人工智能、大数据、云计算等技术，建构科学的、可信度高的学业测评工具和评估系统（冯世昌，2024）。

（五）结合人才培养特点，建构多元化师资团队

教师在培养人才中起着较为关键作用，新能源产业人才培养，需要多元化知识背景的教师团队来负责教学，多元化知识背景的教师团队，需要不同的学科和专业甚至不同院系的专业教师的联合与协作（吴祖峰，2023）。针对新能源产业人才的培养，高校可成立专门的管理部门，负责复合型人才培养所需的师资队伍建设与管理，保障日常教学工作。其一，倡导并组织不同学科专业的教师开展跨专业、跨学科、跨院系授课和科研交流活动，拓宽优秀教师的高质量教学与科研成果的受众范围，保障新能源产业人才的跨学科、跨专业的培养工作。其二，构建多元化专业背景的教师队伍，一方面，要鼓励年轻教师辅修或学习新能源类专业的课程，以增强新能源类专业知识的水平；另一方面，号召理工类专业的教师加强人文社科类、经济管理类等专业知识的学习，或者加强与非理工类专业教师的业务交流与合作，共同实施课程教学和人才培养工作。其三，也要注重引进校外、海外的优秀教师，针对新能源产业人才的培养，聘请不同学科专业知识背景的专家、教授和知名教师，充实到人才培养的师资队伍中。

本 章 小 结

战略性新兴产业人才培养对于推动经济转型升级、提升国家竞争力、促

进社会可持续发展等方面都具有重要意义。本章在分析战略性新兴产业人才培养中存在问题的基础上，借鉴了外国高校的实践经验，针对战略性新兴产业人才培养进行了相关探索，包括"知行合一"教育理念下高校工程教育革新、数智时代战略性新兴产业创新型人才培养、战略性新兴产业技术技能型人才培养、多元主体协同视域下新能源产业人才培养等，为我国战略性新兴产业人才的培养提供了有益的参考。

参考文献

[1] 李玥,孙克雨,邓倩玉. 战略性新兴产业创新链与服务链融合效果评价[J]. 中国科技论坛,2024(11):104-113.

[2] 郑江淮,陈英武. 以培育发展战略性新兴产业和未来产业加快形成新质生产力[J]. 理论月刊,2024(9):12-19.

[3] 刘笑,胡雯. 未来产业人才培育的瓶颈问题、国际经验与启示建议[J]. 中国科技人才,2023(5):18-24.

[4] 周宏春. 新质生产力就是绿色生产力的产业涵义[J]. 资源与产业,2024,26(3):1-5.

[5] 李娅,侯建翔. 现代化产业体系:从政策概念到理论建构[J]. 云南社会科学,2023(5):83-90.

[6] 郑宇,王建华. 新质生产力对全球价值链地位的影响:基于战略性新兴产业的实证研究[J]. 技术经济与管理研究,2024(12):109-114.

[7] 陈虹,胡善贵. 新质生产力视角下战略性新兴产业发展水平测度与区域差异研究[J]. 科技进步与对策,2024,41(23):63-73.

[8] 师璐,王慧,曾志嵘. 人才培养要素在大学第三方评价中的运用及比较[J]. 中国高校科技,2024(5):33-37.

[9] 王竹立，吴彦茹，石晓芬. 拔尖不等于创新：试论拔尖创新人才培养误区与破解之道 [J]. 现代教育技术，2024，34（12）：5-16.

[10] 郭闰，张伟亚，刘绣华. 跨文化复合型国际中文教育人才培养体系构建研究：基于"以武传文文理融通"教学理念的实践与探索 [J]. 天津师范大学学报（社会科学版），2024（2）：1-11.

[11] 冀海东，薛海彦，张璐，等. 创新型人才培养视角下隐性知识共享逻辑研究：以案例行动学习法为例 [J]. 科学管理研究，2024，42（3）18-25.

[12] 俞兆达. 新文科人才培养模式改革的创新切口、战略隐忧与行动前瞻：一项跨案例研究 [J]. 西南大学学报（社会科学版），2023，49（6）：226-239.

[13] 綦珊珊. 互联网思维下传统商业管理的创新思路分析 [J]. 中国科技投资，2024（17）：19-20，77.

[14] 陈玉英. 职业教育产教融合人才培养的定位与模式创新：评《职业教育产教融合人才培养模式研究》[J]. 教育理论与实践，2023，43（36）：65-66.

[15] 李爱彬. "双循环"新发展格局下行业特色高校人才培养的逻辑遵循与关键路径研究 [J]. 高校教育管理，2022，16（4）：96-104.

[16] 马君，皇甫语嫣. 人才概念悖论与破解人才管理困境 [J]. 清华管理评论，2024（3）：44-51.

[17] 李宜馨. 新时代人才分类与人才发展领导力方略探要 [J]. 领导科学，2020（1）：5-14.

[18] 张蕾. 新经济常态下人才资源开发的问题及对策 [J]. 人才资源开发，2023（7）：71-73.

[19] 沈荣华. 习近平人才观的核心：聚天下英才而用之 [J]. 人民论坛，2017（15）：13-15.

[20] 孙锐. 国家中长期人才发展规划纲要实施以来人才政策进展评析与展望 [J]. 中国人事科学, 2018 (7): 61-71.

[21] 孙彦玲, 孙锐. 新时代人才强国战略背景下人才分类问题研究 [J]. 科学学研究, 2023, 41 (7): 1186-1196.

[22] 厉伟, 樊传浩, 张恒杰. 人才学研究的学科定位: 从人力资源管理到人才管理 [J]. 中国人事科学, 2022 (5): 34-40.

[23] 曲艺. 高等职业技术教育机构类型分化: 国际历史考察、趋势分析与实践启示 [J]. 黑龙江高教研究, 2024, 42 (6): 133-140.

[24] 崔志钰, 陈鹏, 倪娟. 中等职业教育办学定位: 政策考查、现实审视与施政建议 [J]. 中国职业技术教育, 2021 (31): 5-11.

[25] 申素平, 马钰. 优化职业教育类型定位, 积极推动《职业教育法》实施 [J]. 中国人民大学教育学, 2023 (3): 22-31.

[26] 万彦, 田园. 德鲁克管理理论的演变及其对 21 世纪企业的影响 [J]. 现代营销 (下旬刊), 2024 (3): 10-12.

[27] 陈松亮. 人力资源管理的新观念和策略研究 [J]. 中国集体经济, 2024 (9): 125-128.

[28] 杜育红. 人力资本理论: 演变过程与未来发展 [J]. 北京大学教育评论, 2020, 18 (1): 90-100, 191.

[29] 黄玮杰. 劳动力再生产领域的资本化及其效应: 基于对西方"人力资本"理论的批判 [J]. 南京社会科学, 2023 (12): 17-24.

[30] 李晓东, 李莹. 结构功能理论视角下高校创新创业教育的协同育人路径 [J]. 武汉工程职业技术学院学报, 2023, 35 (4): 65-70.

[31] 殷冬梅. 员工福利对工作满意度和组织承诺的影响: 基于赫兹伯格的双因素理论视角 [J]. 现代营销 (下旬刊), 2021 (2): 110-111.

[32] 李舟, 周超. 对舒尔茨人力资本理论的理解与思考 [J]. 江南论坛, 2019 (6): 21-23.

[33] 王浩, 马开颜. 技能大赛背景下中职学校高技能人才培养的影响因素及相应策略研究: 基于13位获奖选手视角的质性分析 [J]. 中国职业技术教育, 2023 (20): 15-23.

[34] 胡耀宗, 卢秀. 教育管理学学科知识体系的形态与建构路径 [J]. 现代教育管理, 2023 (10): 54-61.

[35] 赵庆年, 张宇. 我国高等教育系统资源配置效率研究: 基于成果化和经济化全过程视角 [J]. 教育科学, 2024, 40 (1): 87-96.

[36] 韩海彬, 赵慧欣. 高质量发展下高等教育资源配置效率的区域差异与动态演进 [J]. 黑龙江高教研究, 2023, 41 (11): 55-62.

[37] 马中东, 刘永庆. 数字经济提升高等教育资源配置效率研究: 基于超效率SBM模型和ML指数 [J]. 中国教育信息化, 2023, 29 (7): 10-21.

[38] 沈江凝. 基于帕累托最优视角的高职"一站式"学生社区运行机制研究 [J]. 武汉职业技术学院学报, 2024, 23 (2): 72-77.

[39] 姚昊, 冯晓潇. "双一流"建设高校研究生教育资源配置效率及影响因素: 基于教育部直属63所高校的实证分析 [J]. 教育学术月刊, 2023 (11): 29-36.

[40] 李金文. 周远清高等教育思想的哲学之思 [J]. 现代教育管理, 2022 (12): 11-15.

[41] 肖纲领, 林荣日. 行业企业参与高职教育质量评价的困境与策略 [J]. 高教发展与评估, 2023, 39 (3): 11-20.

[42] 孟茹玉. 论价值认同的生成机制与教育理路 [J]. 思想理论教育, 2019 (5): 59-63.

[43] 缪学超, 王思琦. 利益相关者视域下大学可持续发展机构的角色实践与启示: 以英国爱丁堡大学为例 [J]. 集美大学学报 (教育科学版), 2024, 25 (6): 12-19, 29.

[44] 林曦. 弗里曼利益相关者理论评述 [J]. 商业研究, 2010 (8): 66-70.

[45] 陈昕, 马健. 利益相关者识别差异实证研究 [J]. 商业经济研究, 2016 (20): 111-114.

[46] 李亚飞, 李会. 论国有企业大兴调查研究的四大关系: 基于利益相关者视角 [J]. 工信财经科技, 2023 (6): 95-106.

[47] 何正英. 利益相关者理论视角下职业学校教师企业实践的价值逻辑、存在问题与路径突破 [J]. 职业技术教育, 2024, 45 (35): 61-64.

[48] 张皖俊. 利益相关者视域下"双师型"教师队伍建设研究 [J]. 教育评论, 2018 (3): 115-118.

[49] 王亚芳. 利益相关者视域下职业教育海外协同办学的实然审视和应然向度 [J]. 教育与职业, 2024 (24): 63-69.

[50] 廖忠明. 共生理论视域下高职院校产学研协同创新模式与路径研究: 以江西环境工程职业学院为例 [J]. 现代职业教育, 2023 (25): 1-4.

[51] 马廷奇, 梁佳露. 共生理论视域下企业举办职业教育的制度困境与优化策略 [J]. 教育发展研究, 2023, 43 (21): 75-84.

[52] 杨鑫, 尚雯. 共生理论视域下民族地区教育阻断贫困代际传递的内生逻辑与行动路径 [J]. 西北师大学报 (社会科学版), 2023, 60 (5): 70-76.

[53] 李昊, 邵定丽. 公共治理理论研究综述 [J]. 国际公关, 2023 (1): 31-33.

[54] 俞可平. 探寻中国治理之谜: 俞可平教授访谈录 [J]. 公共管理与政策评论, 2021, 10 (1): 22-29.

[55] 李海娟, 顾建光. 我国公共文化服务供给与需求的辩证关系及矛盾分析 [J]. 毛泽东邓小平理论研究, 2017 (2): 34-40, 108.

[56] 姜美玲. 新时期提升高校管理工作质量的路径研究 [J]. 大学,

2024（22）：25-28.

[57] 万陈芳. 协同学理论视角下课程思政协同机制的构建研究［J］. 学校党建与思想教育，2023（12）：79-81.

[58] 王瑞峰，窦龙，张璐. 高校国防育人与心理育人协同发展的理论依据、内在机制和实践路向［J］. 黑龙江教育（高教研究与评估），2024（6）：39-42.

[59] 齐海丽. 协同治理理论视野下的高校教师数字素养提升策略［J］. 江西开放大学学报，2024，26（4）：30-36.

[60] 李玥，孙克雨，邓倩玉. 战略性新兴产业创新链与服务链融合效果评价［J］. 中国科技论坛，2024（11）：104-113.

[61] 王鹏. 深刻理解习近平总书记关于发展战略性新兴产业的重要论述［J］. 上海经济研究，2024（4）：5-13.

[62] 张弛，张彩云. 战略性新兴产业的理论基础与演进特征［J］. 学习与探索，2023（5）：134-146.

[63] 吴民. 战略性新兴产业整装上路：解读《国务院关于加快培育和发展战略性新兴产业的决定》［J］. 中国高新技术企业，2010（32）：21-24.

[64] 于新东，牛少凤，于洋. 深刻领会和准确把握国家的战略意图：认真贯彻落实《国务院关于加快培育和发展战略性新兴产业的决定》［J］. 观察与思考，2011（5）：60-61.

[65] 许冠南，周源，杨榕. 政策利好，"十二五"中国战略性新兴产业取得空前成就［J］. 中国战略新兴产业，2017（9）：66-69.

[66] 谭锐. "十二五"期间战略性新兴产业政策回顾与困境分析［J］. 财经智库，2018，3（2）：106-127，143-144.

[67] 胡迟. 从最新进展看"十二五"规划以来战略性新兴产业发展中的金融支持［J］. 经济研究参考，2014（27）：27-33.

[68] 李冰晶. "十三五"开启制造强国新战略：《中国制造2025》解读

[J]．商场现代化，2016（24）：249．

[69] 王徽．国家高新区服务创新能力对战略性新兴产业成长影响的研究［D］．兰州：兰州大学，2024．

[70] 姜江，白京羽．"十四五"战略性新兴产业发展的思考［J］．宏观经济管理，2020（1）：8-13．

[71] 张振翼，张立艺，武玙璠．我国战略性新兴产业发展环境变化及策略研究［J］．中国工程科学，2020，22（2）：15-21．

[72] 李娜，孙龙．新能源车企创新与消费者购买的行为差异研究：基于政府补贴有效性视角［J］．工业技术经济，2025，44（2）：67-77．

[73] 郭世东，宋莉莉．欧盟绿色发展战略的变化与方向［J］．黑龙江金融，2024（9）：15-18．

[74] 欧芳，曹胜平，谢佳员．东盟国家和中日韩能源领域绿色低碳发展路径预测和建议［J］．中国资源综合利用，2024，42（8）：219-221．

[75] 赵梦．"十四五"时期数字经济赋能高质量发展的创新路径［J］．西南金融，2023（3）：84-95．

[76] 彭文波，余翔．战略性新兴产业的技术融合与发展趋势：基于中美欧专利的比较研究［J］．中国科技论坛，2024（3）：177-188．

[77] 郭红星，邓智团．中国区域创新高地空间格局的多尺度分析：高新技术企业视角［J］．世界地理研究，2024，33（12）：79-93．

[78] 武魏楠．于振瑞：打破光伏同质化竞争，钙钛矿2025实现大规模商业化能源［J］．能源，2024（3）：21-24，20．

[79] 杨田．谨防海外回流高端人才再流失：大统战工作格局下海外回流高端人才战略研究［J］．广东省社会主义学院学报，2024（4）：54-55．

[80] 刘慧，徐悦．ESG表现、融资效率与研发投入：基于战略性新兴企业的经验证据［J］．管理现代化，2024，44（4）：80-87．

[81] 潘教峰，王晓明，薛俊波．从战略性新兴产业到未来产业：新方

向、新问题、新思路 [J]. 中国科学院院刊, 2023, 38 (3): 407-413.

[82] 任继球, 盛朝迅, 魏丽, 等. 战略性新兴产业集群化发展: 进展、问题与推进策略 [J]. 天津社会科学, 2024 (2): 89-98, 175.

[83] 程飞, 景晓栋, 田泽. 节能环保产业政策对企业技术创新的影响研究 [J]. 科研管理, 2024, 45 (10): 102-111.

[84] 崔新健, 李俊超, 刘环珠. 中国新一代信息技术产业的发展现状、竞争态势与高质量发展策略 [J]. 河南社会科学, 2024, 32 (12): 46-54.

[85] 高福. 谋"新"重"质" 推动生物产业高质量发展 [J]. 中国科技产业, 2024 (7): 22-23.

[86] 杜娟, 吴先文, 肖峰, 等. 高端装备制造业技术技能人才进阶式培养体系构建与实践 [J]. 教育科学论坛, 2024 (27): 13-16.

[87] 韩斐. "中国制造2025"背景下汽车制造专业大学生就业路径展望 [J]. 内燃机与配件, 2024 (20): 116-119.

[88] 田玉. 我国高端装备制造产业国际化的策略研究 [J]. 科技经济市场, 2022 (9): 10-12.

[89] 许振亮, 李玉辉, 王振. 中国新材料产业高价值专利空间分布与演进 [J]. 科学观察, 2024, 19 (6): 36-49.

[90] 陈博. 双碳目标下我国新能源产业投资基金的发展研究 [J]. 商业观察, 2024, 10 (35): 95-99, 103.

[91] 石雨, 马子萱. 光伏发电项目的财务分析与投资决策管理研究 [J]. 商业文化, 2025 (2): 128-130.

[92] 熊敏, 吴文宝. 光伏超短期发电量预测算法研究及应用 [J]. 江西电力, 2024, 48 (6): 52-57.

[93] 丁远佳. 新质生产力背景下高等教育人才培养模式探究 [J]. 四川劳动保障, 2024 (8): 39-40.

[94] 张悦. 高等教育人才培养模式对区域经济发展的贡献分析 [J]. 中

国集体经济，2024（24）：133-136.

[95] 祁占勇，吴仕韬. 职业教育强国建设：内涵要义、多重逻辑与推进路径［J］. 西南大学学报（社会科学版），2024，50（1）：165-176.

[96] 谢浩，赵昕，杨广俊，等. 职业教育、高等教育、继续教育协同创新的内涵、历史演进及政策指向［J］. 中国职业技术教育，2024（6）：21-27，37.

[97] 林国业. 新质生产力理念下高等职业教育高质量发展的困境与策略研究［J］. 现代职业教育，2025（4）：17-20.

[98] 崔新有. 统筹职业教育、高等教育、继续教育协同创新的新使命、新路径［J］. 终身教育研究，2023，34（1）：3-9.

[99] 刘云波，张叶，杨钋. 职业教育与个人的社会地位获得：基于年龄与世代效应的分析［J］. 教育研究，2023，44（1）：128-143.

[100] 潘海生，林晓雯. 三教协同创新系统下现代职业教育体系改革的系统逻辑［J］. 高校教育管理，2024，18（2）：65-73.

[101] 韦月，许艳丽. 面向新质生产力的职业教育人才培养模式优化研究［J］. 中国职业技术教育，2024（32）：28-34.

[102] 桑晓鑫，祁占勇. 统筹职业教育、高等教育、继续教育协同创新的逻辑理路［J］. 教育学术月刊，2024（4）：3-13，105.

[103] 王雨馨. 职业教育、高等教育、继续教育协同创新的演进规律、梗阻表征与优化策略［J］. 中国职业技术教育，2024（34）：43-51.

[104] 邓卓，匡瑛. "三教"协同的现代职业教育体系建设［J］. 高教发展与评估，2024，40（5）：22-32，120.

[105] 李焱. 互联网维度下"双轨制"继续教育模式探究［J］. 建筑与文化，2023（8）：268-269.

[106] 苗婷，曹建巍，包文. 东西部区域协同创新水平测度及提升对策：以宁夏和10个东部地区省份为例［J］. 科技管理研究，2024，44（13）：

42-47.

[107] 张羽, 刘惠琴, 石中英. 教育投入产出的人文属性 [J]. 教育研究, 2022, 43 (8): 121-140.

[108] 王杰, 王翔宇, 孙学敏. 中国高等工程教育对地区工业竞争力的影响: 基于耦合协调的视角 [J]. 经济经纬, 2019, 36 (2): 79-86.

[109] 赵梓渝, 袁泽鑫, 王士君, 等. 中国城市新质生产功能网络结构及其影响因素研究: 以战略性新兴产业为例 [J]. 地理科学进展, 2024, 43 (7): 1261-1272.

[110] 陈虹, 胡善贵. 新质生产力视角下战略性新兴产业发展水平测度与区域差异研究 [J]. 科技进步与对策, 2024, 41 (23): 63-73.

[111] 王晓敏, 周俊粮, 窦湟琳. 新工业革命与工科课程改革背景下研究生教育高质量发展 [J]. 科技风, 2024 (30): 22-25.

[112] 盛文兵, 余黄合, 王炜, 等. 基于创新型人才培养的课程考核方式改革与实践: 以湖南中医药大学有机化学课程为例 [J]. 高教学刊, 2025, 11 (1): 142-145.

[113] 张永宏, 王泉, 王骥. 车联网产业创新应用型人才培养模式探索 [J]. 高等工程教育研究, 2025 (1): 27-33.

[114] 段培同, 韩彩芹. 科教融合视野下产业创新人才培养策略研究: 以半导体产业为例 [J]. 江苏科技信息, 2024, 41 (7): 10-13, 21.

[115] 董振标, 许沛曦, 邓士杰. 学科竞赛赋能应用创新型人才能力培养体系研究 [J]. 科技风, 2024 (35): 53-55.

[116] 唐伟伟, 黄雪雯, 何林洁. 基于"赛教融合"的创新创业型会展人才培养研究: 以会展策划课程教学模式改革为例 [J]. 创新创业理论研究与实践, 2024, 7 (22): 149-151, 156.

[117] 王东亮, 韩冰, 姚健. 面向高等教育教师的数据素养分析框架开发和评估: 结构方程建模方法 [J]. 西南大学学报 (自然科学版), 2024, 46

(3): 178-188.

[118] 白江涛,许露丹.创新型医学人才培养与思想政治教育的融合路径探析[J].教育教学论坛,2024(21):185-188.

[119] 彭小芳,贺梦冬,谭仕华.力学课程融合思政元素的创新型人才培养[J].湖南科技学院学报,2024,45(3):67-70.

[120] 陶清林,曹现雷,江楠,等.面向应用型人才培养的多高层建筑结构设计课程教学方法探讨[J].安徽工业大学学报(社会科学版),2024,41(3):86-87.

[121] 王昭.新文科视域下设计学科课堂教学方法与人才培养路径探索[J].美术教育研究,2024(18):113-115.

[122] 刘俊芳,段志青,芦晓芳.案例教学法在教学实施中的人才创新改革[J].化工管理,2024(13):34-38.

[123] 齐红,王康平,曲冠南.面向芯片设计拔尖人才培养的研究性教学模式探索[J].计算机教育,2023(3):85-89.

[124] 王国辉,方鸿志,王启民.强化"三业育人"培养能源电力卓越工程师:沈阳工程学院推进应用型转型的创新与实践[J].沈阳工程学院学报(社会科学版),2024,20(3):97-105.

[125] 刘清清,曹炜,赵会武,等.大学生实践创新能力培养的探索与实践:以食品科学与工程专业为例[J].创新创业理论研究与实践,2024,7(18):79-81.

[126] 付桂军,齐义军.导师团队协作机制下研究生创新能力培养研究:以马克思主义基本原理二级学科建设为例[J].内蒙古师范大学学报(教育科学版),2023,36(1):17-23.

[127] 吉冰冰.科技创新人才培养质量评价指标体系构建[J].中州大学学报,2024,41(5):113-117.

[128] 刘伟,韩璐遥,王永祥,等.智能建造趋势下工程管理专业应用

型创新人才培养体系综合评价研究［J］．创新创业理论研究与实践，2023，6（5）：21－24，38．

［129］司银元，孟庆良．四螺旋理论视角下行业特色型高校大学生创新培养与实现路径研究［J］．中国科技产业，2023（9）：71－73．

［130］蒋晓蝶，景安磊．构建以"五融"为核心的拔尖创新人才培养体系［J］．中国考试，2024（8）：12－21．

［131］易全勇，吴晓丽，罗生全．学科竞赛赋能拔尖创新人才培养的实践困境及优化路径［J］．教育发展研究，2024，44（24）：9－19．

［132］陈丽娟，史鹏，马鸿洋，等．基于数理学科竞赛的创新人才培养模式研究与实践［J］．高教学刊，2024，10（30）：87－90，95．

［133］马洁华，魏亚伟，赵宇．基于学科竞赛体系的医学专业创新人才培养的研究［J］．创新创业理论研究与实践，2024，7（19）：151－153．

［134］刘英霞．基于李克特量表的职教高考内容改革现状调研与优化对策［J］．山东开放大学学报，2024（1）：4－8．

［135］王艳娇，江崇莲．产学研协同创新绩效影响机理研究［J］．合作经济与科技，2023（24）：122－124．

［136］李鹏．基于 SEM 模型的大学生观众线上观赛忠诚度影响因素研究［D］．济南：山东师范大学，2024．

［137］蒙萌．新《职业教育法》背景下高职院校产教深度融合的路径研究［J］．林区教学，2024（12）：72－75．

［138］刘兰明．职业院校专业升级数字化改造与人才培养模式的创新实践［J］．中国培训，2022（7）：101－105．

［139］沈忠华．高校教师工作绩效的影响因素研究：基于结构方程模型的实证分析［J］．高等理科教育，2023（3）：1－12．

［140］方旭，许磊，姜沛．教师人机协同教学满意度影响因素研究：基于结构方程与模糊集定性比较分析［J］．远程教育杂志，2023，41（6）：71－83．

[141] 郭臻琦，宋晓奎，刘海涛．基于全面质量管理的新工科教育质量提升路径研究［J］．邢台学院学报，2024，39（1）：138-144.

[142] 祁占勇，冯啸然．基于全面质量管理的高质量技能型人才培养体系构建［J］．现代教育管理，2023（7）：107-117.

[143] 宋沁鸽，李蓉蓉．RCEP框架下中国宠物食品行业的机遇与挑战：基于SWOT分析的企业战略研究［J］．商展经济，2024（18）：131-134.

[144] 刘霖芯，张韬，杨珉．利用多水平模型计算及校正Cronbach alpha系数［J］．中国卫生统计，2018，35（6）：838-842.

[145] 樊奕君，钟智研，刘昊然．基于因子分析法的企业重要供应商选择研究：以T企业为例［J］．企业改革与管理，2022（16）：104-106.

[146] 陆运清．相关四格表数据检验需要注意的几个问题［J］．统计与决策，2022，38（7）：31-34.

[147] 孙皓，李献士，田曦．基于脱钩理论和GFI指数的京津冀交通运输业碳排放研究［J］．物流科技，2024，47（20）：93-98.

[148] 李鹏成，何鹏，彭强，等．基于多元自适应回归样条方法的RMR系统预测岩体变形模量［J］．水电能源科学，2018，36（2）：144-147.

[149] 鲍嵘，帅怡莹．分而类之与数据化治理：美国学科专业设置的宏观管理［J］．江汉大学学报（社会科学版），2023，40（3）：105-113，128.

[150] 兰思亮，姚云．美国学科专业目录40年：变迁历程与发展特征［J］．高教发展与评估，2024，40（1）：70-83，122.

[151] 陈丹．整体性治理：美国合作教育质量保障的经验与启示［J］．中国高教研究，2020（9）：85-90.

[152] 刘桂辉，爱达·马莲．美国教师教育实习模式改革的经验及启示：以亚利桑那州立大学小组合作教育实习模式为例［J］．教师教育论坛，2023，36（1）：86-91.

[153] 马永红，陈丹．美国联邦政府合作教育政策研究：基于制度有效

性视角 [J]. 高教探索, 2019 (9): 60-67.

[154] 房欲飞. 美国生物医药产业人才供给经验及启示 [J]. 世界教育信息, 2024, 37 (7): 23-31.

[155] 高凌云, 秦已媛. 美国高校高层次人才培养路径及其经验启示 [J]. 高等理科教育, 2024 (2): 109-116.

[156] 欧阳琳, 黄继东, 邬晓薇, 等. 美国医学院校公共卫生本科人才培养的特征及启示: 以亚利桑那大学为例 [J]. 中国高等医学教育, 2021 (11): 1-2, 5.

[157] 方烨. 德国双元制大学多元办学主体权责划分与启示 [J]. 成人教育, 2023, 43 (11): 87-93.

[158] 杨蕊竹, 孙善学. 德国双元制高等教育制度变迁特征与启示 [J]. 中国高教研究, 2023 (10): 94-101.

[159] 唐立娟, 魏星星. 德国双元制职业教育的运行机制及其中国本土化探究 [J]. 职业教育研究, 2023 (8): 86-91.

[160] 师慧丽, 李泽宇, 陈明. 应对智能制造: 德国高校专业课程的改革及启示: 以慕尼黑工业大学和安贝格应用技术大学为例 [J]. 高等工程教育研究, 2021 (6): 133-139.

[161] 余译青. 如何培养研究型管理人才以满足企业需求: 以慕尼黑大学为例 [J]. 现代企业, 2021 (12): 14-15.

[162] 王萍, 柳岸敏, 朱江. 英国现代学徒制对我国工学交替职业教育的启发 [J]. 科技视界, 2021 (4): 159-160.

[163] 瞿宏杰. 英国现代学徒制对高职院校人才培养模式改革的启示 [J]. 襄阳职业技术学院学报, 2018, 17 (3): 137-140.

[164] 吕亮. 英国高校导师制及启示 [J]. 中国高等教育, 2022 (5): 62-64.

[165] 朱鸿翔. 学术何以接引技能: 英国大学参与高等学徒制的实践及

启示 [J]. 天津中德应用技术大学学报, 2024 (5): 70-75.

[166] 常乔丽, 胡德鑫. 日本产学官合作制度的纵向解析: 演进逻辑、内在特征与运行困境 [J]. 职教论坛, 2023, 38 (5): 118-128.

[167] 吴潇丽, 何璇. 日本职业教育产学官合作模式转型升级途径与启示 [J]. 中国高校科技, 2022 (5): 46-52.

[168] 王妍妍. 日本产学官合作的主导辨析 [J]. 黑龙江高教研究, 2022, 40 (9): 9-14.

[169] 常珍珍, 姜星海. 日本一流私立大学的教育理念 [J]. 北京教育 (高教), 2023 (2): 13-17.

[170] 武学超, 马蠡. 澳大利亚加速大学科研成果转化战略动向及启示 [J]. 高教探索, 2024 (5): 106-110.

[171] 陈琪. 澳大利亚职业教育数字技能人才培养的制度供给与实践路径 [J]. 外国教育研究, 2024, 51 (3): 113-128

[172] 祁占勇, 鄂晓倩. 澳大利亚职业教育效能认同的理论框架与实施路径 [J]. 中国职业技术教育, 2023 (36): 85-95.

[173] 潘海生, 姜永松, 王世斌. 新工业革命背景下工程教育认证标准变革何以可能: 美国ABET标准变革的启示 [J]. 高等工程教育研究, 2020 (5): 64-70.

[174] 苏雪云, 杜宇航, 张明红. 基于中美八所高校学前教育本科人才培养方案的比较与分析 [J]. 教师教育研究, 2021, 33 (5): 74-83.

[175] 倪珍珍. 德国创新创业人才培养模式经验及启示 [J]. 职业教育 (中旬刊), 2020, 19 (21): 22-24.

[176] 张照旭, 蔡三发, 李玲玲. 减负·提质·增效: 日本工程教育专业认证的改革路向 [J]. 高等工程教育研究, 2020 (6): 162-167.

[177] 位钰凯, 张祎. 澳大利亚偏远农村高等教育政策研究及启示: 基于对澳大利亚《国家偏远农村地区高等教育发展战略》最终报告的文本解读

[J]. 教育探索，2023（10）：87-93.

[178] 郄海霞，陈艳艳. 秉承卓越：美国工程教育专业认证标准的变革路径与价值趋向 [J]. 现代教育管理，2021（2）：63-69.

[179] 董维春，张浩男，刘晓光. 英国研究型大学跨学科研究的制度安排及其动力机制：以雷丁大学 CAER 为例 [J]. 科学管理研究，2023，41（2）：164-172.

[180] 李鹏. 德国"双元制"模式驱动下的新能源汽车技术专业教学改革探析：以兰州职业技术学院为例 [J]. 兰州职业技术学院学报，2024，40（5）：69-71.

[181] 胥郁，曾娅妮. 日本国立丰桥技术科学大学有组织科研的发展动因、平台构建与运行策略 [J]. 江苏高职教育，2024，24（3）：79-90.

[182] 张欣亮. 澳大利亚新南威尔士大学战略规划的政策变迁研究 [J]. 黑龙江高教研究，2024，42（1）：89-98.

[183] 郭雅洁，刘颖. 国外应用型人才培养模式的启示与借鉴 [J]. 职业教育研究，2021（2）：85-91.

[184] 高潇怡，任佳妮，赵明宇. 美国高校科技通识课程设置的经验和启示：基于两所顶尖大学的案例 [J]. 科普研究，2024，19（3）：39-47，68，101.

[185] 申潞娟. 美国高校创业教育师资队伍建设案例研究：以美国百森商学院、斯坦福大学和哈佛大学为例 [J]. 创新创业理论研究与实践，2024，7（12）：77-83.

[186] 顾岩峰，王振国，郭涵萌，等. 基于欧盟创业胜任力框架的英国高校创业教育课程设置研究：以圣安德鲁斯大学为例 [J]. 河北农业大学学报（社会科学版），2020，22（6）：14-21.

[187] 龚舒慧. 英国高校市场营销本科专业人才培养方式研究：以拉夫堡大学为例 [J]. 商业文化，2020（7）：32-35.

[188] 缪学超，胡玲．如何将可持续发展目标嵌入大学课程？：基于英国曼彻斯特大学的案例分析［J］．中国高教研究，2024（5）：85-92.

[189] 贺书伟，刘湘．服务产业和生涯发展双元需求的技能型人才培养：基于德国、日本、瑞士高等职业教育实践经验的分析［J］．中国职业技术教育，2024（35）：68-76，84.

[190] 胡茂波，谭君航，马丹．日本高等教育学生资助无偿化政策的制度逻辑与路径：基于日本"新一揽子经济政策"的分析［J］．清华大学教育研究，2024，45（5）：126-136.

[191] 舒美豪，孔令帅，曹晟文培养自信而有创造力的学生：澳大利亚新一轮国家课程改革述评［J］．世界教育信息，2023，36（10）：15-23.

[192] 束雅春．比较中美大学课堂教学方法助推高等院校"双一流"建设［J］．高教学刊，2020（8）：20-22.

[193] 马小红，王晓莉，胡婧．美国高校课堂教学特点浅析、比较及启示：基于匹兹堡大学学习经历的视角［J］．湖北经济学院学报（人文社会科学版），2020，17（11）：131-134.

[194] 叶晓梅，蔡娟．美国"教学效能测量项目"的高质量课堂观察：精准评价的实践运作考察［J］．外国教育研究，2022，49（8）：39-56.

[195] 王永林．世界一流大学跨学科学术活动的组织运行机制研究：以曼彻斯特大学为例［J］．高等理科教育，2023（1）：34-42.

[196] 缪学超，王思琦．利益相关者视域下大学可持续发展机构的角色实践与启示：以英国爱丁堡大学为例［J］．集美大学学报（教育科学版），2024，25（6）：12-19，29.

[197] 冯凯瑞，王江海．英国创业型大学人才培养模式特色与启示：以沃里克大学为例［J］．世界教育信息，2021，34（11）：41-46.

[198] 杨艳君，邹斯彧，帅扬之．德国双元制职业教育的现实挑战与战略举措研究：基于《德国教育2024》和《2024年职业教育指标报告》的分

析 [J]. 职教论坛, 2024, 40 (12): 120-128.

[199] 陈晓欢, 廉丹. 浅析德国创新创业教育对我国高职教育的影响及启示 [J]. 教育现代化, 2018 (8): 109-110.

[200] 林建城, 林授锴, 林娟娟. 德国经验对地方本科院校"双师型"师资队伍建设的启示 [J]. 大学教育, 2021 (1): 9-12.

[201] 杨梅, 卡迪丽娅. 日本专门职大学人才培养的目标、举措与启示 [J]. 教育与职业, 2024 (18): 80-88.

[202] 贺靖. 对中美高等教育环境下教育教学管理差异的探索与思考 [J]. 中国多媒体与网络教学学报 (上旬刊), 2023 (11): 29-33.

[203] 程炎明, 朱炜, 孟繁根. ABET 工程教育认证标准变革的分析及其启示: 以毕业生核心能力标准为中心 [J]. 现代商贸工业, 2022, 43 (24): 240-242.

[204] 段世飞, 吴倩. 美国 P-TECH 模式下职普融通的实践模式及启示 [J]. 职业技术教育, 2024, 45 (28): 72-80.

[205] 薛正斌, 洪明. 美国社区学院产学研合作教育的经验与启示 [J]. 教育文化论坛, 2024, 16 (2): 19-26.

[206] 徐栩. 英国沃里克大学创新创业教育课程研究 [D]. 保定: 河北大学, 2024: 74.

[207] 程晓宇. 解读创业型大学: 一个教育生态学的视角 [D]. 济宁: 曲阜师范大学, 2023: 89.

[208] 王立朝. 地方本科高校向创业型大学转型路径研究 [D]. 长春: 吉林外国语大学, 2023: 73.

[209] 陈颖. 澳大利亚阿德莱德大学图书馆数字素养实践与启示 [J]. 产业与科技论坛, 2022, 21 (23): 87-90.

[210] 曾希. 澳大利亚以学生为主体的教育管理模式初探: 以澳大利亚国立大学为例 [J]. 教育教学论坛, 2020 (44): 29-31.

[211] 葛慧玲. 新媒体背景下日本教学论的发展对我国的启示：评《日本教育工学本土化创新之路研究》[J]. 林产工业, 2021, 58 (1): 121 - 122.

[212] 刘燕莉. 日本专业学位研究生教育认证机制研究与启示 [J]. 东北师大学报（哲学社会科学版），东北师大学报（哲学社会科学版），2023 (4): 137 - 144.

[213] 骆革新, 吴肖林, 张芹秀. 基于目标问题导向的混合式教学创新与实践: 以国际贸易学课程为例 [J]. 大学教育, 2023 (18): 48 - 51.

[214] 房欲飞. 美国生物医药产业人才供给经验及启示 [J]. 世界教育信息, 2024, 37 (7): 23 - 31.

[215] 吴开俊, 朱星谕, 黄炳超. 以需求为导向的专业学位研究生协同培养机制优化研究: 基于教育、科技、人才一体化的视角 [J]. 华东师范大学学报（教育科学版），2024, 42 (10): 83 - 97.

[216] 权良媛, 刘怡泠. 协同育人视角下多元主体对高校创新创业人才培养的影响研究 [J]. 江苏高教, 2025 (1): 89 - 97.

[217] 郝思鹏, 汤苗苗. 产教融合多主体协同培养专业学位研究生的困境与破解: 基于"三角关系理论"责权协同机制视角 [J]. 高教学刊, 2024, 10 (31): 168 - 171.

[218] 季赛, 许胜, 周银. 一体设计、协同递进: 智能制造类高素质技术技能人才实践能力培养模式改革与实践 [J]. 现代职业教育, 2025 (3): 37 - 40.

[219] 王翠兰. 产教融合背景下创新创业人才培养协同育人机制研究 [J]. 就业与保障, 2024 (12): 36 - 38.

[220] 周健豪, 王春燕, 赵万忠. "新工科"视域下智能网联汽车产业协同创新人才培养机制研究 [J]. 工业和信息化教育, 2024 (12): 39 - 44.

[221] 朱进喜, 尹江霞. 基于新制度经济学视角谈职业教育产教融合共

同体实体化 [J]. 教育与职业, 2004, 165 (17): 47-54.

[222] 周晓. 美日高校产学研合作导入关键绩效指标机制的案例分析与启示 [J]. 中国科技产业, 2024 (2): 44-47.

[223] 孙竹, 薛淑莲, 齐继国. 国内外高校金融科技产学研合作人才培养模式分析及启示 [J]. 中国大学教学, 2022 (12): 85-90.

[224] 杨志国. 中外产学研合作模式对比及建议 [J]. 中国科技投资, 2024 (25): 33-35.

[225] 牛萍, 唐梦雪, 瞿群臻. 科技创业人才及其创业企业成长环境调研与培育实践探索 [J]. 科技管理研究, 2021, 41 (5): 87-96.

[226] 谭正航, 尹珊珊. 教育治理现代化进程中高校办学自主权落实主体自觉研究 [J]. 教育评论, 2024 (4): 40-46.

[227] 杨思涵, 佟孟华. 人力资本、技术进步与经济稳增长: 理论机制与经验证据 [J]. 浙江社会科学, 2022 (1): 24-38, 157.

[228] 封世蓝, 姜晓琨. 以科学的人才观推进新质生产力发展 [J]. 当代中国马克思主义研究, 2024 (1): 68-78.

[229] 赵长禄. 基于科学思维的大学人才观浅析 [J]. 中国高等教育, 2023 (22): 9-11.

[230] 许敏, 方取, 范温萍, 等. 区域创新环境、科技资源配置对高校科研绩效的影响研究 [J]. 中国高校科技, 2024 (8): 8-15.

[231] 李赞, 刘学谦. 国家级战略性新兴产业集群韧性分析与对策建议 [J]. 新型工业化理论与实践, 2024, 1 (4): 90-101.

[232] 李宛蔓. 战略新兴产业在知识产权强国建设中的作用研究 [J]. 高科技与产业化, 2024, 30 (10): 79-82.

[233] 金俊俊, 徐念峰, 刘备. "双碳" 背景下新能源汽车产业趋势与技能人才需求预测 [J]. 中国职业技术教育, 2024 (19): 74-84.

[234] 刘禹民. "双一流" 背景下的高校资金管理创新系统研究 [J].

科学决策，2024（12）：250-264.

[235] 董行茜. 教学设计再思考：新文科视域下艺术设计专业"创意思维"课程［J］. 中国地质教育，2024，33（3）：87-91.

[236] 杨顺，饶从满. 美国大学"第一年教育"：功能定位、实施路径与运行保障［J］. 高等教育研究，2024，45（3）：99-109.

[237] 刘鑫，张钊瑜. 导生制下大学生学习投入的理论基础和实践路径［J］. 科教文汇，2024（14）：67-71.

[238] 陈卓君，杨滢. 多样化教学与灵活空间需求：来自建筑人类学的启示［J］. 全球教育展望，2024，53（9）：19-29.

[239] 张晓文，赵雨晴，徐永坡. 基于因材施教的教育家精神历史溯源、价值判定及培育策略［J］. 教育科学论坛，2024（29）：3-8.

[240] 王庆锋，马艳娥，汪晓男，等. 面向"双碳"目标人才培养的工业化学课程教学改革探索与实践［J］. 高教学刊，2024，10（19）：135-138.

[241] 李俊峰. 数智化人才培养策略分析之校企合作深化与评价方式改进［J］. 中国管理信息化，2024，27（5）：210-213.

[242] 刘华，王姣，陈力朋. 人力资本空间配置的社会福利效应研究：基于量化空间一般均衡模型的分析［J］. 经济研究，2024，59（10）：37-55.

[243] 李思飒. 基于数智化视角的中小企业人才激励机制优化策略探讨［J］. 企业改革与管理，2024（14）：84-86.

[244] 刘圣银，方琳. 数字化时代下企业文化建设与员工激励机制的整合策略［J］. 中外企业文化，2024（10）：26-28.

[245] 薛晓康. 薪酬激励制度在企业人力资源管理中的应用研究［J］. 中国集体经济，2024（23）：97-100.

[246] 周统建. 新质生产力视域下环大学知识经济圈政产学研合作模式优化研究［J］. 中国高校科技，2024（10）：1-5.

[247] 赵树娟,张明亲.产学研合作与企业高质量发展研究综述与未来展望 [J].科技广场,2024 (4):64-73.

[248] 熊平旭.我国国有产业投资机构运行机制优化问题研究 [J].开发性金融研究,2023 (6):86-96.

[249] 陈博.双碳目标下我国新能源产业投资基金的发展研究 [J].商业观察,2024,10 (35):95-99,103.

[250] 林驰.康养旅游产业人才链建设的新思考:以系统论为视角 [J].社会科学家,2023 (7):54-59.

[251] 王鸾翔.浅析"企业新型学徒制"人才考核评价体系构建:以深技师-银宝山新班为例 [J].中外企业文化,2023 (10):235-237.

[252] 刘佳,张春梅,潘晓梦.人力资本理论下广东制造业创新型人才培养路径 [J].哈尔滨职业技术学院学报,2024 (1):108-111.

[253] 惠瑞军.企业设定关键绩效指标开展绩效考核评估的方法 [J].四川劳动保障,2025 (1):128-129.

[254] 陈鹏,朱雪敏.高质量发展时期我国产教融合政策的话语表征及优化策略 [J].中国职业技术教育,2024 (28):14-26.

[255] 肖先勇,张灿,李长松,等.文化互通、理念互鉴、优势互补:高等工程教育国际化办学模式探索与实践:以四川大学中德合作办学项目为例 [J].高等工程教育研究,2024 (6):89-94.

[256] 杨志娟.知行合一理念:历史追溯、政策意蕴和实践模式 [J].教育学术月刊,2021 (5):31-36.

[257] 郭元祥.知行合一:"知""行"范畴的蕴含及其教育指引 [J].华中师范大学学报(人文社会科学版),2023,62 (5):185-194.

[258] 罗建晖,高廷璧.加强新时代高校劳动教育落实"立德树人"根本任务 [J].中国高等教育,2020 (9):6-7.

[259] 吴红莉.论王阳明教育思想的主体性特质 [J].东岳论丛,2024,

45（8）：39－44.

[260] 王悦. 马克思主义实践观与中国传统知行观的融通探索［J］. 产业与科技论坛，2023，22（14）：44－45.

[261] 王觅泉. 行动与行为：理解阳明"知行合一"论的两个维度［J］. 贵阳学院学报（社会科学版），2024，19（6）：1－5，12.

[262] 宋丹，南海风，刘利. 新时代高职劳动教育与专业实训融合育人实践研究［J］. 现代职业教育，2022（27）：153－155.

[263] 王章豹. 我国高等工程教育本科专业结构调整的历程、特征与展望［J］. 上海交通大学学报（哲学社会科学版），2023，31（7）：122－140.

[264] 张炜，汪劲松. 我国高等工程教育的发展历程、基本特征与改革方向［J］. 研究生教育研究，2022（3）：1－7.

[265] 邢在阳，魏姗. 略论中国古代哲学的知行观［J］. 文化学刊，2022（3）：35－38.

[266] 任令涛. 美国工程教育发展历程探析：兼论工程教育二元分裂性［J］. 高等工程教育研究，2022（6）：193－199.

[267] 吴波，张嵩，于博，等. 英国工程类大学多学科融合的教育体系审视及机制研究［J］. 长春工程学院学报（社会科学版），2023，24（1）：67－72，76.

[268] 胡德鑫. 德国工程教育认证制度的建构逻辑与行动路径［J］. 高教发展与评估，2022，38（1）：49－58，123.

[269] 覃丽君，芦琳琳，郭璐. 工程教育发展趋势：基于第3版CDIO教学大纲结构与指标变化的研究［J］. 世界教育信息，2023，36（12）：50－56.

[270] 常德显，孙佳佳，朱远芳. 融合OBE-CDIO理念的实践课程考核模式探索［J］. 计算机教育，2024（7）：98－102.

[271] 崔野，焦江丽，张莉娟. 教育生态学视域下高职教育治理的理念

意蕴、内涵特征与路径选择［J］.教育与职业，2024（9）：46－52.

［272］钟秉林，南晓鹏.后疫情时代我国高等教育发展的宏观思考［J］.教育研究，2021，42（5）：108－116.

［273］郑庆华.人工智能赋能创建未来教育新格局［J］.中国高教研究，2024（3）：1－7.

［274］胡小勇，孙硕，杨文杰，等.人工智能赋能教育高质量发展：需求、愿景与路径［J］.现代教育技术，2022，32（1）：5－15.

［275］王新凤，钟秉林.拔尖创新人才选拔培养的政策协同研究［J］.清华大学教育研究，2023，44（1）：38－45.

［276］罗明强.以共研一架飞机为牵引的跨学科创新人才培养模式探索［J］.高等工程教育研究，2023（2）：38－44.

［277］姜建，刘鑫一，张枢."双碳"背景下高校拔尖创新人才培养的路径研究［J］.黑龙江教育（高教研究与评估），2024（6）：59－61.

［278］李木洲，孙艺源.世界强国拔尖创新人才选拔培养的多元模式与中国选择［J］.教育研究，2024，45（4）：40－51.

［279］张进良，杨苗，谈桂芬.智能技术赋能基础教育评价改革的实然困境与路径选择［J］.中国远程教育，2023，43（2）：18－27.

［280］管佳，韩婷芷，徐国兴.人工智能技术赋能我国高等教育拔尖人才培养［J］.中国电化教育，2022（10）：97－101.

［281］吴祖峰，戴瑞婷，李丹丹，等.面向人工智能前沿领域的创新人才培养［J］.高等工程教育研究，2023（5）：48－53.

［282］孙典，王莉，商立媛.人工智能赋能我国高等教育高质量发展的内涵、困境及路径［J］.现代教育管理，2024（6）：34－42.

［283］李木洲，孙艺源.世界强国拔尖创新人才选拔培养的多元模式与中国选择［J］.教育研究，2024，45（4）：40－51.

［284］杨俊锋.生成式人工智能与高等教育深度融合：场景、风险及建

议［J］．中国高等教育，2024（5）：52－56．

［285］史秋衡，常静艳．人工智能赋能高质量高等教育的战略特征与制度建构［J］．西安交通大学学报（社会科学版），2023，28（5）：1－13．

［286］眭依凡，幸泰杞．人才培养模式创新：人工智能时代大学的紧迫课题［J］．中国高教研究，2024（3）：8－16．

［287］谢丽娜，孙振东．人工智能时代人的全面发展：何以可能和何以可为［J］．开放教育研究，2022，8（4）：13－21．

［288］张海生．人工智能赋能学科建设：解释模型与逻辑解构［J］．高校教育管理，2023，17（3）：42－50，75．

［289］申国昌，申慧宁．人工智能赋能高校治理现代化：内涵、愿景与路径［J］．现代教育技术，2023，33（10）：5－13．

［290］许锋华，胡先锦．人工智能技术赋能个性化学习：意蕴、机制与路径［J］．广西师范大学学报（哲学社会科学版），2023，59（4）：68－79．

［291］屈玉东，费建翔．人工智能背景下的高校课堂教学变革［J］．中国成人教育，2023（10）：47－49．

［292］于妍，蔺跟荣．数字技术赋能研究生教育高质量发展：何以可能与何以可为［J］．中国高教研究，2022（11）：53－60．

［293］陈丽君，廖淑琪，蔡治．基于赋权理论的战略性新兴产业技能型人才培养政策研究［J］．教育与职业，2024（1）：22－28．

［294］曾国熊．产教融合视域下战略性新兴产业高技能人才培养路径研究［J］．职业，2023（15）：72－75．

［295］袁春香．江西战略性新兴产业技术技能人才培养的实践痛点与破局之策［J］．现代职业教育，2024（10）：49－52．

［296］吕建强，金红莉．"人—环境"匹配视域下职业教育人才培养变革研究［J］．职业技术教育，2025，46（2）：6－11．

［297］朱洪雷，代慧．产业转型升级背景下高职工科专业人才培养模式

实践与创新：以工业机器人技术专业为例［J］.现代职业教育，2025（1）：69－72.

［298］罗英俊，张军，宁玉红，等.航天装备与智能制造产业技术技能人才培养改革探究［J］.北京劳动保障职业学院学报，2024，18（4）：55－60.

［299］潘清.发展新质生产力背景下高技能人才培养的挑战与对策［J］.电世界，2025，66（1）：1－4.

［300］吴飞，杨雪茹.数字化新能源汽车产业学院的建设研究：以江苏省交通技师学院为例［J］.汽车维护与修理，2025（2）：78－81.

［301］程俊，司少丽.高职教育高技能人才培养与区域创新互动机制［J］.华北理工大学学报（社会科学版），2025，25（1）：68－75.

［302］万军.赛教融合视域下世界技能大赛项目成果转化路径研究：以职业院校专业建设和人才培养为视角［J］.中国教育技术装备，2025（1）：136－139.

［303］方翰青.以产教深度融合赋能职业教育创新技能型人才培养：评《职业教育创新技能型人才培养模式：基于产教融合视域》［J］.学校管理，2025（1）：55－57.

［304］谌伟民，吴华东，王岩."双一流"背景下能源化学工程专业建设的优化与突破［J］.化工时刊，2024，38（6）：83－85.

［305］颜怡，王田虎，梁国斌.新质生产力下新型清洁能源科学与工程交叉学科人才培养模式研究［J］.江苏科技信息，2024，41（23）：13－18.

［306］潘明章.能源类专业本科生培养体系综合优化探索［J］.高教学刊，2023，9（14）：30－34.

［307］池娇，刘永亮，荆红莉，等.新能源科学与工程专业"电机学"课程教改［J］.中国电力教育，2024（10）：94－95.

［308］彭卓寅，任延杰，李微.新能源专业创新实践育人体系构建［J］.

中国电力教育，2023（9）：71-72.

[309] 阎光才，田家玮，孙娜，等.拔尖创新人才培养需要关注的问题探讨（笔谈）[J].中国高教研究，2024（10）：36-47.

[310] 杨文斌，张春梅，潘晓梦.面向粤港澳大湾区产业需求的协同育人机制建设[J].高等工程教育研究，2023（3）：74-78，119.

[311] 王一琛.浅谈高校新能源技术及应用专业类课程中的思政教育[J].储能科学与技术，2023，12（8）：2701-2702.

[312] 罗明强.以共研一架飞机为牵引的跨学科创新人才培养模式探索[J].高等工程教育研究，2023（2）：38-44.

[313] 刘奕琳，高江勇，许慧.本科人才培养质量评价：历史演化、现实困境及超越路径[J].江苏高教，2023（11）：97-102.

[314] 汪洋.基于学生个性化发展的教育理念探讨：评《个性化教育论》[J].中国教育学刊，2023（4）：113-114.

[315] 段婧婧.探究新时代高校教育管理的创新发展：评《高校教育管理的理论探索与探究》[J].科技管理研究，2023，43（22）：241-242.

[316] 冯世昌.拓维与共生：数智时代高校教学评价体系建设的高质量发展路径[J].黑龙江高教研究，2024（2）：84-89.

[317] 吴祖峰，戴瑞婷，李丹丹.面向人工智能前沿领域的创新人才培养[J].高等工程教育研究，2023（5）：48-53.